es 1394

edition suhrkamp

Neue Folge Band 394

In dem 1985 innerhalb der edition suhrkamp erschienenen Band *Antipolitik. Mitteleuropäische Meditationen* (es 1293) erkundete György Konrád die Möglichkeit eines Verhaltens, das weder die offizielle Politik akzeptiert noch in apolitische Resignation verfällt. Eine solche »dritte« Einstellung bezeichnete er mit dem Begriff »Antipolitik«. Antipolitik ist für Konrád vor allem in Mitteleuropa vonnöten, da dieses von den beiden Militärblöcken auseinandergerissen ist. In seinem neuen Buch berichtet er von dem, was er, mit kalkulierter Untertreibung, die »Stimmung« in Mitteleuropa nennt: er gibt Auskünfte über die intellektuelle, politische und ökonomische Situation jener bisher nur als Utopie entworfenen Region, die jedoch bereits jetzt Denken und Leben der dort Wohnenden prägt – allen voran das Schreiben, Denken und Leben von György Konrád.

György Konrád
Stimmungsbericht

Aus dem Ungarischen
von Hans-Henning Paetzke

Suhrkamp

edition suhrkamp 1394
Neue Folge Band 394
Erste Auflage 1988

Erstausgabe

Satz: Glücker, Würzburg
Druck: Nomos Verlagsgesellschaft, Baden-Baden
Umschlagentwurf: Willy Fleckhaus
Printed in Germany

1 2 3 4 5 6 - 93 92 91 90 89 88

Inhalt

Die Antipolitik eines Romanschriftstellers

1.

Antipolitik ist die Fähigkeit, sich zu wundern, die Dinge eigenartig, grotesk, ja unmöglich zu finden. Man erkennt, daß man ein Opfer ist, es aber nicht sein will. Man will nicht auf Leben und Tod von anderen Menschen abhängen. Man will sein Leben nicht den Politikern anvertrauen, man entzieht ihnen seine Sprache und seine Philosophie. Der Romanschriftsteller braucht keinen Außenminister; sofern man ihn nicht daran hindert, versteht er, sich auszudrücken. Er braucht auch keine Armee, seit er denken kann, ist er okkupiert. Die Legitimation der Antipolitik ist weder mehr noch weniger als die Legitimation des Romans. Nicht der Politiker ist es, der aus dem Schreibenden spricht, nicht der Politologe, nicht der Fachmann, sondern, im Gegenteil, ein zynischer und dilettantischer Utopist. Er ist niemand, der im Namen einer Mehrheit oder eines Kollektivs spricht. Er beansprucht nicht, daß eine Partei hinter ihm steht, ein Staat, eine Nation, eine Klasse, eine Körperschaft oder die akademische Welt. Seine Arbeit erledigt er auf eigene Faust, allein, in dem von ihm gewählten Medium. Rechenschaft ist er niemandem schuldig, seine Arbeit ist eine persönliche Initiative, Selbstverteidigung.

2.

Der Antipolitiker versucht, sich der Macht der Organisationen zu entziehen, seine Verpflichtungen dem Kollektiv gegenüber setzt er außer Kraft, Aufträge und Vollmachten kennt er nicht, es sei denn, er hätte sie sich selbst erteilt, unvoreingenommener Blick, laß dich nicht hinters Licht führen, du mußt nicht gute Miene zum bösen Spiel machen, wenn man dir frech ins Gesicht lügt. Der Antipolitiker ist kein Wortführer einer aristokratischen Mehrheit oder einer leidenden Minderheit. Das Ich wird mit dem Wir konfrontiert, der Untertan mit der Autorität, der Zivilist mit dem Militär. Selbstverständlich ist er ein Dissident und denkt anders als die anderen Dissidenten. Aus Antipolitikern läßt sich keine Vorhut rekrutieren. Wer auch immer etwas zu sagen hat, sie lächeln einfältig und gehen ihrer Wege. Sie können durchaus auch loyal sein – gegen Personen, Institutionen gegenüber kaum. Ihresgleichen erkennen sie, nicken ihnen zu, ohne sich jedoch zu verbünden. Werden sie gebraucht, so sind sie zur Stelle.

3.

Die handelnden Subjekte der Politik sprechen im allgemeinen in der ersten Person Plural. Sie tun gut daran, denn dadurch verleihen sie ihren Worten Nachdruck und avancieren zu den Stars der Politik, sich immer auf andere, auf viele andere Menschen berufend. Deshalb sehen wir sie so oft auf dem Bildschirm. Deshalb hängen wir von ihnen ab, natürlich in unterschiedlichem Maße. In Zürich beispielsweise weniger als in Budapest, trotzdem aber gibt es Städte, in denen die Abhängigkeit noch viel unangenehmer ist als in Budapest. Sie sind nicht sie selbst, die Politiker sind nicht Personen, sondern Sprachrohre, ihre Aufgabe ist es, etwas Allgemeines zu vertreten, günstigenfalls die Mehrheit, schlechterenfalls die Gesamtheit. Sie verfügen über das gesetzliche oder als solches deklarierte Gewaltmonopol.

4.

Zum gemeinsamen Plural gehört ein gewisser Stil. Damit sich etwas einprägt, bedarf es der Wiederholung. Die Sprache beruft sich auf den Common Sense, auf den Konsens, auf die öffentliche Moral, auf das Herkömmliche, auf das schon Akzeptierte, auf den Präzedenzfall; viele moralische Urteile, wenig ästhetische Sensibilität. Mit vom Rückenwind aufgeblähtem Segel der gemeinsamen Mehrzahl pflügt die politische Leidenschaft die

Wellen. Viel haben wir nicht miteinander gemein. In ihren Texten finden sich zu viele Redundanzen, als daß wir Gefallen daran haben könnten. Von wenigen Ausnahmen abgesehen kommen sie als Autoren nicht in Betracht.

5.

Wie kommt es dann, daß die Menschheit dennoch ihren Worten Beachtung schenkt? Warum müssen wir unbedingt wissen, wer von diesen glanzlosen Geistern wohin reist und was sagt? Ein großes Ereignis: Zwei ältere Männer treffen zusammen und erklären, ein nuklearer Krieg würde keinen Sieger haben, also dürfe man auch keinen nuklearen Krieg führen. Warum atmet die Welt auf, wenn sie diesen Gemeinplatz hört, der schon einen ziemlich langen Bart hat? Nur weil sie es sind, die das sagen? Sie beide? Vermutlich wird ihnen vor allem deshalb so viel öffentliches Interesse entgegengebracht, weil sie die Mittel in der Hand haben, das Gegenteil nicht nur zu sagen, sondern auch zu tun. Wir sind glücklicherweise nicht in der Lage, die Welt zu vernichten. Wer weiß, was wir in unserer Voreingenommenheit alles anrichten würden? Sie aber haben die Möglichkeit dazu. Warum? Sind sie übermenschliche Wesen? O nein, sie sind weder schlechter noch besser als ihre paar hunderttausend Kollegen und Politmanager; infolge eines bestimmten Auswahlmechanismus sind sie Number one geworden, jedoch in einer anderen Dimension, die mit der Literatur kaum etwas zu tun hat. Jedenfalls haben sie den Finger auf dem Knopf.

6.

Antipolitiker können wir jemanden nennen, dem das nicht gefällt. Wer keinen anderen Menschen für geeignet hält, über das Schicksal der ganzen Menschheit zu entscheiden. So viel Macht, meint ein Antipolitiker, steht in einem Mißverhältnis zur menschlichen Größe, zur fehlbaren Weisheit und Verantwortlichkeit der Individuen. Übermenschliche Macht in der

Hand von normalerweise unzulänglichen Menschen, das kann nicht in Ordnung sein, meint der Antipolitiker. Haben Alexander der Große, Napoleon oder Hitler jemals eine solche Machtfülle besessen? Sie bevorzugten den Angriffskrieg. Jene beiden älteren Männer, die von der Presse als die Führer der Welt bezeichnet werden, wollen den Frieden und sprechen von Verteidigung. Allerdings besitzen sie unvergleichlich mehr Macht als sämtliche bisherigen Herrscher in der Weltgeschichte, die Besonnenen und Verrückten, die Milden und die Tyrannen eingeschlossen.

7.

Die Sprache also, die sich unter Berufung auf die Menge an die Menge wendet und mit Vorliebe die erste Person Plural benutzt, ist nicht die Sprache von Autoren, die in Wahrheit nicht einmal eine Katze zurechtweisen mögen und von ihrer Arbeit genügend in Anspruch genommen werden, als daß sie Lust dazu verspürten, von anderen Menschen etwas Besonderes zu wollen. Autoren und Politiker gehören normalerweise zwei verschiedenen Ordnungen an, sind zwei verschiedene Arten von Mensch, ihre Sprache, ihr Geschmack und ihre Logik unterscheiden sich voneinander. Ein Romanschriftsteller hat es nicht nötig, sich in den Dienst eines Gruppeninteresses oder einer Institution zu stellen, ein Politiker kann anders nicht existieren.

8.

Antipolitik ist der geistige Widerstand eines Autors gegen die überzogene Macht der politischen Klasse, der politischen Strukturen. Antipolitik ist die Selbstverteidigung des bürgerlichen Individuums gegen seinen aufgerüsteten Staat, der unter Umständen im Militärbündnis mit anderen Staaten das bürgerliche Individuum letzten Endes der persönlichen Entscheidung eines fernen Kommandeurs unterstellt. Eine oder eben zwei ferne

Personen werden nach unseren Informationen in einer kritischen Lage über alle anderen Menschen entscheiden, ohne diese Entscheidung angesichts der äußerst knappen Zeit abwägen zu können. Der Autor, über keinerlei Militärmacht verfügend, kann bei anderen Menschen nichts ausrichten mit seinen Drohungen, ihm stehen keine Strafverfolgungs- und Justizorgane zur Verfügung, seinem Einfluß kann er nur durch Unterhaltung Geltung verschaffen, Antipolitik kann nicht langweilig sein. Ein Schriftsteller unterhält seine Leser damit, daß er die Grundstrukturen der heutigen Welt, jenen Rahmen, der uns umgibt, als etwas Irres darstellt.

9.

Der Antipolitiker ist im Jahr der Machtergreifung und im Monat der Bücherverbrennung geboren. Im Jahr des Anschlusses hat ihn seine kluge Mutter darüber informiert, daß ihn der Führer des einen Nachbarstaats töten wolle. In der Zeit von 1944 bis zum Kriegsende hat er die Erfahrung machen müssen, daß von den zweihundert jüdischen Kindern seines Dorfes, die alle ungarische Staatsbürger waren, infolge der vom kollaborierenden Parlament des besetzten Landes zum Gesetz erhobenen Zwangsmaßnahmen nur sieben am Leben blieben. Mit der Rolle des potentiellen Opfers konnte er sich nicht abfinden, schon 1945 war er Antipolitiker geworden. Er verabscheute es, daß junge Männer in Ledermantel und Stiefeln, ausgerüstet mit Armbinde und Maschinenpistole, als die personifizierte Staatsgewalt dem neben ihm stehenden alten Mann einen Kopfschuß verpaßten. Die Politik übertreibt manchmal.

10.

Ich ersehnte die Befreiung, dennoch bin ich bis auf den heutigen Tag nicht wirklich befreit, obwohl seither mehr als vierzig Jahre vergangen sind. Für die ungarischen Parlamentswahlen habe ich mich zum letzten Mal 1947 interessiert, als es noch den

Anschein hatte, daß es auf mich ankommen könnte. Das liegt lange Jahre zurück. Das letzte Mal nahm ich 1956 an einer Demonstration teil, ich verließ den Bürgersteig und wurde von den Demonstranten aufgesaugt, mit denen ich mich im großen und ganzen identifizieren konnte. Das ist auch schon über 30 Jahre her. Seither gibt es weder wirkliche Wahlen noch Massendemonstrationen, die von den Beteiligten selbst veranstaltet werden, die tatsächlich von Belang zu sein scheinen, mittels derer wir uns artikulieren könnten. O nein. Fast alles, was du auf dem Bildschirm siehst, hat Pseudocharakter. Dann registrierst du, daß auch deine ehemaligen Kommilitonen, die Demonstranten von einst, eine Pseudosprache sprechen, eine Sprache, aus der ihnen keine Schwierigkeiten erwachsen werden. Um des Gleichgewichts willen ist die Sprache bilderreich und pathetisch. Natürlich sind wir ausgeliefert, braust der Kommilitone von ehedem auf, als ich innere Autonomie predige.

II.

Da die Pseudosprache – das Parteistaatliche, das Blockstaatliche, das real Existierende, die kollektive erste Person Plural – sehr erhaben ist, macht sie das Dreiste unsichtbar. Denn das unzensierte öffentliche Denken könnte nur eine Provokation sein in einem durch das machtvollkommene und politische Staatszeremoniell bestimmten Umfeld, das eine legale Opposition nicht zu dulden vermag. Antipolitik. Dreistigkeit. Staatsfeindliche Hetze. Wenn der Staat sehr fett ist, wenn er sich überall ausbreitet, dann ist jede Unruhe der Bürger staatsfeindliche Hetze, und diese Anklage kann sich vermutlich auch zum Vorwurf der Verschwörung ausweiten, zumal die Antipolitiker Freunde haben. Die vielen gehorsamen Untertanen sind selbstverständlich alle Politiker. Sie verhalten sich genau so, wie es von oben erwartet wird. Zumindest von außen muß es diesen Eindruck erwecken. Was sie schließlich wirklich denken, das ist ihre Sache. Antipolitik ist tatsächlich eine nicht formulierte und unausgesprochene Konspiration von Freunden. Eine Dissidenten-Internationale gibt es und gibt es auch nicht; sie existiert als Sympathienetz.

12.

Unsereiner kann in diesem Prozeß nur Angeklagter sein, eine andere Rolle paßt nicht zu einem Antipolitiker. Freund ist ein jeder, der für das, was er geschrieben hat, angeklagt wird. Zensurfeindliche Weltverschwörung. Internationale Solidarität der Zensurverletzer. Entdecke deine eigene Zensur, und handle ihr zuwider. Der Staat neigt dazu, uns über den Kopf zu wachsen, wenn wir, die Zivilen, ihn nicht bremsen. Im Staat kann sich unser aggressives und wichtigtuerisches Krokodil-Ich verkörpern und einen moralischen Rang annehmen.

13.

Man kann sagen, daß die besten Autoren dem Krokodil nicht dienen. Man kann sagen, daß die Übermacht des Staats heute von den aufgeklärten Autoren mißbilligt wird. Wo die politische Klasse die eigene Übermacht befürwortet oder zumindest lau die eigenen Privilegien akzeptiert – und das ist die gegenwärtige Lage in meinem Land –, dort wird der Autor zum Dissidenten, sofern er sich nicht mit der staatlichen Beaufsichtigung seiner Arbeit abfinden kann, denn die Aufsicht über die Kultur hält er prinzipiell für schlecht, für kulturfeindlich, für etwas, das entfernt mit der Bücherverbrennung verwandt ist.

14.

Der Antipolitiker wünscht also die Reduzierung des staatlichen Organismus auf jene Funktionen, die außer dem Staat niemand wahrzunehmen imstande ist. Was man entstaatlichen kann, das muß man entstaatlichen. Auf diese Notwendigkeit macht uns das Hineinwachsen der Staaten in die herrschende soziale Struktur unserer Zeit, in das Blocksystem, das mit seinem technischen Arsenal erstmals in der Geschichte den Selbstmord der menschlichen Gattung verursachen kann, dramatisch aufmerksam. Theoretisch hat sich der politische Organismus das Entscheidungsrecht über unser persönliches Leben vollständig angeeignet. Im Sinne des Ausgeliefertseins, in dem Sinne, daß wir auf Leben und Tod von der Interaktion der Politiker abhängen, leben wir alle unter einer totalitären Herrschaft; wir sind ohnmächtiger als die Leibeigenen oder die Sklaven. Es ist angezeigt, daß wir unsere Aufmerksamkeit vom Monopol des Kapitals dem Monopol der Herrschaft zuwenden, das mittels vielfältiger Restriktionen nicht nur unsere persönliche Autonomie beschränkt, ungeschliffen und gierig, sondern uns auch des Lebens berauben kann, was eine vollkommenere Abart von Enteignung darstellt als diejenige, die uns nur einen Teil unserer Arbeitsleistung entzieht. Tatsache ist, daß die Politiker heute bereits durch Fehlleistungen oder Übereifer unser aller Tod verschulden können. Dieser Sachverhalt ist eine Anomalie, eine Gleichgewichtsstörung, eine Gefahr und verlangt eine Reflexion über unsere Grundwerte. Daß man mich ausbeutet, kann ich noch ertragen, daß man mich tötet, jedoch nicht. Bezeichnendstes Charakteristikum der staatssozialistischen Gesellschaften ist der Umstand, daß sowohl die politische Macht als auch die dem Kapitalbesitz innewohnende Macht in einer Hand vereint werden, die prinzipiell unfähig ist, den enorm gestiegenen Aufgaben gerecht zu werden. Jedenfalls war nach der nationalsozialistischen Erfahrung die staatssozialistische Erfahrung erforderlich, bevor die antietatistische Tendenz unserer Sensibilität in der politischen Macht ein eigengesetzliches System erkannte, das nicht nur unendlich viele persönliche Ambitionen erstickt, sondern überhaupt das Medium des Erstickens selbst ist. Ein System, dessen ultima ratio, das Monopol der Militärmacht, auch zum determinierenden Prinzip aufsteigen kann. Das Machtmonopol halte ich für beunruhigender als das Kapitalmonopol, denn das Machtmonopol verfügt über ein wichtigeres Gut als über meine Arbeit – es bestimmt über mein nacktes Leben. Ich fände es kaum weniger beängstigend, wenn zwei Engel zu entscheiden hätten, ob sich die Apokalyptischen Reiter auf den Weg machen sollen oder nicht. Aber zwei Menschen! Lächerlich! Die Politik muß auf ihren Platz verwiesen werden. Vor allem in meinem Kopf. Selbsttherapie.

15.

Ich lebe in einer schönen und energiegeladenen mitteleuropäischen Stadt, die aus Gründen des politischen Status quo als osteuropäische Stadt existieren muß, obwohl sie diesen Zustand als unbequem empfindet. Warum sollte ich Achtung vor etwas haben, was für mich unbequem ist? Und warum sollte man annehmen müssen, der Status quo Europas gehöre nicht zu den ungeklärten regionalen Fragen? Die Teilung Europas ist keineswegs eindeutig geregelt, sie hat jenes mit metaphysischen Symbolen ausgestaltete Drama hervorgebracht, von dem unsere Epoche beherrscht wird: die Ost-West-Konfrontation, die russisch-amerikanische Konfrontation. Diese ungeregelten Verhältnisse sind die Falle, in der die beiden großen Nationen als verfeindete Rivalen gefangen sind. Auch die Konflikte in den anderen Teilen der Welt sind eine Folge dieser Zusammenhänge. Warum haben die Russen nicht den Abzug ihrer Truppen aus dem Osten Mitteleuropas angeboten, wenn ihnen die Präsenz der amerikanischen Soldaten in Westeuropa derart lästig ist? Und umgekehrt, warum hat der Westen nicht einen ähnlichen Vorschlag vorgebracht? Warum schließt er keinen Vertrag mit den Russen, wenn er mit ihnen ohnehin keinen Krieg führen will? Warum werden die Grundfragen nicht aufgeworfen? Warum schlägt niemand den Abschluß eines deutschen Friedensvertrags vor? Mehr als vierzig Jahre nach dem Krieg? Wäre damit auch der Rückzug der Truppen der befreundeten Großmacht verbunden, so wären daran viele ostmitteleuropäische Länder interessiert. Solange der Westen nicht versucht, mittels der ihm zur Verfügung stehenden friedlichen und politischen Möglichkeiten die auf unserem Territorium stationierten Besatzungstruppen zur Heimkehr zu bewegen (offensichtlich im

Zuge eines gegenseitigen Rückzugs, womit eine große Chance gegeben wäre, daß die mitteleuropäischen Nationen, die lebhaft eine Selbstverwaltung wünschen, in ihren Staaten pluralistische Gesellschaftsformen und konstitutionell-demokratische Strukturen entwickeln könnten), solange der Westen nicht versucht, unsere Krankheit, und nicht nur ihre Symptome konkret zu heilen, wird unsere ursprüngliche Sympathie für den Westen – im Smog von Jalta – vom Verdacht der Heuchelei überschattet.

16.

Hat ein zur Meditation neigender Mensch das Glück, östlich des Eisernen Vorhangs zu leben, dann begegnet er einer sich immer wieder erneuernden offiziellen Rhetorik, die für alles Übel den amerikanischen Imperialismus verantwortlich macht. Ein solcher Mensch schickt sich auch nicht gern in die bloße Umkehrung dieser Logik, in eine inoffizielle Rhetorik also, die die Quelle allen Übels im sowjetischen Imperialismus erblickt. Östlich des Eisernen Vorhangs werden die Initiativen der Vereinigten Staaten im Rüstungswettlauf aufgebauscht, westlich des Eisernen Vorhangs natürlich die Initiativen der Sowjetunion. Dementsprechend verändert sich auch die moralische Empfindsamkeit bei der Beantwortung der Frage, welche Waffensysteme als besonders gefährlich oder unmoralisch einzustufen sind. Wenn man sich als Antipolitiker die Sendungen einiger Rundfunkanstalten im Kurzwellenbereich anhört, nimmt die Bereitschaft zu, das Radio abzustellen. Es ist kindisch, wenn eine politische Elite mit Fingern auf die anderen zeigt und den Unschuldigen spielt. Wie kann ein Romanschriftsteller die kollektive Eigenliebe der politischen Sprecher beurteilen, wo er doch weiß, daß Tendenzliteratur schlechte Literatur ist, denn ihr fehlt es an Menschenkenntnis und Weisheit. Die dualistischen Ideologien, die giftigen Fundamentalismen hält der Romanschriftsteller für entstellende Vereinfachungen. Wir schreiben keine Legenden von Heiligen und Bösewichten, auch verfassen wir keine Comic strips. Wer das menschliche Drama –

wenn man so will, das politische Drama – aus dem Blickwinkel des Romanschriftstellers betrachtet, wessen Phantasie also auch methodisch gesehen pluralistisch ist, und nicht etwa dualistisch, den erfüllt der Status quo, die Politik unserer Epoche, mit tiefer Skepsis.

17.

Diese tiefe Ungläubigkeit würde ich als antipolitische Haltung bezeichnen. Nicht hereinzufallen auf die kollektiven Rhetoriken und Identitäten. Sich nicht den im Namen der Allgemeinheit verfaßten Resolutionen geistig unterzuordnen. Auch nicht den Resolutionen im Namen der Mehrheit. In seinem Denken ist der Antipolitiker einer menschlichen Institution gegenüber weder a priori noch bedingungslos loyal.

18.

Antipolitik ist der Standpunkt des Opfers. Das Objekt historischen Handelns würde lieber Subjekt des eigenen Schicksals sein. Es werden noch ein paar Katzensprünge nötig sein, ehe es auf der ganzen Welt von zivilen Demokratien wimmelt. Es wird also noch Gelegenheiten geben, antipolitische Betrachtungen anzustellen. Das Opfer will nicht Opfer sein. Auch will es nicht die Macht in die Hand nehmen. Es hat seinen eigenen Beruf, den es gern ausübt, es will nur in Frieden gelassen werden.

19.

Selbstverständlich können wir auch apolitisch sein. Uns um das Ganze nicht kümmern oder zumindest so tun, als kümmerten wir uns nicht darum. Den Bildschirm nicht beachten, diese leeren Gesichter. Die Zensur nicht bemerken, doch sie vorsichtig und intuitiv einkalkulieren. Den Inhabern der Macht von vornherein recht geben, denn schließlich sind sie ohnehin die

Stärkeren, und letzten Endes werden sie recht behalten! Gib auf! So gesehen ist der Dissident ein autodestruktiver Halbnarr, der andere ins Unglück stürzt. Vielleicht hat er edle Absichten, das aber ändert nichts am Wesen der Sache. Sofern der vernünftige Durchschnittsmensch nicht politisch ist, ist er apolitisch. Er mischt sich nicht in die Angelegenheiten der Großen ein, er wird sich nicht die Zunge verbrennen, Reden ist Silber, Schweigen ist Gold, er denkt und weiß, daß man sich leicht verbrennen kann, wenn man nicht aufpaßt. Weisheit und Grundlage der gesunden Volksmoral.

20.

Nichtsdestotrotz ist auch der Antipolitiker ein beharrlicher Narr. Das bedrückende Übergewicht des Status quo erkennt er zwar an, dennoch hält er das Bestehende nicht zugleich für vernünftig, nur weil es mächtig ist. Ein so resoluter Hegelianer ist er nicht. Es ist schwer, nicht zu sehen, wie es um seine Polis bestellt ist, er kann nicht umhin zu erkennen, daß seine kleine anheimelnde Polis Spielball liederlicher globaler Kräfte ist. Als Ungar kommt es einem vor, als seien die globalen Kräfte blind. Ein Bauer sieht, wie die Meute und die Fuchsjäger durch den Gemüsegarten hetzen, und dann erlegen sie statt des Fuchses seine Ziege; welchen Sinn sollte er in den globalen Kräften erkennen? Wenn er sich verplappert, so stellt sich heraus, daß er für die Großen dieser Welt nichts als unbestechlichen Zynismus übrig hat. Sehr wohl weiß er einen Unterschied zu machen zwischen einem großmächtigen und einem großen Menschen. Er will sich selbst, seinen Gemüsegarten und seine Ziege verteidigen. Wenn er gerade auf einer glücklichen Insel lebt, was in der Sprache der Relativität ein Synonym für einen weniger miserablen Ort ist, so weiß er, daß seine Insel durch einen einzigen Schwanzschlag des Dinosauriers beseitigt werden kann, der seinerseits erwartet, daß man ihn vergöttert. Auch du wirst aussterben, sagt der Bauer, und tut, was ihm der Instinkt eben eingibt.

21.

Wenn alles so unsicher ist, was ist dann sicher? Die gute Literatur ist ziemlich sicher. Das Persönliche ist ziemlich sicher. Wovor eine Person Angst hat und welche Ansprüche sie stellt, das läßt sich noch immer genauer formulieren als das, was eine Klasse, eine Nation, ein Weltbündnis wollen. Es ist auch ein Standpunkt vorstellbar, der den kollektiven Sprecher beargwöhnt, ohne daß er die individuellen Sprecher zu einer schlagkräftigen Truppe, zu einem vertrauten kleinen Kollektiv organisierte.

22.

Was gehört noch zum Inventar des Antipolitikers? Zivile gesellschaftliche Selbstverteidigung, gewaltloser Widerstand, Festhalten an Würde und Freiheit der Person, Opposition gegen die Hypertrophie des Staats sowie des Militär- und Polizeiapparats, Opposition gegen die revolutionären Rhetoriken, durch die immer die Zentralmacht gestärkt wird, kulturelles Netz der Freundeskreise, Parallelgesellschaft, gegenüber den standardisierten Redeelementen eine ausdrucksstarke Kommunikation, eigenständiger Gebrauch der Grundbegriffe, verfeinerte Solidarität mit anderen fahrenden Rittern. Wenn schon keine vollkommene Regierung, dann wenigstens einige Freunde, auf die man unter einer unangenehmen Regierung rechnen kann, die einen verstecken, wenn es sein muß.

23.

Das träge Sich-Verlassen in den Existenzfragen auf die Experten spiegelt unsere Unreife als Bürger wider. Die mitteleuropäische Erfahrung läßt eine weitestgehende Skepsis gegenüber den zuständigen Experten in Fragen des öffentlichen Interesses angebracht erscheinen, und es ist erforderlich, daß wir selbst zu kompetenten Fachleuten für unsere eigenen Interessen werden.

Es ist offensichtlich, daß die legalen Wortführer des öffentlichen Interesses eine Pseudosprache sprechen, daß auch der Durchschnittsbürger über eine gehörige Portion antipolitischen unvoreingenommenen Blicks verfügt. Dieser Empfindsamkeit wollte ich einen Namen geben, ich hatte nicht die Absicht, zu postulieren, was sein sollte, sondern mir lag daran, etwas bereits Bestehendes zu beschreiben. Es mag sein, daß ich unter Antipolitik eine Art Unvoreingenommenheit und Paradoxie verstehe, der ich bei den meisten Mitteleuropäern begegne. Wer weder hier noch da ist, weder draußen noch drinnen; wer sich selbst im eignen Haus im Niemandsland befindet.

24.

Ein Budapester Romanschriftsteller hatte durch eigenartige Vorfälle und Umstände das Gefühl, daß ihn die Einstellung des Politikers nicht befriedigt, weil sie irgendwie nicht wahr ist. Auch die Einstellung des Apolitischen befriedigt ihn nicht, weil auch die irgendwie nicht wahr ist. Logischerweise blieb ihm nur eine dritte und ziemlich schwer zu umschreibende Einstellung, die er Antipolitik nannte, worunter er eine persönliche Selbstverteidigung gegen die Übermacht der politischen Mechanismen versteht. Er schrieb dieses Buch mit dem Titel *Antipolitik* in einer bedrückenden Zeit, in den ersten Monaten des Jahres 1982, zu Beginn des polnischen Notstands, als Tagebuch, als Selbstheilung einer schleichenden Depression inmitten von Mitteleuropa.

25.

Es macht nichts, wenn *Antipolitik* nur Reflexion, ein Essay, Literatur, ein Buch unter vielen anderen ist, mehr nicht. Nichts Geschichtsträchtiges. Wir haben den Aktionismus aufgegeben. Die Teleologie der Literatur weist nicht über die Literatur hinaus, wir haben sie noch gerade so in der Gewalt. Man kann über öffentliche Angelegenheiten auch in aphoristischen Anspielungen, Rösselsprüngen und metaphorischen Kombinationen nachdenken, man kann es mit der neuartigen Verdichtung des Essay-Diskurses versuchen. Das Unpersönliche kann in das Persönliche zurückgenommen werden, hinter den monströsen Strukturen ist das wahre Gesicht wahrnehmbar, man kann die Staaten als Personen betrachten und muß nicht als Dienst von ihnen annehmen, was wir bei einer Privatperson für eine Gemeinheit halten würden.

26.

In der Zeit der wissenschaftlichen Wertfreiheit und der pseudowissenschaftlichen Ideologien können wir auf jeglichen Anspruch auf Wissenschaftlichkeit kategorisch verzichten und den Essay in die Literatur zurücknehmen, meinetwegen auch in die Dichtung. Durch die Reanthropomorphisierung der Politik verwandeln wir uns zugleich in Antipolitiker. Man kann die Entwicklung einer persönlichen Weltanschauung als eine fortlaufende und nur durch den Tod endende dichterische Tätigkeit betrachten, als nichts weniger als die Gesamtheit unserer Taten, ausgehend von dem Verdacht, daß uns sonst nichts bleibt, nur dieses bißchen Zeit, die wir noch vor uns haben. Wagen wir also den Versuch. Dort unten werden wir nichts mehr versuchen können.

Der Standpunkt des Opfers

1.

Seit fünfzig Jahren lebe ich in dem, was man Geschichte nennt, und ich lebe immer noch; ich kann mich glücklich schätzen, Geschichte ist hier bei uns so etwas wie der diesseitige Begriff für Schicksal, eine Kraft, die stärker ist als wir, gefährlicher, abenteuerlicher, feindlicher. Sie will nicht, was wir wollen, meist will sie sogar das Gegenteil davon. Geschichte heißt, daß man uns töten kann. Ein Unglück, dessen Träger unsere Nächsten sind. Die Geschichte zeigt immer ein menschliches Antlitz.

Schicksal, was ist das? Unsere vereinte Dummheit. Am meisten leiden wir angesichts unserer eigenen Irrtümer. Versteife dich nicht auf die altmodische Vorstellung, das Schicksal komme mit tragischer Erhabenheit daher. Nein, das Schicksal ähnelt vielmehr dem Autounfall, den ein Betrunkener verursacht.

Morde konsumiert die Geschichte mit Vorliebe. Hyperämisches und sich ernst gebendes Verbrechensarchiv. Eine Zeitlang sammelte ich die Staatsmythologie und die Staatskriminologie. Der Romanschriftsteller braucht das Verbrechen, es ist sein Beruf, nach eigenartigen und schrecklichen Dingen Ausschau zu halten.

Da der Mensch sterblich ist, braucht er die Beklommenheit ebenso wie den Frieden. Der Groll will keine Versöhnung, der Groll will töten. Die Zwietracht ist stärker als der Frieden, denn die Sehnsucht nach Herrschaft ist stärker als die Fähigkeit der Selbstbeherrschung. Wer lernt, sich zu artikulieren, der hat es nicht nötig, sich zu schlagen.

Die Mächtigen dieser Welt müssen keine Bösewichte sein, um die Welt zugrunde zu richten. Wohlwollende ältere Herren und Großväter sind sie, und dennoch kann es passieren, daß sie die Welt vernichten. Auf den Trümmern gibt Satan meckernd blockpatriotische Allgemeinplätze von sich.

Wir haben Angst, fieberhaft rüsten wir auf; sie haben Angst, fieberhaft rüsten sie auf; der Krieg ist nur allzu menschlich. Dem Tod wollte unsere anmaßende Art entfliehen? Er holt sie ein. Ich gehöre zu einer Gattung der Säugetiere, die in der Lage ist, ihresgleichen zu töten, die nicht nur dazu in der Lage ist, sondern die diese Fähigkeit sogar mit Vorliebe vervollkommnet. Und sie erklärt, warum das gut sei, sie erklärt gern.

2.

Nichts ist für den Menschen aufregender – und das resultiert aus seiner Gattung – als die Tötung des Menschen durch den Menschen. Mit dem Gebot »Du sollst nicht töten!« gehen Sehnsucht und tückisches Bestreben einher, das Tabu zu verletzen. Tötungsverbot und Tötungsversuch gehören zu unserer Identität. Wir wissen, daß jemand das Verbot übertreten wird; von uns selbst wissen wir das, und davor haben wir Angst. In unserem abgrundtiefen Mißtrauen bekommen wir Lust, unserem vermeintlichen Mörder zuvorzukommen. Es passiert, daß du dem Angriff, dem scheußlichen Zähneklappern der Kreatur nicht ausweichen kannst. Aus den Sehenswürdigkeiten ragen Messer hervor, der Gestank der Sentimentalität fährt dir in die Nase.

Wirkt die friedliche Menschheit nicht ebenso wie ein Abendessen mit allerlei Salaten, dem lediglich ein anständiges englisches Beefsteak fehlt, natürlich ein bißchen blutig?

An die Existenz einer satanischen Leidenschaft glaube ich nicht, die effektivsten Mörder waren vorbildliche Beamte und überspannte Patrioten. Ich finde die Menschen ziemlich nett, selten entdeckte ich an ihnen Anzeichen von Boshaftigkeit, um so öfter dafür die Anzeichen gefährlicher Dummheit. Das Synonym für mangelhaftes Verständnis, ja für engagiertes Unverständnis ist die Gewalt. Die Moral findet immer Argumente, immer modernere Argumente, um andere zum Töten zu verpflichten.

Am häufigsten getötet haben die Reichsgründer, dann die staatserhaltenden Kräfte, dann die Freiheitskämpfer, und erst danach kommen die Kriminellen. Wir haben nicht genügend bewahren können von den Streitern für die Gerechtigkeit. Die militärischen Befehlshaber sind Realisten, Utopien sind ihnen befremdlich, für sie ist es ein Axiom, gegebenenfalls töten zu müssen. Und für sie besteht kein Zweifel daran, daß sie befugt sind zu entscheiden, wann dieser gegebene Fall eingetreten sein wird.

3.

Wer der Überzeugung ist, daß man gelegentlich töten muß, der ist Soldat. Auch in Zivil ist er das, selbst wenn er vom Bücherschreiben lebt. Je mehr jemand Intellektueller ist, desto weniger ist er Soldat. Der Soldat ist ein Mann der Organisation, er führt Krieg oder rechtfertigt diesen mittels einer beliebigen Philosophie.

Gleich, wieviel er getötet hat, die Moral des ausgezeichneten Soldaten ist wie eine Wiese voller Blumen: Er hat dem Vaterland gedient, er hat seine Pflicht getan. Er mag ein feinsinniger und liebenswürdiger Mensch sein, den Befehl allerdings führt er entschlossen und fachgerecht in vorbildlicher Weise aus. Die Zahl der damit verbundenen Todesopfer tut hierbei nichts zur Sache. Tausende hat er kampfunfähig gemacht, revoltierende Banditen hat er vernichtet, deren Dörfer dem Erdboden gleichgemacht.

Es bleibt sich gleich, ob der militärische Charakter konservativ, radikal, rechts- oder linksgerichtet ist, immer findet er eine Organisation, der er sein Gewissen unterordnen kann. Die Hierarchie, die Einheit, die Disziplin und den Führer schätzt er, und damit die Welt für ihn in Ordnung ist, bedarf es irgendeines Feindbilds.

4.

Der unabhängige Mensch, der Berufszivilist, weiß, daß er sich seiner moralischen Verantwortung nicht entziehen und daß er diese nicht seinem Vorgesetzten übertragen kann. Die Entscheidung trifft er, das weiß er, ob er tötet oder nicht.

Kriegsinstruktion und selbständiges geistiges Schaffen sind miteinander unvereinbar. Die Reflexion ist – im Gegensatz zur Propaganda – eine zivile Kunst. Die zivile Gesellschaft baut auf den Vertrag, die Militärgesellschaft auf den Befehl. Je mehr Instruktionen und je weniger gleichberechtigte Verträge es in einer Gesellschaft gibt, desto militanter ist sie. Eigentlich sind auch die Zivilbeamten in Willkürherrschaften Soldaten.

Der Autor verheimlicht nicht, daß er sich eine zivile Gesellschaft wünscht, in der sich der Bürger in seinem Handeln vom eigenen Gewissen und nicht vom Dienstherrn leiten läßt. Um die grundlegenden Fragen zu artikulieren, bedarf es keiner Kanzel, keines Katheders und keines garantierten Platzes in den Medien.

5.

Bisher ist es mir gelungen, nicht zu töten, mit ein bißchen Glück werde ich vielleicht auch in Zukunft davonkommen, ohne zu töten. Wenn nicht, so werde ich ein Mörder sein. Jedes Töten ist Mord.

Ob du mit oder ohne gesetzliche Ermächtigung tötest, ob auf staatlichen Befehl oder ohne, in beiden Fällen wärest du ein Mörder. Worin sollten sie sich letzten Endes unterscheiden, der Privatmörder, der sich von einer persönlichen Leidenschaft oder irgendeiner moralischen Entrüstung dazu verleiten läßt, jemanden zu erschießen, und der Staatsmörder, der aus Diensteifer einen oder mehrere Menschen zunichte macht?

Hitler hätte rechtzeitig getötet werden müssen, Stalin ebenso. Die moralische Rechtfertigung des Tyrannenmords ändert nichts an dem moralischen Axiom, daß man niemanden töten darf, nicht einmal den Tyrannen.

Töten oder nicht töten? Das ist die fundamentale moralische Frage. Nicht Gottesglaube oder Atheismus, nicht Kommunismus oder Liberalismus, nicht West oder Ost, nicht Nord oder

Süd. Und nicht die Kämpfe zwischen den Religionen, Rassen, Nationen, Klassen und Staaten. Eine kohärente Ethik ohne Tötungsverbot als Grundthese gibt es nicht.

Dieses Tabu ist der Eckstein der Moral. Das Töten von Menschen ist ebenso barbarisch wie das Menschenfressen. Dieses Tabu ist das einzige stabile Fundament, die Kollektivbegriffe zerbröckeln, auf sie läßt sich nicht bauen. Eine kohärente Ethik läßt sich nur auf einer bedingungslosen Achtung vor dem Leben und auf einer bedingungslosen Ablehnung des Tötens aufbauen.

Einzig wirklicher Akteur der kollektiven Kriege ist das Opfer, das sterbend nicht mehr kollektiv ist. Nur das Opfer weiß, wovon die Rede ist, die anderen wissen es noch nicht. Die Rechtfertigung der Unterscheidung zwischen Menschen, die getötet werden dürfen, und solchen, die nicht getötet werden dürfen, ist eine suspekte, eine relative und eine bornierte Ideologie.

6.

Der Führer des Kollektivs und des Worts, der im extremen Fall bereit ist, für eine heilige Sache unter Umständen sogar Millionen zu opfern, weiß nicht, wovon er redet, eigentlich kann er es auch nicht wissen. Wer kann schon das Leben eines anderen Menschen in seiner ganzen Bedeutung begreifen?

Du schluckst die Pille der guten Sache, und die gute Sache zeigt sich als Ausschlag auf deiner Haut, wie Lepra. Das Gros deiner Leute sei edel, die gegnerische Mannschaft niederträchtig, beteuerst du. Ein Mensch, der generelle Verbündete und generelle Feinde hat, leidet an moralischem Schwachsinn und neigt somit zu mancherlei Boshaftigkeit.

Wenn Gewalt mit Gewalt konfrontiert wird, versuche ich, unparteiisch zu bleiben und mich nicht darüber zu freuen, daß die eine Seite mehr Tote zu beklagen hat als die andere.

Die strikten Anhänger von Gewalt sind, wie ich bemerkt habe, in grundlegend menschlichen Dingen ziemlich unwissend, weder kennen sie den Gegner noch sich selbst. Ihre Rede ist sentimental, sie selbst seien großartig, die anderen dagegen schändlich.

Paß auf, was du sagst, den Rat erteilt mir seit fünfzig Jahren der mich umgebende nüchterne Verstand. Ich bin ein geduldiger und ruhiger Mensch, wenn meine Schriften dennoch Anlaß zur Aufregung geben, dann ist dafür die Aufgeregtheit verantwortlich zu machen. Jedes Land hat seine eigene charakteristische Dummheit, wonach man sich richten müßte. Ist der Gedanke strafbar, dann bin ich nicht einmal in meinem Zuhause heimisch.

Befinden sich die Waffenträger in großer Aufregung, so kann man selbst wegen eines einzigen Wortes getötet werden. Ich bin elementar interessiert daran, wegen meiner Schriften nicht verfolgt zu werden. Das hängt mit dem Tötungstabu zusammen. In schlechten Zeiten läßt die Zensur Galgen errichten.

7.

Jedem von uns ist eine Befreiungsfallstudie zuteil geworden, die Antwort auf die wichtigsten Fragen geben wir durch unser eigenes Leben. Die eigene unvollkommene geistige Freiheit ist für mich von höchstem Interesse, sie ist meine zuverlässigste Stütze.

Wenn das Töten als Methode aus der Mode kommt, dann wird der Platz der Krieger auf der Bühne von den Künstlern eingenommen werden. Gibt es ein zivileres Wesen als den Künstler? Er führt keinen Krieg, er führt in Versuchung.

Mittels der Bombe kann sich die menschliche Gattung selbst ausrotten. Wollen wir lieber gemeinsam sterben, nur um nicht gegenseitig Zugeständnisse machen zu müssen? Es bedarf einer geistigen Herrschaft über die Gewalt, sonst wird man uns töten.

Ein Konservativer bin ich nicht, denn ich glaube nicht daran, daß die Obrigkeit recht hat. Ein Demokrat bin ich nicht, denn ich glaube nicht daran, daß die Mehrheit recht hat. Recht haben vielleicht nur ein paar stille intelligente Leute, denen weder die Obrigkeit noch die Mehrheit zuhört. Die Bomben-Bürokraten verfügen überall über eine verschwenderische Mehrheit, wegen der Pazifisten müßten sie keineswegs nervös werden, die Bombe wird verteidigt.

Das Verhältnis von Staat und Gesellschaft ist ein ziemlich interessanter Themenkreis, doch die Realität von heute ist der Block, an dem gemessen der Nationalstaat zu einem Distrikt wird. Auch der Block ist nicht autonom, eine paradoxe Gravitation jagt ihn auf der Spirale des Schreckens immer höher. Opernfinale der Weltgeschichte – Superkitsch eines wechselseitigen Selbstmords. Die theoretischen Fragen zwischenstaatlichen Tötens halte ich heute für bedeutender als die theoretischen Fragen innerstaatlichen Tötens.

Je militanter ein Staat, desto strenger die Zensur. Das Bild vom äußeren Feind ist für die Armee lebensnotwendig, die eigentlich in zahlreichen Ländern der Welt der Polizei entspricht. Um die Ordnung im Inneren aufrechtzuerhalten, bedarf es einer abschreckenden Darstellung des äußeren Feindes.

Die Weltliteratur ist ein pazifistischer, der Weltfrieden ein intellektueller Wert. Das angewandte und auf Organisationen ausgerichtete Denken ist der Literatur entgegengesetzt. Wie der Deichwächter das Hochwasser, der Feuerwehrmann das Feuer zu verhindern hat, so ist die Gewaltverhinderung der Beruf des Intellektuellen im klassischen Sinn. Der unabhängige Intellektuelle ist ein Berufszivilist. Der abhängige Geist ist im klassischen Sinn gar kein Intellektueller.

8.

Es gibt regierungstreue, oppositionelle oder gar revolutionäre Schriftstellersoldaten, denen eines gemeinsam ist – sie sind Leute des Apparats. Den Mörder in Uniform nennen sie – sofern er unter der richtigen Fahne antritt – einen Helden, das Opfer hingegen einen kampfunfähig gemachten Feind. Der eigene Tote ist ein Heldentoter. Ein Heldentoter ist er deshalb, weil auch er töten wollte, nur hat es ihn eben erwischt. Der Held und der Heldentote werden vom Feldgeistlichen gesegnet.

Heldentum – erlaubte Barbarei. Durch den Krieg werden Nationen aufeinandergehetzt, und dann heißt es: Jetzt könnt ihr einmal zeigen, zu welchen Schandtaten ihr in der Lage seid. Militarismus bedeutet, daß Menschen, die sich auf Morden im Staatsdienst vorbereiten, moralisch integre Patrioten sind.

Schlaue Menschen suchen immer nach moralischen Ausflüchten, um das Tötungstabu zu umgehen. Mehrfach mußte ich mir von diesem oder jenem anhören, daß er sehr wohl töten würde, sollte er erleben, wie ein wahnsinniger Lustmörder seine kleine Tochter erwürgen wollte. Wie viele wahnsinnige Lustmörder finden wir unter den Kriegstoten? Und wieviele erwürgte kleine Mädchen?

Das Geschehene läßt sich weder durch Sündenvergebung noch durch gute Taten ungeschehen machen. Was jemand getan hat, läßt sich nicht von ihm abwaschen. Wer das Verbrechen begangen hat, der hat die Strafe über sich selbst verhängt. Wer getötet hat, der hat sich dazu verurteilt, ein Mörder zu sein. Von der Erinnerung an den Mord kann man ebensowenig entbunden werden wie von der Erinnerung an die Liebe. Die Schandtat kam einem Menschen entgegen, und der konnte ihr nicht ausweichen.

9.

Dualistische Metaphysik von Gut und Böse auf politischem Gebiet überall auf dem Erdenrund. Die eine Seite ist in ihrer Gesamtheit vollkommen gut, die andere Seite ist in ihrer Gesamtheit vollkommen böse. Der Minderjährige schlägt sich, der Volljährige politisiert. Selbst im Greisenalter kommen die Männer nur schwer ohne Großsprecherei aus.

Die grundthesenartige Artikulation dessen, daß das Töten unbedingt zu vermeiden sei, kommt einer moralischen Revolution gleich. Leben und Würde einer jeden Person sind unantastbar. Die Frage, ob man einen Menschen töten darf oder nicht, ist auch heute fundamental religiöser Natur. Du sollst nicht töten, so lautet Moses Gebot. Doch als er das Volk das goldene Kalb anbeten sieht, läßt er die Götzendiener niedermetzeln.

Viele Autoren erfinden alles mögliche, um das Blutvergießen als unausweichlich, schön und richtig ansehen zu können. Ich bin ein Homo sapiens, ein Zoon politikon, weiterhin ein Werkzeug herstellendes, verspieltes, metaphysisches und böses Tier. Ich sehe ihn und halte ihn im Zaum, unschädlich aber kann ich den Mörder in mir nicht machen. Mit ihm gemeinsam lebe und sterbe ich. Friedliebend bin ich geworden, ein domestizierter Hai, die Bestie habe ich in einen Käfig gesperrt. Ich könnte ihr auch dienen. Die Mörder töten nicht nur, sie philosophieren auch.

Sollte mir das Unglück zustoßen, einen Menschen zu töten, so täte ich dies nicht in meiner Eigenschaft als Schriftsteller, sondern als Mörder. Die Möglichkeit einer solchen Inkonsequenz beeinträchtigt meine Überzeugung, wonach ein Mensch, der einen Menschen tötet, die absolute Sünde begangen hat, keineswegs.

Das Leben der Person ist ein Wert, der keinerlei Rechtfertigung bedarf. Im Vergleich dazu ist das Interesse des Vaterlands eine Abstraktion. Ich will eine zivile, staatsbeschränkende Gesellschaft, in der meine Menschenrechte nicht eingeschränkt werden können, in der ich nicht verbannt, niedergewalzt, getötet werden kann. Hier in Mitteleuropa erhebe ich Anspruch auf ein geruhsames Alter. Vielleicht zeugt diese Sehnsucht nicht von einem nüchternen Verstand, vielleicht aber ist sie eine Art von Rausch.

10.

Ich habe noch niemanden getroffen, der nicht Anspruch erhoben hätte auf eine Selbstrechtfertigung. Jeder Mensch hat seine eigene Ideologie, eine Ansammlung von Ideen, weshalb er was tut.

Eine Ideologie besitzt auch derjenige, der elegant und ideologiekritisch behauptet, er sei keiner Ideologie verhaftet. Selbstverständlich habe auch ich eine Ideologie. Statt sie zu verheimlichen, versuche ich allerdings, sie zu artikulieren.

Camus hielt den Selbstmord für die bedeutendste philosophische Frage, ich habe den Eindruck, daß die bedeutendste philosophische Frage darin zu sehen ist, ob man das Recht hat, einen anderen Menschen zu töten oder nicht. Irgendwie gehört es sich nicht, darüber zu sprechen, ein ernsthafter Mensch beschäftigt sich mit einem solchen Problem nicht.

Staat und Markt, Staat und Gesellschaft, das sind nüchterne, realistische und anständige Fragenkomplexe. Es ist klar, daß sowohl die Wirtschaft als auch die Kultur in der Staatsgesellschaft an Auszehrung leiden. Kehren wir zurück zu jener Frage, die die Mehrheit der intelligenten und ordentlichen Menschen nervös macht, womit man die meisten Menschen in Rage bringen kann. Wenn Töten verboten ist, dann muß irgendeine andere Methode Mode werden, um unsere Mitmenschen zu etwas nötigen zu können. Diese Methode wäre die Verführung, jemanden dazu zu bringen, zu wollen, was wir von ihm möchten. Jede Mutter eines kleinen Kindes versteht sich darauf. Sie verführt das Kind dazu, seinen Spinat zu essen, sich den Kopf waschen zu lassen und nun endlich schön ruhig einzuschlafen.

II.

Wenn Töten verboten ist, dann ist das Gewissen des Einzelnen die höchste Instanz. Über dieser Instanz gibt es nichts, weder die Kirche noch den Staat, weder die Partei, noch die Firma, noch die Familie. Die Organisations-Instanz kann mich ebensowenig von meinen Sünden lossprechen, wie sie mich von meinem Leben oder auch von meinem Tod lossprechen kann. Gott sagt nicht, daß er mich von der Bürde des Mords erlöst. Nicht einmal seine Statthalter sind dafür zuständig. Ist ein Mensch erwachsen, so ist Gott nicht Besitz der Theologen.

Erwachsen wird der Mensch dadurch, daß er sich von der Kultur des Tötens löst. – Eine moralische Revolution von größter Tragweite! Solange das nationale Interesse vor dem Leben des Einzelnen rangiert, solange wird ein Konsens zwischen den

Erdbewohnern nicht möglich sein, solange wird der Weltfrieden in großer Gefahr sein. Zwei sichere Realitäten gibt es: die Person und die Menschheit. Inwieweit die Nation, das Militärbündnis und das Weltsystem Realität sind, darüber läßt sich bereits streiten.

Die Menschheit kann nicht sprechen, höchstens jeder einzelne Mensch. In eigenem Namen artikuliere ich meine Ahnungen und Ratlosigkeiten. Würde ich mich auf etwas hehres Allgemeines berufen, könnte ich mich nicht von dem Verdacht der Lüge freimachen. Wie unanständig und unintelligent können sich Menschen, die sonst in ihren persönlichen Beziehungen anständig und intelligent sind, in öffentlichen Angelegenheiten verhalten! In den Momenten der Erleuchtung bist du allein.

Gegen den Machtmißbrauch mußt du dich ebenso schützen wie gegen die Feuergefahr oder gegen die Luftverschmutzung. Der Wache muß auf die Schlafenden aufpassen. Der Zivile will nicht den Bewaffneten ausgeliefert sein. Seine Anstrengungen, weniger ausgeliefert zu sein, nenne ich Antipolitik.

Politisieren kann der Zivile, indem er die Politiker gegen die Bürger stärkt, und politisieren kann er auch dadurch, indem er die Zuständigkeit, Autorität und Selbstsicherheit der politischen Klasse schwächt und auf einen bestimmten Rahmen einschränkt. Da die Politiker überall auf der Welt zu viel Macht in Händen halten, in den tyrannischen Herrschaftssystemen sogar erdrückend viel Macht, deshalb ist die Antipolitik überall auf der Welt vonnöten.

12.

Wer in seiner Kindheit um Haaresbreite getötet worden wäre, den betrifft das Problem des Tötens existentiell. In meiner Umgebung dachte und denkt man auch heute so kleinmütig, daß das Ausgeliefertsein noch zunahm. Wer angesichts der eigenen Ohnmacht nur seufzt, der gibt das Spiel auf.

Ich kann niemandem das Gewehr aus der Hand schlagen, und das will ich auch nicht, aber in ihrem moralischen Selbstwertgefühl kann ich die Waffenträger verunsichern, ich kann Zweifel in ihnen und ihrer Umgebung wecken. Und überhaupt, mehr als dessen Wirkung interessiert mich der Gedanke selbst.

Ein gut Teil der zeitgenössischen Druckerzeugnisse hat für manche Morde Verständnis oder befürwortet sie sogar, während andere wiederum verurteilt werden. Woraus sonst besteht das gesellschaftliche Leben, wenn nicht aus Beleidigungen, aus Ersatzmorden, durch Worte verübt? Die Sprache der Außenpolitik ist ärmlich und abstrakt, gleichwohl schlägt sie um sich. Welche Regierung ist durch die von einer fremden Macht kommandierten oder verkauften Waffen für wie viele Tote verantwortlich? Allmählich kann man die Komplizenschaft mit dem in uns lebenden Mörder aufkündigen. Es gibt keine wertneutralen Handlungen.

Der Zustand der Welt und mein persönlicher Zustand hängen, seit ich denken kann, miteinander zusammen. Mit methodischem Zweifel betrachte ich die Regulationsprinzipien unseres Weltzustands, die sich im wesentlichen auf die gegenseitige Angst und Abschreckung beschränken. Es ist an der Zeit festzustellen, daß unsere Regierungen unser Leben nicht mehr garantieren können, durch bestimmte Aktivitäten scheinen sie sogar eine Verminderung der Sicherheit des Lebens herbeizuführen.

Ziemlich lange Zeit hatte ich Achtung vor der Logik der diesseitigen Geschichte, und es fiel mir auf, wenn ich diese Logik akzeptierte, dann würde ich auch der herrschenden Gewalt zustimmen. Warum sollte ich aber solidarisch sein mit der Geschichte blutiger Zufälligkeiten? Aufgrund meiner Erfahrungen konnte ich zu dem Schluß gelangen, daß nicht der Weltgeist, sondern die Idiotie der Hauptakteur der Geschichte sei.

Mich interessiert nicht die Geschichte der Politiker, mich interessiert vielmehr die Geschichte derer, die versuchen, die Geschichte der Politiker zu überleben. Sobald der Minutenzeiger um ein Menschenalter vorangerückt ist, gehört die Geschichte nicht mehr den Helden und auch nicht den Opfern, sondern den Historikern. Wer auf Befehl von weitab lebenden Unbekannten von einer Sekunde auf die andere getötet werden kann, der ist ein potentielles Opfer, und das ist er selbst dann, wenn er es nicht bemerkt. Die Opfer verteidigen sich allein deshalb nicht, weil sie noch nicht begriffen haben, daß sie Opfer sind. Sie verstecken sich hinter ihrem Vernichtungsarsenal; das ist ebenso, als würden sie zur Seite gehen, um an der Tankstelle eine Zigarette zu rauchen.

Als jüdischer Junge aus der ungarischen Provinz standen vor mehr als vierzig Jahren die Aussichten für mich, getötet zu werden, ziemlich gut. Zwei Prozent betrug die Überlebenschance. Welche Überlebenschance besitzt ein Europäer, wenn die in Europa gehorteten Waffen losgehen? Seit mehr als vierzig Jahren Frieden, dennoch hat sich die Gefahr proportional zur Vernichtungskraft vervielfacht.

Die wissenschaftliche Vorbereitung des Kriegs läßt sich nicht wissenschaftlich beurteilen. Die Geschichte besteht aus Gewalt, dennoch hat sie halsstarrige Antipoden. Ein jeder kann das Salz der Erde sein, sofern er sich der Gewalt widersetzt.

Sollten die Militärs auch in der Kultur die Oberhand gewinnen, dann sind die Aussichten für den Ausbruch eines dritten Weltkriegs groß. Wenige Orte finde ich auf der Welt, wo ich von der Zensur der Haßmoral befreit wäre.

Wenn ich weiß, daß man mich töten wird, ist mein nüchternes Herumwirtschaften ein Alptraum. Es macht mich nervös, daß Sprengstoff in meiner Wohnung gelagert wird, dennoch ignoriere ich diesen Umstand, während der beunruhigende Haufen ständig anwächst. Ich wohne mit ihm zusammen, und obwohl er sich zusehends ausdehnt, hoffe ich, daß er nicht explodieren wird. Müßte ich diesen Sachen meine Aufmerksamkeit schenken, bliebe mir weniger Zeit für meine erbaulichen Betätigungen. Freilich, sollte das Haus tatsächlich explodieren, das wäre was anderes, dann hätte ich ziemlich eigenartig gelebt.

13.

Verzichtest du um der Worte willen auf die Waffen oder lieber um der Waffen willen auf die Worte? Jesu Frage hat auch heute nach zweitausend Jahren nichts von ihrer Aktualität eingebüßt. Verändert hat sich vielleicht nur soviel, als im Atomzeitalter Mord und Selbstmord sozusagen gleichbedeutend sind. Ich kann den Gedanken nicht loswerden, daß ich mich zum Komplizen der Gewalt mache, wenn ich nicht dagegen schreibe. Es entbehrt nicht der Logik, daß gerade die Schriftsteller Wegbereiter der Verständigung, Vorausahnende einer anderen Art von Rationalität sein sollten.

Neuartig und eine internationale Klasse in der Weltgeschichte wird die Intelligenz in dem Maße, wie sie sich charismatisch in der Kunst der Friedensstiftung engagiert. Dazu bedarf es keiner Heuchelei, vielmehr müssen die heuchlerischen offiziellen Klischees unvoreingenommen unter die Lupe genommen werden. Das ist etwa so, als verhielte man sich im Aufenthaltsraum der Nervenheilanstalt ebenso wie auf einem Stehempfang. Der Pazifismus ist keine Bewegung von Salate verzehrenden empfindsamen Seelen, wie die Militaristen vielleicht meinen.

Das Nachdenken über das Tötungstabu kommt einer geistigen Revolution gleich. Nietzsche und Lenin haben die erste Partie gewonnen, Tolstoi und Gandhi haben die größere Ausdauer.

Der Pazifismus ist eine radikale Idee, dennoch gehört jenes böllernde und dümmliche Spielzeug nicht zu seinem Instrumentarium. Deinem Leib fügt er keinen Schaden zu, dennoch wirst du in deinem Denken umgestimmt. Allmählich müssen wir die dezenteren Techniken und gegenüber dem Waffengebrauch effektiveren Formen der Selbstverteidigung und der Verteidigung unserer Menschenrechte erlernen.

Am wirkungsvollsten läßt sich ein Mensch verführen, wenn er eine Verhaltenseinstellung angeboten bekommt, die ihm nützlicher ist als die bisherige. Verführen wollen wir zum Nutzen der Zivilisation, wir wollen lernen, auch ohne Töten miteinander auszukommen. Wenn Personen und Gemeinschaften sich nur durch Töten anderer verteidigen können, herrscht Barbarei. Im Hinblick auf die Sicherheit einer Nation halte ich die zivile Außenpolitik für erfolgversprechender und billiger als die militärisch bestimmte Außenpolitik. Ein zivilisierter Mensch kann nicht einen Aspekt im Verhalten einer Nation – und sei es der eigenen Nation – befürworten, den er einem Privatmann verübeln würde.

14.

Keine einzige Konfektionsideologie konnte ich im Kaufhaus erstehen, denn allesamt sind sie ein heimtückisches Bündnis mit dem Mord am Menschen eingegangen. Ihre Anhänger können aufopferungsvoll und aggressiv zugleich sein. Unter Berufung auf eine Ideologie erteilt das Über-Ich die Genehmigung zum Töten. Kriegführen ohne Ideologie ist fast ein Ding der Unmöglichkeit. Je eher jemand zu töten in der Lage ist, desto barbarischer ist er. Nicht nur die Zivilisation macht spektakuläre Fortschritte, sondern auch die Barbarei, jene Entwicklung, mittels derer wir uns auf den spitzentechnologischen Massenmord vorbereiten.

Zur kollektiven Raserei braucht es – meist patriotische – Rhetoriken. Verschiedene Nationen meinen, zu verschiedenen Zeiten mit patriotischer Schwärmerei töten zu müssen. Kriegsbegeisterung ohne Todessehnsucht gibt es nicht, vor unseren Frauen flüchten wir uns zu den Waffen.

Romantische Dichter und Geschichtslehrer glaubten, es gäbe nichts Schöneres auf der Welt, als wenn die Schwertspitze vom Blut gerötet werde. Nach dem Angriff kreisten die Ketten unserer Panzer über den am Leben gebliebenen feindlichen Kräften, um diese unter sich zu begraben. Solche Sätze mußte ich auf der Universität lernen. Alle meine bisherigen politischen Unannehmlichkeiten resultierten daraus, daß die staatlichen Waffenträger zu viel Macht besaßen.

Über einen Widerspruch kann ich nicht einfach hinweggehen:

Innerhalb des Staats wird Töten durch das Gesetz verboten, außerhalb des Staats jedoch wird es im Fall des Kriegsbefehls direkt vorgeschrieben. Meinen Landsmann darf ich nicht töten, den Fremden dagegen muß ich auf Befehl töten. Wer keine Uniform trägt, darf nicht töten; wer eine trägt, darf töten; gelegentlich ist dies sogar sein Beruf. Wer daheim in Friedenszeiten mordet, wird aufgehängt.

Innerhalb der Staaten Zivilisation, zwischen den Staaten Barbarei. Vom größten Teil der öffentlichen Meinung selbst in den zivilisierten Ländern wird die zwischenstaatliche Barbarei gutgeheißen; wenn auch stöhnend und traurig. Unsere Begriffe von Ehre und Ehrlosigkeit orientieren sich an dieser primitiven Rechtsordnung, an diesem verfassungslosen Zustand der Weltgesellschaft. Ist jemand zufälligerweise nicht Mitglied derselben Gemeinschaft, dann müssen ihn die Ehrbegriffe der meisten Gemeinschaften tatsächlich mit Bestürzung erfüllen.

15.

Am gefährlichsten ist der mit guten Vorsätzen einhergehende rechthaberische Unverstand. In seiner Größe und Wärme ist er imstande, Anhänger zu werben und die Oberhand zu gewinnen. Die Auslöser von offensichtlich böswilliger Gewalt sind einsam und deshalb weniger gefährlich. Am Grab eines einsamen Kindermörders werden von der Nachwelt keine Kränze niedergelegt. Das Denkmal des unbekannten Soldaten wird nicht einmal von einem Staatsoberhaupt gemieden. Die beständig und umfassend gefährlichen Mörder müssen über erhabene Ideen verfügen.

Zum Krieg bedarf es einer Mentalität, in der die Gruppenmoral den nüchternen Verstand umnebelt. Großes Unheil kann daraus entstehen, wenn führende Männer die eigene Gemeinschaft dumm und überschwenglich lieben. Die pathetische Kollektivmoral greift leichter zu den Waffen, denn das moralische Pathos macht sie trunken. Am gefährlichsten sind diejenigen Staaten, die hoch und heilig davon überzeugt sind, einzig und allein recht zu haben.

Um die Massen zu gewinnen, braucht es intellektuellen Kitsch. Die vergängliche menschliche Liebe, deren Kehrseite der Haß ist, veranstaltet in ihrer Beschränktheit von Zeit zu Zeit eine prunksüchtige Heeresschau. Die Krieger tun dasselbe wie die Verbrecher, nur zügelloser, gigantischer und erhobenen Hauptes. Wer sich dem Führer, den Götzen in der ersten Person Plural, nicht unterwirft, der ist ein Feind, ein Agent der Unterwelt. Es gibt Gemeinschaften, die sich vollkommen normal verhalten, bis sie plötzlich den Verstand verlieren. Vielleicht hat jedes Volk eines Tags seine fünf Minuten, in denen es sich austobt.

16.

Der Frieden ist kein Zustand, sondern das Werk eines Prozesses kreativer Entwicklungen, einer initiativen Kommunikation, eines Nachsinnens und gemeinsamer Metaphern, Hinübergleiten von der einen Sprache in eine andere, im Interesse eines besseren Verstehens. Es kommt vor, daß die Sprache der Politik als Medium der Verständigung ungeeignet ist und die persönlicheren Sprachen funktionsfähiger sind.

Meiner Meinung nach ist jemanden einfach nur so zu töten ein größeres Verbrechen, als jemanden zu töten und ihn danach zu essen. Es wäre wünschenswert, daß die Generalstäbe nur so viele Leichen einplanen, wie die Soldaten anschließend auch verzehren können, schmackhaft zubereitet natürlich.

Der Mensch hat Angst vor dem Tod, vor anderen Menschen, und in seinem Schrecken tötet er jemanden, vor dem er Angst hat, der auf der Straße plötzlich vor ihm auftaucht; er tötet irgend jemanden, vielleicht gerade den, den er am meisten liebt. Daß der Mensch seinen Nächsten nicht nur liebt, sondern auch tötet, das ist die Frage aller Fragen.

Kein einziger Mensch ist in der Lage, den Menschen, den er tötet, zu verstehen. Durch eine sehr primitive Handlung vernichtet er eine außerordentlich vielfältige Entität. Daß der oder

der zu töten sei, ist eine ziemlich anmaßende und wahrscheinlich ziemlich ignorante Äußerung. Ein Mensch gerät nur selten in eine Situation, in der er die Tötung eines anderen nach gründlicher Überlegung als gerechtfertigt betrachten kann. Tiere schlachten wir nur deshalb, weil wir uns ihnen gegenüber für metaphysisch höherwertig erklären. Ich bin nicht mehr wert als du, ich stehe nicht über dir, ich bin nicht dein Richter.

17.

Eine Philosophie ohne Einfluß auf das Verhalten ist nicht relevant. Nicht nur meine Gedanken hängen von mir ab, auch ich hänge von meinen Gedanken ab. Ich fange an, ihnen zu ähneln. Ob ein Mensch rücksichtsvoll oder aufdringlich, großherzig oder kleinlich, aufrichtig oder verlogen ist, beruht auf seiner Philosophie. Mit Hilfe meines Lebens philosophiere ich, mit Hilfe meiner Philosophie lebe ich.

Wie können wir mit den lästigsten Konflikten unserer Existenz zurechtkommen, ohne die einzige Todsünde, das Töten, zu begehen? Zivilisation heißt, daß sowohl zwischen Personen als auch Gemeinschaften gewalteinschränkende und gesetzliche Verhältnisse Verbreitung finden und daß die Erde in ihrer Gesamtheit einer vernünftigen Stadt ähnelt.

Sämtliche Nationen und Klassen können darin übereinkommen, im Umgang miteinander bürgerliche Verhältnisse zu schaffen. Ohne einen Planetarismus wird es ein Nicht-Töten nicht geben. Das Wesen von Jesu Umwälzung bestand in der Idee des Nicht-Tötens. Nicht dem Tötenden galt das Interesse, sondern dem Getöteten. Nicht dem Helden, sondern dem Opfer.

Bis zur Erfindung der Atombombe konnte das Prinzip, wonach das Töten eine absolute Sünde ist, keine Geltung erlangen. Die Klärung, die Transparenz unserer Werte haben wir der Bombe zu verdanken. Auf der einen Seite die Atomkatastrophe, auf der anderen Seite die zivile Mystik. Der höchste Wert des Lebens ist das Leben selbst, das diesseitige Dasein, unsere begrenzte Zeit, unsere bloße Gegenwart.

18.

Alle zur Militarisierung führenden Ideen ordnen das Leben einem angeblich höherentwickelten Etwas, irgendeinem abstrakten Wort unter. Den Vertretern militanter Ideologien ist eine konstitutionelle Besonderheit gemeinsam, nämlich der Mangel an künstlerischer Sensibilität. Je mehr ein Mensch von einer militanten Ideologie durchdrungen ist, desto unempfindlicher ist sein Auge für die unmittelbare menschliche Erscheinung.

Pazifismus – intensive Begegnung von Menschen. Das öffentliche Auftreten ist klischeehaft, rhetorisch und selten komisch. Eine persönliche Begegnung muß nicht ewig dauern, sie muß nicht zukunftsweisend sein; sie ist an die Zeit gebunden, wie ein zufälliges Sich-Anlächeln zweier Passanten auf der Straße.

Die Bestätigung der Liebe ist deren Vollzug. Auch die Sühne von Schuld ist deren Vollzug. Durch den Atomkrieg erfährt diese These vollkommene Bestätigung. Sein Vollzug ist nicht nur eine absolute Sünde, sondern auch eine absolute Strafe.

Wir müssen den Zusammenhang von kollektivem menschlichem Hochmut und kollektivem Selbstmord sehen. Nationalstolz und nationale Selbstsicherheit sind um so gefährlicher, je mächtiger die jeweilige Nation ist. In den offiziellen Ideologien der beiden Blöcke finden sich die intellektuellen Instrumente für die Rechtfertigung des Selbstmords der menschlichen Gattung.

Institutionen können sich die Gewaltfeindlichkeit nicht aneignen, nur einzelne Personen. Regierungen und deren Personal können prinzipiell nicht in reflektierter Weise gewaltfeindlich sein. Aber sie können gewaltscheu, gewaltminimierend sein, wenn sie ihr Verhältnis zur Gewalt überdenken.

19.

Man kann töten, doch jedes Töten ist Mord. Du kannst töten, aber du mußt wissen, daß du selbst dann eine Todsünde begehst, wenn du den Mörder deines eigenen Kindes tötest. Obwohl du das ahnst, wirst du ihn dennoch töten. Du kannst dich für die Todsünde entscheiden. Auch ist vorstellbar, daß du deshalb kein Schuldbewußtsein besitzt. Selbst dann nicht, wenn du vor Gericht stündest.

Wäre ich Bürger eines kleinen neutralen Staats, würde ich den Militärdienst möglicherweise nicht ablehnen, also die allgemeine Praxis, Handfeuerwaffen zur persönlichen Verfügung zu Hause zu halten. Ich würde mir das Recht vorbehalten, im Fall einer Aggression, sollte es das Schicksal mit sich bringen, auf den einen oder anderen Okkupanten zu schießen. Ich bin absolut gewaltfeindlich, allerdings nicht dogmatisch.

Einige Leute, vermutlich jüdische Radikale, die zur Aufopferung ihres Lebens bereit gewesen wären, hätten Hitler und mehrere seiner Mitarbeiter durch ein sorgfältig vorbereitetes Attentat ermorden müssen. Statt zehn Millionen Deutsche zehn, das hätte vielleicht ausgereicht. Wer das getan hätte, der wäre von der Mehrheit, von der öffentlichen Meinung, als Terrorist bezeichnet worden. Heute würden ihn viele als Märtyrer verehren.

Auf Gefangenentransport würde ich dem Wachtposten das Messer zwischen die Rippen jagen. Für den Tyrannenmörder kann ich Zuneigung empfinden. Wird der Tyrann nicht umgebracht, müssen wir uns schließlich mit ihm arrangieren. Ich liebte eine Frau, die sich auch heute noch, als Erwachsene, im Traum die Hand, mit der sie als Mädchen einen Mörder getötet hat, reibt, bis sie rot wird.

20.

Die Welt der Konzentrationslager, die *univers concentrationaire*, mit ihren kleingewerblichen und großindustriellen Methoden des Massenmords war die vorletzte großangelegte Apokalypse. Nebelhaft taucht vor mir die letzte, endgültige und nicht zu übertreffende Apokalypse des postindustriellen Massenmords auf: der nukleare Winter, nach dem es eine Menschheit gegeben haben wird. Etwas Gründlicheres kann der Mensch nicht erfinden. Das Lager ist nur halbtotalitär, ein Teil der Menschen flaniert außerhalb des Zauns. Jener Winter aber wird solche Unordnung nicht dulden. Unsere dreiste Gattung wird vom künstlich abgekühlten Globus verschwinden.

Das Drehbuch zur Apokalypse ist vorhanden. Eine schlimmere Schreckensvision als die, vor der uns die Wissenschaftler warnen, können Schriftsteller nicht erfinden. Gegeben ist das Drehbuch zur endgültigen Vernichtung, der Film muß nur noch gedreht werden. Die Utopie ist nicht gegeben, sie bleibt unserer Phantasie überlassen. Der Schrecken ist heutzutage so banal, deshalb bin ich Utopist.

Der Herr hat uns in Versuchung geführt, er hat uns die Möglichkeit zum Selbstmord in die Hand gegeben und beobachtet nun, ob wir uns umbringen. Er hat der menschlichen Gattung erlaubt, sich selbst zu töten. Gott hat den Menschen in Versuchung geführt. Nicht zum ersten Mal.

Einem Drittel des jüdischen Volks ließ der HERR Jesu Schicksal zuteil werden, er schlug es ans Kreuz. Dem Rest stellte er die Aufgabe, diesen Verlust zu begreifen. Das könnte in Ordnung sein, wäre das jüdische Volk dadurch ein heiliges Volk geworden, doch das ist nicht geschehen, heilige Völker gibt es nicht. Wann heißt ein Volk heilig? Wenn es tut, was getan werden muß. Nicht was möglich ist, sondern was es tun muß. Und was zu tun ist, danach hat es das eigene Gewissen zu befragen.

21.

In Konfrontation mit der prinzipiellen Gewalt hat auch die prinzipielle Gewaltfeindlichkeit Platz. In natürlicher Selbstbeschränkung verzichtet die geistige Guerilla auf Gewalt. Ansonsten bliebe nicht genügend Energie für intellektuelle Initiativen. Der gewaltfreie geistige Widerstand erfordert viel Selbstbeherrschung und ist deshalb die Kunstgattung einer Minderheit; dennoch kann er nicht als kraftlos bezeichnet werden. Mit seinem Kreuzestod schwächte Jesus das Römische Reich mehr, als wenn auch er einen Zenturio niedergesäbelt hätte.

Die geistige Guerilla sucht nicht die Konfrontation, der Verfolgung stellt sie sich nicht, und wenn man sie schlagen will, zieht sie sich lieber zurück. In die Enge getrieben, wäre sie selbst zu töten imstande, allerdings bemüht sie sich mit allen Mitteln darum, diese Zwangslage zu vermeiden. Den Konflikt bis zur Schändlichkeit eines Faustkampfes, eines gegenseitigen Blutvergießens ausarten zu lassen, zeugt von Verkommenheit.

Durch hohle Selbstsicherheit kaschieren die Kriegsideologien ihre Ängste. Bestes Beispiel für die im Inneren unsichere und pseudoklarsichtige Gewaltanbetung war der Nationalsozialismus. Im Vergleich zu ihm waren der Jakobinismus oder der Bolschewismus etwas Schöngeistiges. Kombattanter Neoprimitivismus, Reichstraum, Untertaneninstrumentalismus, exekutive Kritiklosigkeit, provinzieller Servilismus.

Selbstverteidigung der Weisheit: gewaltfreier Widerstand. Kein Ultimatum, sondern eine ausgestreckte rechte Hand. Pädagogisches Vertrauen darauf, daß der andere, daß auch das andere Volk der Vernunft Gehör schenken, insbesondere dann, wenn sie nicht befürchten müssen, erniedrigt zu werden. Die gewaltfreie Ethik ist stärker als der aggressive Moralismus. Besitzt ein friedliebender Mensch starke Nerven, so kann er zahlreiche Tobsüchtige beruhigen.

22.

Die Denker der Gemeinschaften, die eine Niederlage hinnehmen mußten, sollten – das halte ich für wichtig – über ihre Strategie sprechen, denn sie wissen, wovon sie reden. Traum der niedergestampften Gemeinschaften von der gleichberechtigten Völkerfamilie ist der Planetarismus.

Diesen unseren Raum wollten schon viele Reiche schlucken, eine Zeitlang waren sie hier, dann zogen sie sich zurück, während wir dablieben. Wenn sie uns nicht ausgerottet haben, wie die überwiegende Mehrheit der mitteleuropäischen Juden.

Mitteleuropäer sein heißt über Selbsterkenntnis und Gespür für Proportionen verfügen. Wenn du versuchst, dich kollektiv aufzublasen, und wenn du das Maß verlierst, wirst du zerplatzen. Wenn wir die Subordination ablehnen und die Koordination wollen, wenn wir uns den anderen weder unterordnen noch sie beherrschen wollen, gibt es eine Rettung.

Um die Gegenwart zu überleben, brauchen wir eine intelligente, initiative, vertrauensbildende, persönliche Strategie. Zu einer Strategie bedarf es einer Utopie. Alle Gesellschaftsphilosophien sagen etwas über Gut und Böse aus. Zu jeder Geschichtsphilosophie gehört eine Ethik.

Jedes Menschenleben sei gleichviel wert, dachte der Astronaut, als er die hübsche, blaue und schutzlose Erde unter sich erblickte. Mein Vaterland, mein Vaterland, mein Kontinent, mein Planet, konzentrische Kreise, kein einziger Ring ist entbehrlich. Individuum und Menschheit sind die beiden Brückenköpfe, die anderen Gemeinschaftsformen sind nur Pfeiler, aber kein Brükkenkopf.

Eine gute Welt ist so wie gute Menschen, unsere verklärten und glücklichen Minuten sind verwirklichte Utopien. In jeder Wohnung finden sich einige utopische Momente. Man kann dem Haß auf das Andersartige, das Besondere, das Fremde, den unbekannten anderen Menschen entwachsen. Der Humanismus ist insofern ein provokatorischer Standpunkt, als er das positive oder negative Ausgezeichnetsein jedweder Religion, Nation, Klasse leugnet. Der Humanismus hat keinen Sinn, wenn er nicht planetarisch ist; die ganze Menschheit gehört zusammen.

Die Partei des Stärkeren wird eben zur Genüge ergriffen, ich stehe sozusagen prinzipiell auf der Seite des Schwächeren. Viele Autoren versäumen nicht, auf die zweifellos vorhandenen Fehler des Schwächeren hinzuweisen. Warum sollte ausgerechnet der fehlerlos sein, der gerade gefoltert wird? Was ein Gefangener denkt, das ist nicht so interessant, aber daß er einer Elektroschockbehandlung unterzogen wird, das ist sehr interessant. Ich kann nicht akzeptieren, daß der Erniedrigte sein Schicksal verdient haben soll. Vor den Pogromen des armseligen Volks habe ich nicht mehr Respekt als vor dem staatlichen Galgen. Es ist keine Frage von vorrangiger Wichtigkeit, ob die Opfer eines Massengrabs durch die Kugeln von Revolutionären oder Konterrevolutionären in die Grube gestürzt sind.

Die Institutionen sind so klug oder dumm, so höflich oder gewalttätig, wie wir selbst es sind. Eine Skepsis gegenüber den in den Institutionen versammelten Menschen halte ich für angebracht; sie werden übermütig und neigen dazu, hochnäsig in der ersten Person Plural zu reden. Wer oft *Wir* sagt, der bläst sich auf.

Die Mächtigen gewöhnen sich daran, sich den Machtlosen gegenüber als etwas Besonderes vorzukommen. Behandelt man sie als ebenbürtig, sind sie schnell zu beleidigen. Wer vieles genehmigen kann, der erlaubt sich auch selbst viel. Zu Verhandlungen hat er nicht genügend Zeit, die Ästhetik von Rangordnung und Anweisung nimmt er ernst.

Ich möchte in einer zivilen Gesellschaft leben, in der ein jeder zu den Dingen des öffentlichen Lebens öffentlich Stellung nehmen kann und nicht nur derjenige, der dazu ermächtigt worden ist. Hier bei uns gibt es viele Staats- und wenig Zivilmenschen. Die Mehrheit manövriert harmlos und hält den Mund, manchmal murrt sie sogar ein bißchen. Wenige versuchen so zu leben, als lebten sie in einer zivilen Gesellschaft. Sie sind die Rinderlende.

Gewalt ist Voreiligkeit

1.

Tyrannei bedeutet, daß die Führung die zwischen Staaten üblichen Kriegsprinzipien auf die innerstaatlichen, auf die zwischenmenschlichen Beziehungen anwendet. Die Logik der Demokratie ist umgekehrt: Sie ist bemüht, die Ethik des bürgerlichen Vertrags auf die zwischenstaatlichen Verhältnisse anzuwenden.

Ihrem Wesen nach ist die Demokratie eine vertragschließende, nach Ausgleich suchende Anschauung, die selbst die Macht und deren Legitimation vom Vertrag herleitet. Um jemanden für etwas zu gewinnen, brauchen wir keine tödliche Bedrohung. Allerdings trifft es zu, daß ein Ausgleich vieler Interessen Zeit und Vernunft bedarf.

Zur Verhaftung, zur Hinrichtung, zur Bombardierung, zum Abschuß von Atomraketen braucht es nicht viel Zeit. Zur Voreiligkeit braucht es – dem Sinn nach – nicht viel Zeit.

Gewalt ist Voreiligkeit. Die Schuld sehe ich zusehends als kurzfristige Planung, als nicht genügend intelligente Zeithandhabung. Aggression ist Nicht-warten-Können, sofortiges Draufgängertum, Aufbrausen, hysterisches zwanghaftes Handeln.

Der schuldige Mensch ist vor allem ungeduldig. Er wird beherrscht von der Zwangsvorstellung, jetzt und sofort handeln zu müssen. Die Rede ist von einem Wesen, dem es an der wichtigsten Weisheit mangelt – der Zeitkunst. Als sei das Leben für ihn noch nicht geschehen, als habe er alles nur vor sich und absolut noch nichts hinter sich. Wenn bisher das Wichtigste nicht geschehen ist, dann soll es in der nächsten Sekunde passieren.

Der Schuldige, diese hektische Kreatur, handelt immer in der zwölften Stunde, immer brennt ihm die Sache auf den Nägeln. Er hat keine Zeit, sich die Sache zu überlegen, er hat keine Zeit, eine Nacht darüber zu schlafen, er hat keine Zeit, gemeinsam mit seinen Freunden das Für und Wider zu erwägen, er kann sich nicht dem Strom der Zeit überlassen, er befindet sich in einem fortwährenden Panikzustand.

Vielleicht müßte er in dem Moment etwas anderes tun, nicht das, was er gerade tut. Vielleicht brauchte er etwas anderes und nicht das, was er hat. In einer solchen Bedrängnis verlängert sich der Schatten der Umstände.

Der Hastige vermag sich nicht zu befehlen: Gemach, verweilen wir getrost, unternehmen wir vorerst nichts. Es wird sich herausstellen, was Sache und was zu tun ist. Nur der wird das Richtige tun, der den richtigen Augenblick abwartet.

Für den Ungeduldigen entscheidet der Vorgesetzte die Situation. Wenn der sagt: Feuer!, dann betätigt der Ungeduldige den Abzugshahn. Wenn der sagt, bind ihm den Strick um Hals und Fußknöchel, knüpf eine gute Schlinge, dann knüpft der Ungeduldige.

Wird der Kriegsverbrecher zur Verantwortung gezogen, dann zuckt dieser mit den Schultern, er sei nur ein schwaches Opfer in der eisernen Klaue der Umstände gewesen. Schließlich seufzt er, die Innenwelt sei klein, die Außenwelt dagegen groß. Wenn alles durch die zur Eile antreibenden Umstände bestimmt wird, dann ist der Mensch unschuldig und kann nicht zur Verantwortung gezogen werden, gleich welche Abscheulichkeiten er anstellen mag.

2.

Wir haben keine Zeit zu warten, die Umstände zwingen uns, auf Demonstranten zu schießen, ein Dorf in Brand zu setzen, den Kopf der Guerilleros vom Rumpf zu trennen, nachdem wir mit dem Lastwagen über sie hinweggerollt sind. Die Umstände zwingen uns, den für die Menschenrechte Eintretenden über dem Meer aus dem Hubschrauber zu werfen, den Priester einzuschüchtern und ihn aus dem dahinrasenden Zug oder in das Staubecken zu stoßen. Die Umstände zwingen uns, sein

Gesicht mit Fäusten und Knüppeln zu bearbeiten. Ergreifen wir nicht rechtzeitig Maßnahmen, breitet sich die Seuche aus, stürzen die Dominosteine der Reihe nach um, wird der Klassenfeind frech.

Es bleibt keine Zeit, durch individuelle Aktivitäten allmählich eine allgemeine Freiheit zu schaffen. Der Revolutionsführer stampft mit den Füßen auf, auf der Stelle müsse das Signal zum bewaffneten Aufstand gegeben werden! Die Umstände zwängen sie zur Eile, die anderen seien die Bösen, wir selbst seien eigentlich anständig. Gern würden wir die Menschen streicheln, nun ja, leider müssen wir zuschlagen.

Die Zeit der Gewalttätigen und Ungeduldigen rast, deshalb kommt sie nicht voran. Mit der Zeit können sie nicht zusammenarbeiten, die besonders Eiligen, deshalb eilen sie allesamt in den Abgrund. Führer, Blitzkrieg, kaputt.

Der politische und technokratische Radikalismus meinte, das Material, die Natur, die Gesellschaft, verschiedene Menschen, alle Tätigkeiten, überhaupt alles Seiende müßten hart angepackt werden. Im Namen dessen, was sein werde. Was sich die großen Ungeduldigen in den Kopf setzen. Auf dem Läufer aus Leichnamen bis zum Triumphbogen.

Die Wirklichkeit ist ein Skandal, die Idee ist schön, die Vergangenheit häßlich, die Zukunft verlockend; ein solcher Idealismus bringt für gewöhnlich die größten Schweinereien hervor.

In den Augen des radikalen Subjekts ist die sogenannte objektive Wirklichkeit feindlich, halsstarrig, heimtückisch; sie muß angegriffen, muß gesprengt, muß zerschnitten werden, man darf ihr nicht nachtrauern, sie muß niedergerungen werden. Wo gehobelt wird, fallen Späne, sagte Stalin.

Der Kampf des Menschen mit der Natur, gigantische Pläne zur Beherrschung der Natur, so etwas bekam ich als Schuljunge tagtäglich zu lesen. Davon ist noch genügend übriggeblieben, gegenwärtig wird die Donau zugrundegerichtet. Opfer von stinkenden, trägen Fabrikmonstern, herzzerreißender Dummheit und Industriegigantismus tappen im Smog umher.

Der radikale Intellektuelle schreibt nicht, sondern kämpft mit seiner Feder. Militante Generalsekretäre, militante Präsidenten, militante Kerle überall an den Straßenecken. Kämpferisch kannst du Kommunist sein, doch kämpferisch kannst du auch ein Konservativer sein, Hauptsache, du bist kämpferisch, entscheidend ist der Kampf.

Wer kämpfen will, der meint, von lauter extremen Fällen umgeben zu sein. Für einen geduldigen Reformismus fehlt ihm die Zeit. Noch länger warten kann er nicht, vielmehr muß er loshauen, schießen, brechen, zerschlagen.

Wenn das Denken überschwenglich wird und sich in leere Perspektiven verirrt, stellt sich das Bedürfnis nach Korrektur ein. Zu solchen Zeiten sagen wir, laßt uns nur unsern Garten bestellen, klammern wir uns an die Ecksteine von Haus und Vaterland, sonst werden wir hinweggeschwemmt.

In diesen Zeiten wollen wir das Erworbene konservieren und verinnerlichen, die Tradition herüberretten und das nachlässig in unserem Besitz Befindliche kennenlernen. Nach der gierigen Hast der Expansion beugen wir uns zu dem zurück, was sicher vorhanden ist, zur Vergangenheit und zur Nähe, und eine Zeitlang vergessen wir, was in ferner Zukunft sein wird.

Ohne den Rhythmus von Dehnung und Zusammenziehung gibt es keine Kultur. Eine Kultur, die ihr Erbe nicht bewahrt, in der es keine konservativen Kräfte gibt, zerfällt. Möglicherweise bedurfte es des Konservatismus der katholischen Kirche, um Jesu revolutionäres Gedankengut am Leben zu erhalten.

Die Zeit ist gekommen für die Herrichtung des Alten, für die Umzäunung des Gartens, für die Inselstimmung. Das Vorhandene muß nicht vermehrt werden, jetzt kann die Qualitätsverbesserung an die Reihe kommen.

Das Reich darf nicht weiterwachsen; wenn es sich nicht im Innern profiliert, wird es zusammenbrechen. Das Reich muß eine Nationalgemeinschaft werden, sonst wird es Staub und Asche geben.

Üblich werden muß das schier Unmögliche, die autonomen Beziehungen müssen stabilisiert werden, die Präzedenzerscheinungen von Freiheit müssen zur Tradition heranreifen.

Unsere sprachlich-kulturell-religiösen Gemeinschaften müssen verteidigt werden. Vergißt die neue Generation die schönen Bräuche der vorangegangenen Generation, so kommt dies einem Bombenteppich gleich.

Das Wäßrige muß komprimiert, das Konglomerat inventarisiert werden. Vielleicht ist die Zivilisation ein Weg von der zügellosen Geschichte zum Lächeln des Archivars.

3.

Auch das Weltbild der Religionen ist hierarchisch und spiegelt die Macht der Männer wider. Die römische und die byzantinische Kirche haben die Organisation des abendländischen und des morgenländischen Reichs, an dessen Spitze der Kaiser stand, übernommen. Sie schufen den Gottvater-Kaiser und den fürbittenden Sohn. Das religiöse Reich mit nur einem Zentrum braucht eine Dogmatik. Kampf und Hierarchie gehören zusammen, zum Kampf gegen Abweichungen bedarf es der geistlichen Würdenträger.

Ein erwachsener Mensch kann weder einen kirchlichen noch einen weltlichen Amtsträger als Vormund akzeptieren. Über das Denken will er keinerlei Macht ausüben, und anderen gesteht er keinerlei Macht zu über das eigene Denken. Unsere Freiheit läßt sich – ebenso wie eine verborgene Begabung – entwickeln.

Die Denker sind gleichberechtigt, es gibt keine heiligen und es gibt keine apokryphen Texte. Wenn eine Offenbarung existiert, dann ist die ganze Weltliteratur eine solche. Aus der Gedankenfreiheit resultiert die Grenzüberschreitung des Heiligen und des Profanen. Daß alles heilig sei, wäre eine allzu hochtrabende Behauptung. Der gute Geschmack verlangt vielmehr, alles für profan zu halten. Selbst meine Mutter ist profan, selbst mein Kind, und auch meine Frau ist profan. Warum sollte ein Priester heiliger sein als wir?

4.

Eine Weltanschauung brauchen wir. Grundlage einer Intellektuellen-Philosophie ist das Axiom der Gedankenfreiheit, was zugleich eine Absage an jegliche Zensur bedeutet. Die Weltgeschichte der Intelligenz ist die Geschichte der eigenen nicht zu vollendenden Emanzipation.

Ein Schriftsteller kann seinem Leser einen Dienst erweisen, indem er diesem in Sachen Ehrlichkeit zuvorkommt. Das Buch ist Hefe, der Kopf des Lesers geht davon auf wie ein Napfkuchen. Wir müssen es nur in die Hand bekommen, der Postbote muß den Brief nur austragen, wir brauchen nur eine Telefonleitung, wir dürfen nur nicht unterbrochen werden. Durch das Sieb preßt du dich hindurch. Auch das totale Schweigen ist ein annehmbarer Kompromiß, das Experiment wird fortgesetzt, selbst bei einem absoluten Mißerfolg darf nicht aufgegeben werden. Was man sagen kann, das muß man sagen.

Bewußtgemachte Minimal-Selbstzensur, als Zen-Training. Jedes Buch ist ein Strategievorschlag, glaubwürdig ist es dann, wenn es etwas vorschlägt, was der Autor selbst praktiziert.

Mit Budapest geht es mir so wie dem Storch, ich gehe weg und kehre zurück. Gut ist nicht nur die Strategie des Baumes, sondern auch die des Flusses und die der Zugvögel. Wir, die wir weggegangen sind von hier, versammeln uns, per Einladung in Goldbuchstaben bitten wir die Emigration zu einem Glas Wein. Räumliches Gebundensein, geistige Befreiung, das ist es, wofür wir uns entschieden haben.

Für einen Schriftsteller gibt es nur eine einzige Verpflichtung, nämlich um nichts auf der Welt wem auch immer ideologische Dienste zu leisten. Zu engagieren haben wir uns nur für die Artikulation unserer eigenen verborgenen Wahrheit.

Selbst Autoren mit den gegensätzlichsten Auffassungen können in der Weltliteratur nebeneinander existieren. Gute und schlechte große Schriftsteller gibt es nicht.

Zählen tut lediglich, was du selbst denkst. Der Geist der Literatur war reifer als der der Herrschenden. Setzen wir die jahrtausendelange Arbeit fort, die Revision der Urteile unserer Umgebung. Gib dem Kaiser, was des Kaisers ist, aber laß dich von ihm nicht übertölpeln.

Die unreflektierte Identifikation des Ego mit dem Staat hat einen modernen Gespenstertyp geboren: die Schriftgelehrten der Militarismen. Kriegerisch provinziell sind sie. Die Interessen der Gegenseite, die Interessen der anderen lassen sie entschlossen außer acht; darin haben sie eine besondere Begabung entwickelt. Es gelingt ihnen, die Andersartigen als Feinde zu sehen.

5.

Die Offiziere des ideologischen Kriegs scheinen mir den Teilnehmern des Balls der Vampire zu ähneln. Betrachte ich sie im Spiegel ihrer originären Erkenntnisse, dann ist es eigentlich recht traurig um sie bestellt. Der ideologische Vampir kann von einem Lager ins andere überwechseln, von einer Weltanschauung in die andere, es bleibt sich gleich. Immer hat es den Anschein, als sei er intelligent, doch wenn du genauer hinhörst, was er eigentlich gesagt hat, dann bleibt absolut nichts übrig. Ich lese sein Buch und werde zusehends unzufriedener, irgend etwas, so spüre ich, will er beweisen und wirbt um Anhänger für seinen Groll.

Ideologie ist für mich heute nichts anderes als eine besondere Form des Ausdrucks von Geschmack. Erboste Menschen mag ich nicht; ich empfinde es als abstoßend, wenn ein Intellektueller empört herumgeifert. Er hat sich irgendeinem Lager verschrieben, er ist nicht sein eigener Herr. So ist er also zornig und engagiert. Diese Sorte Mensch, die gegen etwas zu Felde zieht, die andere entlarvt, den Kämpfer, vor dem man Angst haben muß, betrachte ich immer von der anderen Seite. Mit zunehmendem Alter erkenne ich sie in der Maske jedweder Ideologie.

Als solchen habe ich in meiner Kindheit den wütenden Antisemiten erlebt. Später merkte ich, sie müssen nicht unbedingt den Juden verachten, sie selbst können sogar Juden sein. Hauptsache, ihr gewaltiger Zorn kann sich gegen etwas richten! Sie sind zufrieden mit dem Amerikaner als Imperialisten, dem Russen als Kommunisten, dem Juden als Zionisten, dem Araber als Faschisten, wichtig ist nur das Objekt des Hasses. Gebt ihnen ein anderes Volk, gebt ihnen eine Gemeinschaft, gebt ihnen eine gesellschaftliche Gruppe oder wenigstens etwas Kleines, das sie hassen können.

Die Spitzensportler des kollektiven Hasses kenne ich inzwischen, ich erkenne sie an ihren Blitze versprühenden Blicken. Ihre Lieblingsbehauptung ist die, das Objekt ihres Hasses sei heimtückisch, man könne keine Verträge schließen mit ihm, es sei absolut unzuverlässig und entziehe sich den Gesetzen. Hau ihm eins in die Fresse, die Sprache versteht der lausige Jud.

Jawohl, das Wort Jude läßt sich durch x-beliebige andere Ausdrücke ersetzen: Homosexueller, Zigeuner, zerlumpter Penner, Rauschgiftsüchtiger, Dissident, Protestierender, Unterschriftleistender, Hungerstreikender, illegaler Unmensch, geheimer Verschwörer, sich nach Art einer Schlange Einschleichender, hinterhältiger Diversant, Agent, fünfte Kolonne, ideologischer Störenfried, Verwässerer, Aufrührer. Ach, wenn wir nicht aufpassen, werden wir am Ende gar noch befruchtet von denen!

In Höchstform ist der Vampir, wenn er zum Staatsvampir befördert wird, wenn Seine Majestät ihm die Rolle des ranghöchsten Ratgebers anträgt. Der Vampir ist eine begeisterte graue Eminenz, leidenschaftlich spinnt er sein feinmaschiges Intrigennetz, er ist der ewige Tartuffe.

6.

In China, so lese ich, sei ein Kreuzzug gegen die intellektuelle Pollution im Gange. Der Schmutz sei die hereinströmende westliche Kultur, der liberale Humanismus. In den chinesischen Buchhandlungen ist nicht mehr nur jenes kleine rote Buch – stellvertretend für alle anderen – zu sehen, jenes kleine Büchlein, das die Sprechchöre drohend und unheilverkündend hochleben ließen. Da die Bücher dazu neigen, sich voneinander zu unterscheiden, ist die Gefahr der Verschmutzung um so größer, je mehr Bücher es gibt.

Ich erinnere mich an das Jahr 1949, als in Ungarn die Einbuchzeit begann. Index in den Bibliotheken, die verbotenen Bücher wurden eingestampft. Selbstverständlich gab es auch Verbrennungen. Der andere Teil der Bücher kam in den Giftschrank; zu ihnen konnte man nur mit einer Sondergenehmigung vordringen. Und auch dort gab es schon das einzige Buch, die Bibel der Parteimitglieder, aus der sich alles erklären läßt, das Maß sämtlicher anderen Bücher, der *Kurze Lehrgang der Kommunistischen (bolschewistischen) Partei der Sowjetunion.* Auf dem Buchumschlag fehlte der Name des Autors, doch die eingeweihten Leser wußten, daß der große Stalin selbst dieses Buch geschrieben hatte, daß er lediglich zu bescheiden war, um seinen Namen nennen zu lassen. In der dritten Person Einzahl teilt er mit, daß Stalin die verfaulten Anschauungen der Parteiopposition durch seine brillante und unerbittliche Logik ausgerottet habe. Anschließend die Parteiopposition selbst. Wenn es nur ein Buch gibt, müssen wir die begründete Angst haben, für verfault erklärt und ausgerottet zu werden.

Ich lese einen Artikel über die *moral majority* Amerikas. Auch sie sind Fundamentalisten, ein Buch lesen sie, die Bibel. Darin ist alles enthalten, und was darin nicht vorkommt, das ist verdächtig und überflüssig. Der gläubige Fundamentalist stammt nicht vom Affen ab, er wurde erschaffen, und zwar sofort mit der ihm eigenen Intelligenz. Alles Übel, so meinen die Fundamentalisten, komme vom Welthumanismus. Zwei auffallend gleichklingende Artikel an einem Nachmittag. Die Fundamentalisten der *moral majority* mögen den Humanismus nicht, weil er Deckmantel für allerlei Böses geworden sei. In New York. Für das Rauschgift, den intellektuellen Anarchismus, die Homosexualität, Europa, den Kommunismus. Erfolgreich könne nur dann gegen die unheimlich vielen Drachenköpfe des Bösen gekämpft werden, wenn die Trennung von Staat und Religion aufgehoben werde. Der kämpferische Antikommunismus braucht einen proamerikanischen, patriotischen, religiösen und konservativen Fundamentalismus.

7.

Die verschiedenen Fundamentalisten sind allesamt Dualisten. Sie schlagen mit der Faust auf den Tisch und sagen, Gut und Böse, Weiß und Schwarz, Richtig und Falsch gebe es sehr wohl. Sie sind immer gut, weiß, richtig. Kennt ihr die argwöhnische Härte im Gesicht des Fundamentalisten? Er weiß, was er weiß; von raffinierten Paradoxa läßt er sich nicht verführen. Was für ihn, den Guten, gut ist, das ist gut, was für den anderen, den Bösen, gut ist, das ist böse. Für den kommunistischen Fundamentalisten sind die salvadorianischen Guerilleros Freiheitskämpfer, die afghanischen Guerilleros konterrevolutionäre Banditen. Für den antikommunistischen Fundamentalisten sind die afghanischen Guerilleros Freiheitskämpfer, die salvadorianischen Guerilleros Terroristen.

Am nervösesten macht es die Fundamentalisten sowohl hier als auch da, wenn man Ähnlichkeiten zwischen ihnen feststellt. Fundamentalisten aller Länder vereinigt euch! Liebt eure eignen Atombomben! Verachtet die Pazifisten im eignen Lager, doch liebt sie im anderen Lager! Blühen wird der Fundamentalismus dort, wo ein großer charismatischer Führer deutlich sagt, was richtig und was falsch ist. Sein Denken ist das Fundament jeglicher Wahrheit. Den humanistischen Pazifismus mögen die Führer nicht. Allerdings streicheln sie gern den Kopf des zur Begrüßung abgestellten kleinen Kindes.

Was machen zwei Fundamentalismen, wenn sie aufeinandertreffen? Sagen wir, was die pakistanischen und die indischen Truppen in Ost-Pakistan, im heutigen Bangladesh, gemacht haben, wo ein Teil der Bevölkerung Moslems, der andere Hindus sind. Der eine Teil der Männer ist also beschnitten, der andere Teil nicht. Die moslemischen pakistanischen Truppen winkten von ihren Panzern und Panzerspähwagen die auf den Feldern arbeitenden Bauern zu sich heran, sie sollten sich ausziehen. Sie mußten ihr Geschlechtsorgan zeigen. Waren sie nicht beschnitten, so wurden sie von den islamischen Soldaten niedergeschossen. Dann kamen die indischen Panzer und Panzerspähwagen, die indischen Soldaten winkten die Bauern ebenfalls zu sich heran, und wer beschnitten war, der wurde erschossen.

Der Antisemit ist eine Sorte für sich. Zum Freudenfest des Fundamentalismus, nach der Machtübernahme, wurden die Bücher jüdischer Autoren unter Fanfarenklängen im Fackelschein ins Feuer geworfen. Wie hatte all das eigentlich begonnen? Auch unter den Universitätsprofessoren sollten die Juden proportional zur Gesamtbevölkerung vertreten sein. Das war nicht mehr als recht und billig. Oder? Und wenn es nun schon eine Judenfrage gab, dann war es nicht mehr als logisch, daß bestimmte Leute an einer Lösung dieser Frage interessiert waren. Der Numerus clausus, so erkannten sie, war keine Lösung, weil die Juden die genehmigten Zahlen umgingen. Jene waren erbost, sie mußten es mit radikaleren Lösungen versuchen. Der Ruf nach der Endlösung wurde laut! Der antisemitische Fundamentalist befand sich in jener unbequemen Lage, daß ihm keine prinzipiellen Argumente gegen die Gaskammer einfielen, obwohl er mit seiner humanistischen Phraseologie dagegen protestierte, denn eine Judenfrage existierte schließlich nur dann nicht mehr, wenn auch die Juden nicht mehr existierten. Weit gefehlt! Die Gaskammer war keine Lösung, das beweist der lebendige und mythologische Antisemitismus in denjenigen Ländern, in denen keine Juden mehr leben.

8.

Humanismus, was ist das? Solche Geschichten als Paradigmen der menschlichen Dummheit zu betrachten. Die Tötung von Menschen auf jeden Fall Mord zu nennen. Kein Buch, keine heilige Schrift, Idee, Bewegung, Institution für wertvoller zu halten als ein Menschenleben. Die großen Schlachten als große Katastrophen anzusehen. Für die Kriege sind die heutigen Religionen, Ideologien und Nationalismen samt und sonders verantwortlich. Es steht uns frei, den Humanismus auch als absolutes Sakrileg zu begreifen. Es steht uns frei, die fundamentalistischen Wutausbrüche als Beispiele menschlicher Primitivität zu verstehen.

Diese nachmittägliche und leicht einsehbare Parallele zwischen den Fundamentalismen verleiht dem Humanismusbegriff einen ironischen Zauber und ein modernes Pathos. Doch seht nur, aus wievielen Ecken der Humanismus beschimpft wird! Sollte er immer noch so jugendlich sein? Sollte er noch immer provozieren können? In der *New York Times* lese ich, ein Buch sei erschienen, das den atheistischen Humanismus gegen die sich häufenden Angriffe verteidige.

Was geschieht auf dem Schulhof unserer Zeit? Ein starker, wilder Junge, der Fundamentalismus, schlägt auf einen schwächeren ein, der Humanismus heißt. Da hast du's, da hast du's, wirst du endlich aufhören zu spotten und unverschämt zu werden? Doch auch der Spötter wehrt sich seiner Haut, er setzt sich über die Zensur hinweg, springt über Ländergrenzen, einige hartgesottene Fundamentalismen hat er bereits überlebt. Ihren starren Blick kennt er, ihre sentimentale Rede, gleich wie sie sich nennen mögen, er kennt sie schon. Er hat von ihnen nichts zu erwarten, sie werden ihn hassen, mit unterschiedlichsten Mienen und Begründungen werden sie den Zwillingsgeist von Freiheit und Verständigung hassen.

Sollten wir uns nicht, da der Gegensatz zwischen beiden Begriffen beim sportbesessenen Publikum einen gewissen Reiz hervorruft, einen Wettkampf zwischen Fundamentalismus und Humanismus ansehen? Eigentlich handelt es sich gar nicht um zwei Ideen, wir haben es eher mit zwei Stilrichtungen zu tun, mit dem Geschmack von zwei tatsächlich verschiedenen Persönlichkeiten.

Es gibt durchaus bedeutende Fundamentalisten, die Fundamentalisten sind nicht dumm. Die Fundamentalisten gründen Reiche, Kirchen, Parteien. Die Humanisten dagegen sind seit Sokrates auf irgendeine Weise Dissidenten.

Den fundamentalistischen Schriftstellern imponieren die

Reichsgründer, die Persönlichkeiten der Weltgeschichte. Im Denktrust irgendeiner historischen Persönlichkeit würden sie gern eine Stellung als Berater annehmen.

Auch Spinoza erhielt von einem Fürsten einen Ruf als Ratgeber, als Hofphilosoph, es lohnt sich, seinen dezent ablehnenden Brief zu lesen. Eines ist sicher, Spinoza, der ausgestoßene Jude, war kein Fundamentalist. Sicher ist auch, daß er Humanist war.

Die Humanisten, soviel läßt sich ausmachen, mögen die epigrammatischen, luziden, spielerischen und paradoxen Formulierungen, Paradesätze vermeiden sie.

9.

1933 wurde ich geboren, im Jahr der Bücherverbrennung. Ich bekam schon amtliche Briefe, worin man mir mitteilte, meine beschlagnahmten Tagebücher oder Romane seien der Vernichtung zugeführt worden. Der Humanismus hat mir noch nie Schwierigkeiten gemacht. Der Fundamentalismus dagegen hat mich fortwährend sekkiert, beschimpft und um ein Haar sogar ermordet. Was sollte ich an ihm mögen?

Die mannigfachen, sich auch gegenseitig herabwürdigenden Fundamentalismen haben einen gemeinsamen Gott: die Diskriminierung. Das Wort Humanismus hat allerdings nur dann einen Sinn, wenn er auf die gesamte Menschheit, auf alle Menschen angewendet wird, wenn keine einzige Menschengruppe von seinem Schutz, den er der menschlichen Gattung gegen deren eigene aggressive Dummheit zukommen läßt, ausgeschlossen werden kann.

Wer sich als Humanist begreift, mag keine Abhängigkeiten und Unterscheidungen. Deshalb gerät er vermutlich mit allen möglichen Fundamentalismen in Konflikt. Neben den Unannehmlichkeiten des Dissidenten-Status gibt es aber auch den Trost, daß keine Partei, keine Kirche oder kein Staat seine geistige Repräsentation übernehmen könnte. Das Attribut des Humanistischen wäre in Verbindung mit Parteien, Kirchen und Staaten ohnehin ein Euphemismus.

10.

Nicht nur die Staaten diskriminieren, auch der Fundamentalismus der jüdischen, christlich-jüdischen Religion tut dies. Ich glaubte schon, die Buddhisten seien darüber hinweg. Doch dann kam der erste tibetanische buddhistische Mönch, den zu sehen ich Gelegenheit hatte, während einer Missionsreise nach Budapest, schöne Dinge hatte er zu sagen über die Selbstbeherrschung des Geistes, über den Weg zu unserer Läuterung, über die Enthaltsamkeit, doch nachdem er den ganzen Tag Haselnüsse geknabbert hatte, aß er zu seiner einzigen täglichen Mahlzeit viel Fleisch und zog mit vollem Mund über die indischen Buddhisten her, die seiner Meinung nach nicht wahrhaftig seien.

Der religiöse Glaube ist seinem Begriff nach, da er sich auf eine höhere Offenbarung gründet, ein wahrhafter Glaube, an dem gemessen der andersartige Glaube ein nicht-wahrhafter Glaube ist. Wen wir vom Heil ausschließen, den schließen wir früher oder später auch von der sittlichen Verehrungswürdigkeit aus.

Meine ich, Aussicht auf das Heil zu haben, weil ich an die Behauptungen einer bestimmten Religion glaube, so bleibt für dich keine Chance, weil du an die Behauptungen einer anderen Religion glaubst. Oder aber du glaubst an keinerlei Behauptungen von Religionen, dann verachte ich dich und bin überzeugt davon, daß du unter mir stehst.

Nun ja, ich bin wohlwollend. Letztendlich können auch Menschen anderer Religionszugehörigkeit anständig sein. Es gibt auch anständige Gojim. Es gibt auch anständige Juden. Es gibt auch anständige Moslems. Es gibt auch anständige Giaurs. Und so weiter.

Oder aber sollte es unter moralischem Aspekt gleichgültig sein, zu welcher Religionsgemeinschaft wir gehören? Ob wir uns der Religion verweigern oder nicht? Woran wir glauben? An diesem Punkt wird jeder Gläubige, jeder Priester und jeder gläubige Atheist zumindest unsicher, doch am liebsten würde er protestieren. Wenn ich nun aber wegen meiner Überzeugung moralisch schlechter bin als andere, warum sollte ich dafür nicht auch bestraft und in meinen Rechten eingeschränkt werden?

11.

Ich möchte ein verdächtiger Kosmopolit sein, aus der Meerestiefe aufrührerische und fremde Ideenblasen aufsteigen lassen, die lokale kollektive Empfindsamkeit soll mich getrost mit düsteren Blicken beobachten.

Für einen Durchreisenden zählt nicht, wer was sagt, es zählt nur, was gesagt wird. Der Respekt vor den aufgeblasenen lokalen Scheingrößen ergötzt ihn nicht, der Autorität des Intellekts und der Macht vermag er nicht den gleichen Rang zuzuerkennen, und – Voltaire seine Huldigung darbringend – hält er eher die Vernunft für mächtig als die Macht für vernünftig. Diese Weltanschauung entspricht schon allein deshalb seinem Interesse, weil er sonst ziemliche Angst haben müßte, daß man ihn überall dort verhauen würde, wo sich Staat und Religion, Ideologie und Polizei zusammentun wollen. Überall dort, wo es der lokalen Dummheit gelungen ist, Seine Majestät und Seine Heiligkeit in einer Person zu vereinen.

Die lokale Dummheit ist überaus erfolgversprechend, das sollten wir anerkennen. Alles auf einen einzigen Gedanken zurückzuführen und daraus alles andere abzuleiten, das besitzt eine gewisse Anziehungskraft. In der Tiefe unseres Herzens haust die fundamentalistische Heilige Einfachheit, die für das Komplizierte einen religiösen Haß empfindet. Der kollektive Egozentrismus ist ähnlich beruhigend wie das geozentrische Weltbild.

12.

Die lokale Dummheit hat ihre Moral: Bedingungslos darfst du dich nur mit einer einzigen Gemeinschaft identifizieren, natürlich mit deiner. Was immer sie anstellt – sie bleibt deine Gemeinschaft. Wer sich nur bedingt mit ihr identifiziert, der ist in den Augen des lokalen Idioten ein Verräter. Von Kopf bis Fuß hast du Mitglied jener Gemeinschaft zu sein, der du angehörst. Mit düsterem Enthusiasmus, der keinen Spaß versteht.

Der Fremde ist schrecklich. Der anständige lokale Idiot ist selbstverständlich ethnozentrisch und xenophobisch. Sollte sich ein schöner kleiner lokaler Faschismus anbieten, ein Aufstieg des Volks in die Höhen des zornigen Spießbürgertums, dann versinkt der lokale Idiot darin natürlich bis über beide Ohren.

Seiner Familie gegenüber ist der ideale lokale Idiot herablassend und gegenüber demjenigen, vom dem er abhängig ist, servil. Abweichendes würde er am liebsten unter seinen Füßen zertreten. Er knirscht gern mit den Zähnen. Für Todeskommandos ist er ein ausgezeichneter Kandidat. Kaltmachen den Kerl, was sonst öffentlich nicht möglich ist (nur wegen vorübergehender politischer Überlegungen nicht, so bleibt zu hoffen).

Der anständige lokale Idiot leidet Qualen, wenn er viele Aspekte miteinander abstimmen muß. Man soll ihm gefälligst sagen, was er zu tun hat, die Freiheit ist lästig und bedrückend. Es ärgert uns, daß wir nicht wählen können. Sind wir anständige lokale Idioten, so sehnen wir uns nach einem starken Mann, und ihm zu dienen ist uns eine wahre Lust. Wir sind bestrebt, das Andersartige aus der Position der Stärke zu verachten oder aber aus der Position der Schwäche wenigstens zu hassen.

Wer beharrlich nur in nationalstaatlichen Kategorien denkt, über dessen Verstand gewinnt eine abstrakte Manie Macht: Weder das Persönliche noch die große Welt, weder die Intimität der Details noch die Umwelt existieren für ihn. Seine Sinne funktionieren nicht, seine Urteile sind stärker, deshalb vermag er ein anständiger lokaler Idiot zu sein.

13.

In gewissem Sinne können wir sagen, daß Hitler und Stalin die Heroen des Provinzialismus waren. Der Kleinbürger will ein lokaler Cäsar sein. Wuchert der Nationalstaatskult schon, dann steht die heilbringende Ankunft des Führers bevor.

Jedes Volk überkommen seine fünf Minuten, die unter Umständen sogar fünf Jahrzehnte dauern können, zu einer anderen Zeit. Jedes Volk hat seinen eigenen, im Verborgenen schlummernden, manchmal allerdings ausbrechenden Faschismus. Möglicherweise muß jedes Volk diese Typhusepidemie durchmachen, um danach, nach der großen Niederlage, seinen Verstand wieder beisammen zu haben.

Die Rede ist von einem ziemlich einfachen Phänomen, vom kollektiven Gegenstück des persönlichen Aufgeblasenseins. Die Behauptung, wir seien etwas Besonderes, wir seien allen überlegen, entspricht der geistigen Aufwallung eines Betrunkenen. Die Begeisterung der Nationen über sich selbst paart sich meist mit dem übergeschnappten Haß auf andere Völker.

Dazu braucht man eine Ideenkollektion, die als Quelle jeder Wahrheit angesehen werden kann. Glücklicherweise haben die Führer und Diktatoren ihr eigenes phantastisches Büchlein, den Ursprung jeglicher Wahrheit. Am höchsten wird ihr Wirken von der literarischen Öffentlichkeit des eigenen Landes eingeschätzt.

Hitler und Stalin trotten die kleineren Chefs der kleineren Diktaturen hinterher. Ich brauche bloß von Budapest nach Klausenburg zu fahren, um verblüfft festzustellen, bis zu welchen Extremen die nationalstaatliche Paranoia sich steigern kann, die die Mannigfaltigkeit des Lebens innerhalb ihrer Staatsgrenzen einfach nicht ertragen kann. Durch den Fleischwolf der Führerweisheit muß ein jeder hindurch, du mußt dich der homogenen Knetmasse anpassen!

Ich betrachte die Führerromantik, die charismatischen Vaterfiguren, die Verblendung der schwärmerischen Gläubigen. Gott ist ihnen allzu abstrakt, der Demagoge dagegen schwingt betörende Reden, sein Grinsen ist auf dem Bildschirm zu sehen.

Die Führer geben sich gern als harte Männer, am liebsten posieren sie auf dem Hauptplatz unter der Fahne, bewegt von den erhabenen Klängen der Nationalhymne. Sie stehen vor den

Särgen der Heldentoten, vor den Särgen ihrer Opfer. Charismatisch stehen sie unter der Fahne, sie sind schrecklich national, die Choreographie allerdings und die Ikonographie sind lächerlich international.

Die tödliche Dramaturgie des Blocksystems

1.

Nicht der Kommunismus oder der Kapitalismus sind das größte Übel, nicht die eine oder die andere Großmacht, sondern die beiden Militärbündnisse, die Konfrontation der zwei Blöcke und das, was daraus folgt, die sich beschleunigenden Maßnahmen zur nuklearen Abschreckung, diese Zwangsbahn, auf der wir in den Dritten Weltkrieg hineinschlittern. Keiner der Militärblöcke ist unschuldig, wenn es zur Apokalypse bei einem eventuellen Zusammenstoß kommen sollte, einem Zusammenstoß, der alle bisherigen Verbrechen weit übertreffen würde. Die Politiker, die sich auf die feindliche Konfrontation der beiden Blöcke versteifen, erhöhen zugleich das Risiko eines gewaltsamen Todes für uns alle.

Unsere Begabung zur gegenseitigen Vernichtung entwickelt sich schneller als unsere wechselseitige Selbstbeherrschung. Wir müssen der Möglichkeit ins Auge sehen, daß wir vielleicht keine Zeit mehr zu verlieren haben. Eventuell wird es noch in diesem Jahrzehnt Krieg geben. Die Strategie der beiden Blöcke, die gegenseitige nukleare Abschreckung, steuert darauf hin. Glaubhafte Abschreckung, das ist die *contradictio in adjecto*. Ohne die Eventualität einer absoluten Vernichtung ist die nukleare Abschreckung nicht glaubhaft. Vorstellbar ist, daß beide Seiten im letzten Moment vor dem Schlimmsten zurückscheuen. Nicht weil sie feige wären, sondern weil sie einen gesunden Menschenverstand besitzen.

Die Parteien wissen, daß der andere nicht zu besiegen ist, dennoch erprobt jeder, wie schreckhaft der andere ist. Die nukleare Abschreckung ist nicht glaubhaft, denn sie ist eine Kamikaze-Strategie. Die Annahme, daß ganze Nationen bereit seien, sich aus Rache vernichten zu lassen, bloß damit auch andere vernichtet werden, ist absurd. Diese Neigung zu einem kollektiven Kamikaze ist bei den europäischen Nationen nicht vorhanden. Die Blöcke bedrohen sich gegenseitig mit etwas, das sie in Wirklichkeit sicher nicht bereit sind auszulöffeln. Wenn du mich anrührst, bringe ich mich um. Je abschreckender, desto ängstlicher sind sie, die Generalstäbe.

2.

Die Maschinerie der gegenseitigen Abschreckung besteht nicht aus Bomben, sondern aus Menschen und deren Gedanken. Der Weg zum Weltuntergang ist mit blockpatriotischer Rhetorik gepflastert. Die Analogien zur Lage vor dem Zweiten Weltkrieg sind falsch. Damals wollte die eine Seite tatsächlich den Krieg. Das entspricht der heutigen Lage nicht. Der Hinweis auf die Jahre vor dem Ersten Weltkrieg ist stichhaltiger. Damals wollte keine Seite den Weltkrieg, dennoch schlitterten sie hinein. Heute will ebenfalls keine der beiden Seiten den Krieg, doch sie gehorchen den Spielregeln: auf Aktion folgt Reaktion. Wer damit begonnen hat? Das ist eine ideologische Frage. Einmal ist der eine aggressiver, einmal der andere. Jedenfalls werden die Intervalle zwischen den Antworten kürzer, und die Provokationen folgen aufeinander in erhöhtem Tempo.

Die Supermächte können der Welt weder einzeln noch gemeinsam ihren Willen aufzwingen. Die lokalen Konflikte in anderen Erdteilen verfestigen sich durch die Konfrontation der Supermächte ebenfalls. Es kann keinen Sieger geben in dieser Weltpartie. Sie können den anderen nicht besiegen, die Großen dieser Welt, das haben sie vielfach bewiesen. Die Ausgangsbasis ihrer Strategie ist falsch, denn ihr Ziel ist die globale Macht. Die globale Macht ist unerreichbar. Beide Supermächte haben im Inneren genügend eigene Sorgen. Unter Berufung auf ihre globale Verantwortung schieben sie die Lösung der innenpolitischen Aufgaben auf die lange Bank. Sie können sich der mit Europa verbundenen Last getrost entledigen. Die Europäer können ihre Angelegenheiten auch ohne die militärische Präsenz der Supermächte in Ordnung bringen. Unsere Welt-Führer sollten sich damit abfinden, daß der Kampf unentschieden ausgegangen ist.

Erschwert wird der Strategiewechsel dadurch, daß der ideologische Krieg zwischen den beiden Blöcken nicht nur Propaganda ist, sondern auch Autosuggestion. Unsere Zivilisation wird durch eine intellektuell überholte Diskussion mit dem Weltgericht bedroht. Recht hat keine Seite. Die Kultur des Dritten Weltkriegs ist lautstark, die Utopien des Weltfriedens sind still.

3.

Ich weiß, daß die Apologeten der liberalen wie auch der kommunistischen Werte den formalen und logischen Vergleich der beiden Blöcke für beleidigend halten. Von der einen Seite wird der Vergleich als sowjetfeindlich, von der anderen Seite als amerikafeindlich zurückgewiesen, er wird als falscher Symmetrismus verdammt. Entsprechend ihrer ideologischen Einstellung, derzufolge sie am liebsten die andere Seite zum Verursacher alles Bösen erklären, nehmen sie ungern zur Kenntnis, daß die herrschende und determinierende gesellschaftlich-politische Wirklichkeit unserer Tage nicht der Staat ist, sondern der Block. Wir können sagen: der Blockstaat. Da die Blöcke nur paarweise und als gegenseitige Feinde vorstellbar sind (als Bündnis, als Weltsystem, als Koalition, als Familie, als Gemeinschaft), ist das feindliche Verhältnis die herrschende Wirklichkeit, mit einem Wort das Blocksystem, das ebenso seine innere Dynamik besitzt wie der Krieg, dessen Gesetz Clausewitz in der Eskalation erblickte. Solange es zwei Blöcke gibt, wird das Gesetz der gegeneinander gerichteten Rüstungseskalation gelten. Dies wird durch die Erfahrung bestätigt: Seitdem zwei Blöcke existieren, ist die Vernichtungsmaschinerie der beiden Seiten sozusagen gleichmäßig gewachsen. Solange die Blöcke bestehenbleiben, erscheint eine dauerhafte Entspannung unmöglich. Die Entspannung ist ein mündliches Versprechen, den Status quo des Blocksystems einzufrieren. Das erste Kapitel der Entspannung hat nicht die in es gesetzten Hoffnungen erfüllt, denn der

Kern des Problems, die militärische Teilung Europas, das Blocksystem, wurde von der Entspannung nicht betroffen. Es stimmt zwar, daß die Technologie ihre eigene Mythologie schafft, doch es trifft nicht zu, daß die politische Struktur durch die Entwicklung der Kriegstechnik determiniert wird. Der Frieden ist keine rüstungstechnische, keine Rüstungsbeschränkungs- und keine Abrüstungsfrage, sondern vor allem eine politische, historische, strategische und ideologische Frage. Es besteht keine technologische Notwendigkeit, daß unsere Gattung in der Entscheidung darüber, ob wir am Leben bleiben oder uns umbringen sollen, von so wenigen und noch dazu von Menschen mit zweifelhafter Intelligenz vertreten wird.

Bereits jetzt sind wir die Gefangenen der Kriegsdramaturgie. Man muß wissen, die Krieger sind schwache Denker. Die Politiker sind nicht geeignet und nicht berechtigt, über die Existenz oder Nicht-Existenz unserer Zivilisation zu entscheiden. Da sie aber Ende des zwanzigsten Jahrhunderts, Ende des zweiten Jahrtausends zu einer solchen Entscheidung die Möglichkeit besitzen, sind sie heute ganz besonders gefährlich.

Die Form unserer Selbstverteidigung ist heute nicht die Politik, das heißt der Kampf um die Macht, sondern die Antipolitik, also die Machtbeschränkung der Politiker, mit anderen Worten die Sprache der nicht über Waffen verfügenden zivilen Gesellschaft.

Der Kampf der Blockstaaten um die Weltherrschaft ist nicht weniger barbarisch als die Stammesfehden. Das muß man wissen. Die primitive Moral des Husarenschwerts hält sich auch noch im Zeitalter der Wasserstoffbombe. Am gefährlichsten ist unser geistiger Zustand.

4.

Die Legitimierung des Rechts zum Töten ist untrennbar mit unserer Kultur verbunden. In seinen theoretischen Kriegsspielen schreckt keines der Militärbündnisse vor dem Massenmord zurück. Ein Atomkrieg zwischen den beiden Blöcken und der darauf folgende nukleare Winter in der nördlichen Hemisphäre würden zumindest die Vernichtung der weißen Rasse bewirken. Die öst-westliche Schizophrenie ist in unseren alltäglichen Begriffen enthalten. Die Massenkultur ist bemüht, von der anderen Seite nur Schlechtes zu sagen, und die geistige Bequemlichkeit der Bürger wird dadurch begünstigt, daß sie ziemlich uninformiert sind und eigentlich nur den Standpunkt der einen Seite kennen.

Und das wäre Realismus? Die denkfaule Anpassung an die bipolare Weltordnung? Wenn unser Denken über die beiden Militärbündnisse von den Begriffen Gut und Böse, Weiß und Schwarz, Wahr und Unwahr bestimmt wird, dann verringern wir durch diese fundamentalistische Primitivität unsere Lebenssicherheit. Die Sprache der objektiven Fairneß wird auf beiden Seiten durch die Ideologien, durch die Gemeinplätze der Medien unterdrückt. Das Verhältnis von blockimmanenten zu blocktranszendenten Ideen markiert das Verhältnis von Beschränktheit zu Unvoreingenommenheit. Je mehr wir die Blocklogik überwinden, desto intelligenter sind wir.

Wie kann man die sich Bahn brechende Eigenbewegung in der Maschinerie der Blockkonfrontation zum Stillstand bringen? Es gibt keine ernstere Frage. Unsere Geschichte ist wie der böse Traum eines Zauberlehrlings. In den Auslandsnachrichten wird vorwiegend vom Abschluß, von der Erweiterung und von der Festigung der Militärbündnisse berichtet sowie von den Versuchen, diese Bündnisse zu zersetzen. Auf diese Weise lebten sich die Nationalismen aus: in Bündnissen, Achsen und Blöcken zusammengeschlossen. Wir haben es mit einem Wahnsinn europäischer Provenienz zu tun, wir haben damit die Welt infiziert. Sollten die Regierungen ihr unauflösliches Bündnis noch enger knüpfen, dann dürfte auch der dritte Weltkrieg nicht auf sich warten lassen. Die Kriegskoalitionen brauchen irgendeine universelle Idee. Zur Zeit stehen der amerikafeindliche Antiimperialismus und der russenfeindliche Antikommunismus auf dem Programm.

Die nicht-gottesgläubige Kultur hat sich von der Religiosität nicht losmachen können, statt Gott ordnet sie sich dem Staat unter. Der Nationalstaat und neuerdings die Götzenreligion des Blockstaats geben unserer scheußlichen Neigung zur gruppenweisen und haßerfüllten Isolation Raum.

In Treue zum eigenen Staat hält der gute Bürger dem eigenen Block und dessen militärischen Anstrengungen die Treue. Der loyale Staatsbürger verhält sich gegenüber den Ideologien des dritten Weltkriegs loyal. Wer würde den Patriotismus der Heldentoten anzweifeln? Massengräber, damit ein Land rot sein kann. Massengräber, damit ein Land nicht rot sein muß. Ich habe die Befürchtung, daß die Führungselite an der Spitze eines Staatenbundes dazu neigt, sich für auserwählt zu halten. Hierher rührt der Nationalismus des ausgehenden zwanzigsten Jahrhunderts, die neue Überheblichkeit, die von den Politikern über die Medien auch auf die Bürger übergreift.

5.

Wer ein Beispiel sucht für die Schwäche Europas, der möge sich eine Stunde lang die Berliner Mauer ansehen. Wenn die Nato und der Warschauer Pakt normal sind, dann ist auch die Berliner Mauer normal. Wenn die Berliner Mauer nicht normal ist, dann sind die beiden militärischen Bündnisse auch nicht normal. Nachdem die Europäer den Eisernen Vorhang akzeptiert hatten, ließen sie zu, daß unser Erdteil mit Atomraketen mit kurzer oder langer Reichweite gespickt wurde. Der bestimmungsgemäße Einsatz dieser Atomraketen würde Europa in einen von Menschen unbewohnten Ort verwandeln. Die Tatsache, daß man sich mit der Existenz des Eisernen Vorhangs abgefunden hat, trug dazu bei, daß eine Panzerparade in Ost-Berlin, Budapest, Prag und Warschau möglich wurde.

Die Supermächte hißten ihre Fahnen an der Elbe, und das war ihre Falle, es wurde die Konfrontation der militärischen Bündnisse mit ihren Zwangsmechanismen, mit dem Rüstungswettlauf und mit dem ideologischen Krieg, aus der Taufe gehoben. Vier Jahrzehnte danach würde Mitteleuropa zugrunde gehen, käme es zu einem nuklearen oder konventionellen Zusammenstoß. Seit dem Zweiten Weltkrieg nimmt die auf jedem Bewohner unseres Erdteils lastende Gefahr, eines gewaltsamen Todes sterben zu müssen, ständig zu. Mit der Präsenz in den Militärbündnissen haben unsere Regierungen einen Blankoscheck unterschrieben, sie haben unser Leben dem sowjetischen Generalsekretär beziehungsweise dem amerikanischen Präsidenten anvertraut.

Unter Mitteleuropa verstehe ich jenen Raum, der sich am ehesten reibt am Eisernen Vorhang, der am ehesten unter der geopolitischen Teilung Europas zu leiden hat. Unter Mitteleuropa verstehe ich vor allem Ost-Mitteleuropa sowie Österreich und die beiden deutschen Staaten. Doch ich habe den Eindruck, es gibt immer mehr Mitteleuropäer, Menschen, die sich durch die künstliche, durch die militärische Teilung Europas persönlich bedroht fühlen. Warum sollten wir nicht versuchen, jene verkrampfte Lage zu lösen, in der ein schmaler europäischer Fluß die in der Zwischenzeit erschreckend gewachsene sowjetische und amerikanische Kriegsmaschinerie voneinander trennt? Die beiden Supermächte haben eine gemeinsame militärische Grenze, die nicht sein müßte.

6.

Die beiden sich gegenüberstehenden Lager sind – mit allen möglichen Konsequenzen – eine Schöpfung der politischen Klassen. Sie erkannten nicht, daß unsere Sicherheit durch die gegenwärtig herrschenden Strategien nicht erhöht, sondern im Gegenteil verringert wird.

Der Eiserne Vorhang ist keine Folge des Rüstungswettlaufs, sondern der Rüstungswettlauf ist eine Folge des Eisernen Vorhangs. Die Rüstungsbegrenzungsverhandlungen haben bisher kaum zu einem konkreten Ergebnis geführt. Solange die Zweiteilung Europas Bestand hat, solange die Militärbündnisse bestehenbleiben, solange die andere Seite infolge der Dramaturgie des Blocksystems der eventuelle Todfeind ist, solange wird es wahrscheinlich keine wirklichen Abrüstungsverhandlungen geben.

Worüber sonst sollte ein Nachdenken lohnen, wenn nicht darüber, was wir tun könnten gegen die wachsende Möglichkeit eines gewaltsamen Todes, dessen Verursacher unsere eigenen institutionalisierten Irrtümer wären? Das Bild der Intelligenz in den achtziger Jahren, zur Zeit des allgemeinen Neokonservativismus in Ost und West, ist nicht allzu erfrischend. Die Mehrheit hat sich irgendeinem Blockstaat unterstellt und unterstützt so oder so, offiziell oder nicht-offiziell den einen Blockstaat gegen den anderen. Die Welt sei bipolar. Das ist der erste Glaubenssatz einer Kultur, die den dritten Weltkrieg vorbereitet. Die Welt ist nicht bipolar. Weder militärisch noch gesellschaftlich. Es wäre gleichbedeutend mit geistiger Blindheit, dächten wir nicht darüber nach, wie man die von Jalta geprägte Struktur, die Struktur der zwei feindlichen Lager, durch eine organische europäische Struktur ablösen könnte. Die europäische Solidarität ist die geistige Grundlage, von der wir ausgehen können. Das heißt, die Menschen auf dem europäischen Erdteil wollen sich nicht gegenseitig umbringen, und entsprechend ihrem Denken und ihrer Absicht verändern sie die Institutionen. Das heißt, die Europäer wollen die Subjekte des eigenen Schicksals sein. Die Europäer müssen nicht solidarisch sein, weil Solidarität eine ehrenvolle Sache ist, sondern damit sie am Leben bleiben.

7.

Europas heutige Lage hängt mit jener elementaren Tatsache zusammen, daß es vier Jahrzehnte nach Kriegsende immer noch keinen Friedensvertrag mit den Deutschen gibt. Sämtliche interessierten Parteien, alle betroffnen Länder hätten mit der deutschen Nation feierlich einen Friedensvertrag schließen müssen. Das wäre nach dem Krieg eine logische und notwendige Entwicklung gewesen. Statt dessen haben die Großmächte in Form von Militärbündnissen den Kriegszustand der Okkupation legalisiert. Wir leben in einem legalisierten Kriegszustand, im Kalten Krieg.

Sowohl Europa als auch Amerika als auch die Sowjetunion befänden sich in einer besseren geistigen Verfassung, hätten sie den deutschen Friedensvertrag nach dem Zweiten Weltkrieg nicht für so viele Jahre auf Eis gelegt. Europa wäre souveräner, die amerikanische Demokratie sozialer und der russische Sozialismus demokratischer.

Müßten ein internationales Gericht, ein Historikerkollegium feststellen, wer nach dem Zweiten Weltkrieg am bereitwilligsten auf den Abschluß eines deutschen Friedensvertrags verzichtet hat, sie hätten keine leichte Aufgabe zu bewältigen. Die einstigen Verbündeten des Zweiten Weltkriegs können nur dann eine beruhigende Friedensgarantie von den Deutschen erhalten, wenn sie auch die gegenseitigen Beziehungen in Ordnung bringen. Darin besteht die Besonderheit des Problems.

Würden die einstigen Verbündeten mit Deutschland oder mit den beiden deutschen Staaten formal Frieden schließen, dann gäbe es keine legale Grundlage mehr für die Stationierung fremder Truppen auf dem Territorium dieser beiden Staaten. Die Deutschen könnten das Verhältnis zwischen ihren beiden Staaten bis hin zur Wiedervereinigung in freier Selbstbestimmung regeln. Das Verhältnis zwischen den beiden deutschen Staaten könnte auch so aussehen wie heute das Verhältnis zwischen der Bundesrepublik Deutschland und Österreich. Darüber hinaus würde der Grund für die Stationierung sowjetischer beziehungsweise amerikanischer Truppen in den Aufmarschgebieten, also auf dem Territorium anderer europäischer Länder, entfallen. In dieser Situation gäbe es für die Aufrechterhaltung der zwei Militärbündnisse keine Ratio mehr. In dieser Situation würden souveräne Nationen Europas auf dem Weg der allmählichen Vereinigung vorankommen. In dieser Situation könnten die Rechte der einzelnen Nationen auf der Grundlage einer gemeinsamen europäischen und demokratischen Friedensordnung demokratisch geregelt werden. In dieser Situation stünde weder Privatpersonen noch Regierungen das Recht zu, fremde Truppen ins Land zu holen, um innenpolitische Konflikte in den Griff zu bekommen. In dieser Situation brauchten wir als Bürger demokratischer, ziviler und militärisch nicht engagierter Gesellschaften keine Angst zu haben vor dem nuklearen Damoklesschwert. In dieser Situation könnten wir menschenwürdig leben.

Da die Alternative zur Utopie einer europäischen Friedensordnung das permanente Wachstum des Vernichtungspotentials pro Einwohner ist, können wir die Sache auch so auffassen, daß die Betreibung dieser naheliegenden und richtigen Utopie das nüchternste Verhalten ist. Das Abkommen über eine ausgewogene, gegenseitige Rüstungsbeschränkung ist ebenfalls eine Utopie. Die Politiker sprechen darüber, über die grundlegenden historisch-politischen Fragen dagegen sprechen sie nicht, denn sie halten die Reichsaufteilung unserer Welt für eine naturgegebene Zwangsläufigkeit. Wenn schon Utopie, warum dann nicht eine substantielle, durch die wir zu einer wirklichen Lösung gelangen können? Es macht nichts, wenn unser Ziel in weiter Ferne liegt, Hauptsache, das Ziel ist richtig.

Der Krieg ist vorbei, er ist seit mehr als vier Jahrzehnten vorbei, doch wir haben noch keinen Frieden. Nur weil es immer noch keinen deutschen Friedensvertrag gibt, muß seit nunmehr zehn Jahren über einen zehnprozentigen Truppenabbau in Europa verhandelt werden. Ohne deutschen Friedensvertrag können wir in Europa den bereits seit vier Jahrzehnten andauernden Kalten Krieg nicht beenden. Die einfachsten Lösungen fallen den Politikern erst gar nicht ein. Es kommen keine lebensnahen Vorschläge auf die Verhandlungstische. Wir haben uns verspätet, aber vielleicht ist die Verspätung noch nicht verhängnisvoll. Ein ideenarmes und ratloses Europa läßt sich gelähmt mit Waffen vollstopfen und vermag nichts Kluges über seine Zukunftsvorstellungen zu sagen.

8.

Die unheilvolle Trennung unseres Erdteils geht auf die Fehler der Europäer zurück. Unsere kollektive Kurzsichtigkeit bewirkte den aus Sprengstoff bestehenden Eisernen Vorhang. Betrachten wir die Ideologien in den dreißiger Jahren, so fällt auf, wie dumm sozusagen ganz Europa im Vergleich zur Gewichtigkeit der Ereignisse war.

Wie konnte es so weit kommen, daß wir nahezu jegliche Kontrolle über unser Schicksal verloren haben? Am meisten könnten wir Ost- und Westeuropäer für unsere großen Verbündeten tun, wenn wir statt der Phrasen vom sozialistischen Internationalismus und von der atlantischen Treue unsere eigenen realen Interessen artikulierten. Das grundlegende Neutralitätsbegehren der Europäer wird durch die außenpolitischen Ideologien – von den gegenwärtigen Militärbündnissen beeinflußt – verdeckt. Welchen Sinn sollten diese Todesbündnisse haben? Warum schließen wir nicht lieber Lebensbündnisse?

Es liegt im gemeinsamen und gegenseitigen Interesse aller vier Akteure der europäischen Partie – im Interesse Amerikas, Westeuropas, Osteuropas und der Sowjetunion –, daß die explosive gemeinsame militärische Grenze der beiden Supermächte in der Mitte Europas beseitigt wird. Erst dann kann sich auf einem tatsächlich niedrigeren Rüstungsniveau ein militärisches Gleichgewicht einstellen. Die friedliche Überprüfung der auf Jalta getroffenen Vereinbarungen und ein neuer sowjetisch-amerikanischer Konsens sind für uns eine Lebensnotwendigkeit. Dieser neue Konsens muß nicht das im Krieg zusammengebrochene Europa widerspiegeln, sondern ein seither sich zusammenfindendes. Unsere Utopie will kein europäisches Paradies, doch wir müssen wenigstens den *Fortbestand* Europas wollen dürfen. Der militärischen Teilung Europas geht es nicht gut, fortwährend häuft sie Mordmaterial auf unserem Territorium an. Der mit dem österreichischen Staatsvertrag eingeleitete Entwicklungsprozeß hätte fortgesetzt werden müssen. Sofern eine Expansion das strategische Ziel der vergangenen drei Jahrzehnte gewesen sein sollte, hat sie sich auf beiden Seiten als erfolglos erwiesen. Keine Partei konnte die andere bezwingen. Durch ihr Ringen vergeudeten sie enorm viel menschliche Arbeit und machten die Rettung derart vieler Hungernder unmöglich, daß allein dreißig Jahre Aufrüstung ein einziger indirekter Massenmord sind. Die Parteien verloren und gewannen Verbündete, allerdings verloren sie mehr, als sie gewannen. Die Supermachtstrategie war falsch, weil sie eine Supermachtstrategie war.

In den dazwischenliegenden Räumen ist der Anspruch auf Autonomie gewachsen. Die Nationalismen sind nicht nur in der Dritten Welt blockfeindlich, sondern auch in Europa. Die authentischsten europäischen Friedensbewegungen – sie sind heute noch eine Minderheit, aber morgen vielleicht schon nicht mehr – wollen ein von den Blöcken unabhängiges Europa. Es wird keinen russischen und auch keinen amerikanischen Frieden geben, es wird nur einen Weltfrieden geben oder überhaupt nichts.

Die Supermacht ist entsprechend ihrer Definition ein anachronistischer Nonsens. Friedlich kann die Supermacht nicht super sein, sie kann nur groß unter den anderen Großen sein. Moralisch gesehen jedoch kann sie auch den kleinsten Mächten nur ebenbürtig sein. Keine Regierung der Welt hat über das Denken von Individuen eine Supermacht. Die lokalen Interessen, das Selbstbewußtsein, die Autonomie und der Nationalismus können in ihrer Stärke nur vorübergehend durch den Blockmilitarismus gelähmt werden. Die politischen Klassen der Vereinigten Staaten von Amerika und der Sowjetunion sind am ehesten der Versuchung ausgesetzt, die jeweils eigenen Machtinteressen mit der guten Sache zu identifizieren, während sie die Machtinteressen des Gegenspielers als schlechte Sache dämonisieren.

Die großen imperialen Mächte betrachten sich nicht in ihrem Umfeld, und sie neigen dazu, physische Größe mit geistiger Größe zu verwechseln. Das ist die Strafe. Wenn eine große Nation intelligent ist, so zeigt sich das in der Intelligenz ihrer Weltstrategie. Möglicherweise begreifen die Dänen und die Ungarn heute besser als die Russen und Amerikaner, daß die Blöcke nur Unheil bringen. Nicht daß Dänen und Ungarn klüger wären, aber sie werden nicht durch die schreckliche militärische Stärke ihrer Staaten geblendet.

Meine Prognose lautet: Wenn es keinen Krieg gibt, werden die denkenden und verantwortungsbewußten Menschen beider großen Nationen früher oder später sich selbst und der Nation folgende Frage stellen: Wenn weder ein Sieg durch Krieg noch der Zusammenbruch der anderen Seite infolge militärischen Drucks erreichbar ist, worin besteht dann das Ziel der gegenwärtigen außenpolitischen Strategien? Wenn ein Sieg nicht möglich ist, warum dann nicht ein Konsens? Indes, ein Konsens, also ein Frieden, ist keine rüstungstechnische, sondern eine politische Frage.

Wenn sich die Sowjetunion und die Vereinigten Staaten prinzipiell über den gegenseitigen Abzug ihrer Truppen aus Europa einigen könnten, wäre es für sie einfacher, in den Fragen des militärischen Gleichgewichts und der wechselseitigen Rüstungsbeschränkung zu einer Vereinbarung zu kommen. Die Rüstung ist keine Ursache, sondern ein Symptom des Blocksyndroms.

9.

Nicht zwei Wertsysteme kämpfen miteinander, nicht der Kommunismus und der Liberalismus. – Die USA verstehen sich mit dem kommunistischen China ziemlich gut. Es kämpft auch nicht die Demokratie gegen die Diktatur. – Die USA akzeptieren zahlreiche Diktaturen. Weder die Vorzüge des Liberalismus noch des Staatssozialismus lassen sich durch die nukleare Rüstung belegen. Nicht zwei Gesellschaftssysteme kämpfen miteinander, sondern zwei supernationalistische Systeme. In der Falle des Blocksystems.

Der Konflikt ist nur insofern Wirklichkeit, sofern er sowohl hier als auch dort von den Menschen für die Wirklichkeit gehalten wird. Der russisch-amerikanische Konflikt ist nicht inhaltsschwerer oder begründeter als der französisch-deutsche oder der chinesisch-japanische vor dem Zweiten Weltkrieg. Möglicherweise ist der russisch-amerikanische Konflikt tatsächlich nur eine historische Fiktion. Der Konflikt besteht, weil die zuständigen Politiker an seine Existenz glauben. Der Konflikt besteht, weil sie sich nach dem Krieg den Mantel falsch zugeknöpft haben. Sie müssen ihn sich noch einmal zuknöpfen. Dieses erneute Zuknöpfen wäre der russisch-amerikanische historische Kompromiß.

Der ideologische Krieg argumentiert mit der Behauptung, ein Konsens sei nicht möglich, weil er von der anderen Seite nicht gewollt werde. Man muß es versuchen. Sämtlichen Unterzeichnerstaaten der Schlußakte von Helsinki steht das Recht zu, Verhandlungen über einen deutschen Friedensvertrag vorzuschlagen, Verhandlungen über die Beseitigung der beiden Militärbündnisse, über die Neutralität ganz Europas, über den Abzug fremder Truppen vom Territorium sämtlicher europäischer Länder, mit einem Wort: Verhandlungen über die Grundprinzipien der *europäischen Lösung*.

Die entscheidenden strategischen Fragen einer europäischen Lösung müßten zuerst von einem staatsunabhängigen Intellektuellenkollektiv diskutiert werden. Gedanken werden, sofern sie die erforderliche intellektuelle Kraft besitzen, zur politischen Wirklichkeit.

Herrschender Trend ist die Auflockerung der Blöcke. Sich diesem Trend auf längere Sicht widersetzen, lohnt nicht. Statt dessen sollte lieber die Notwendigkeit eines allmählichen Abbaus der Blöcke begriffen und geregelt werden. Nur wenn wir fähig sein werden, uns in unserem persönlichen Denken freizumachen von der Blockrhetorik, nur dann werden wir eine Zukunft haben.

Die europäische Paradoxie

1.

Der Krieg ist vorüber, vier Jahrzehnte sind seither vergangen, der Frieden aber läßt auf sich warten. Gemäß historischem Brauch und internationalem Recht muß nach Beendigung des Kriegs Frieden geschlossen, muß die Okkupation beendet, und die siegreichen Truppen müssen abgezogen werden. Souverän ist ein Land nur dann, wenn sich auf seinem Territorium keine fremden Truppen aufhalten. Auf dem Territorium zahlreicher europäischer Länder sind ausländische Truppen stationiert. Das seit mehr als vierzig Jahren währende Provisorium zwischen Kriegsende und Friedensbeginn hat sich allzu sehr in die Länge gezogen.

Die Reichsaufteilung unserer Welt, unseres Erdteils wird von der Mehrheit der politischen Intelligenz fast als naturgegebene Zwangsläufigkeit angesehen. Europa hat nicht viel Vernünftiges zu seiner Zukunft zu sagen. Wie soll Europa im Jahr 2000 aussehen? Außer der Achtung vor den Blockgrenzen haben die Regierungen keine Visionen vorzuweisen.

So viele Halbverrückte randalieren und bomben heute auf den anderen Erdteilen, so viel Primitivismus drängt auf die internationale Bühne, daß die Repräsentation des mündigen Verstands am ehesten noch den Europäern vorbehalten bleibt. Europa hat büßen müssen, bevor sein nüchterner Verstand die Oberhand gewann. Dieser Verstand ist mehr denn je vonnöten, denn es hat den Anschein, daß der Wahnsinn auf die farbige Welt übergegriffen hat.

Es gibt immer mehr Befürworter einer politischen Emanzipation Europas. Der politischen Autonomie geht die Wiederherstellung des Selbstbewußtseins voraus. Wir wären mit geistiger Blindheit geschlagen, würden wir nicht darüber nachdenken, wie die Struktur der zwei feindlichen Militärblöcke, die durch Jalta garantiert wird, mittels einer organischen europäischen Struktur abgelöst werden könnte.

2.

Europa merkt allmählich, daß es ein Teil Eurasiens ist. Die westliche Halbinsel darf nicht den riesigen Gesamtkontinent aus den Augen verlieren. Durch eine chinesische Mauer ist sie von diesem nicht getrennt. Jenseits der Elbe fängt bereits Asien an. Westeuropas Glück halte ich für ebenso unsicher wie unser Unglück.

Ost und West stehen einander gegenüber, Ost und West sind keine Feinde. Budapest ist eine eigenartige Stadt, sie ist weder rein westlich noch rein östlich geprägt. Der Begriff von West und Ost ist nicht identisch mit dem Begriff von Gut und Böse.

Das erstarrte System der internationalen Beziehungen ließe sich heute auf unserem Erdteil am ehesten in Bewegung bringen. Wovon wir ausgehen können, das ist die europäische Solidarität als geistige Grundlage. Tatsache ist, daß die Europäer heute keinen Krieg gegeneinander führen wollen. Solidarisch müssen die Europäer nicht deshalb sein, weil das lebenswert wäre, sondern schlicht deshalb, um am Leben zu bleiben.

3.

Eine europäische Lösung wird nicht ohne Ausstrahlung auf andere Erdteile bleiben. Das europäische Selbstbewußtsein ist auf die Tagesordnung gesetzt worden. Wirtschaftlich und kulturell ist unsere Halbinsel nicht schwächer als die anderen Kontinente, militärisch ist sie schwächer als die Supermächte. Es liegt im europäischen Interesse, Wirtschaft und Kultur als Weltsprache zu installieren, und nicht etwa die militärische Stärke.

Sofern sie nicht durch die Zensur oder Selbstzensur der politischen Öffentlichkeit gebunden sind, erwägen viele Europäer, ob es nicht besser wäre, in der militärischen Rivalität zwischen Sowjets und Amerikanern neutral zu bleiben. Das latente Neutralitätsbegehren der Europäer wird durch die offiziellen Phraseologien der Militärbündnisse verdeckt.

Unsere Beteiligung an den Militärbündnissen ist ein Gelöbnis, gegebenenfalls bereit zu sein, für unsere Vormundschaftsmächte zu sterben. Die Mehrheit der Europäer möchte ihr Leben keinem der Oberkommandierenden anvertrauen. Wer den Russen oder den Amerikanern verspricht, für sie zu sterben, der ist nicht ehrlich. Nach gültigen internationalen Verträgen sind wir allerdings verpflichtet, unser Leben zu opfern.

Neutralität, das ist die eindringliche Rede der europäischen Identität. Eine langfristige und vertrauenswürdige Politik läßt sich nur darauf aufbauen. Am meisten können wir für unsere großen Verbündeten tun, wenn wir statt der Phrasen von sozialistischem Internationalismus und atlantischer Bündnistreue unsere eigenen harten, dauerhaften und realen Interessen artikulieren.

Beide Supermächte freuen sich über Auflockerungstendenzen im anderen Block und begünstigen diese sogar. Im beleidigten Tonfall protestieren sie gegen Auflockerungstendenzen im eigenen Bündnis. Es könnte ja sein, daß ihr Lager auseinanderfällt, unser Lager dagegen gefestigt wird.

Im offiziellen Wörterbuch bedeutet Auflockerung etwas Schreckliches. In meinem Wörterbuch ist die Auflockerung eine Voraussetzung für die Kultur. Solange die Kultur blockartig ist, wird die Landschaft ein trostloses Bild liefern. Wenn wir nicht locker werden, dann operieren wir auch weiterhin mit erstarrten und überholten Gedankenblöcken, die für moralisierende Streitgefechte, nicht aber für verständnisvolle Reflexion taugen.

Wenn Westeuropa als Preis für seine Neutralität nicht die Neutralität Osteuropas fordert, dann wird es selbst einseitig, verdeckt, von Stufe zu Stufe, in der Tiefe seines Herzens neutral werden. Für Osteuropa wäre die Finnlandisierung ein Emanzipationszuwachs, für Westeuropa nicht. Der realen Neutralität Westeuropas würde das schweizerische Modell entsprechen, ausgedehnt auf den Maßstab der gesamten westeuropäischen politischen Union, in der Nachbarschaft eines finnlandisierten Ost-Mitteleuropa.

4.

Ohne Ersten Weltkrieg kein Nationalsozialismus, ohne Hitler kein Jalta! Für die Entwicklung unserer Lage ist der französische Nationalismus indirekt nicht minder verantwortlich als der russische. Vom deutschen Nationalismus ganz zu schweigen! Obwohl der Faschismus heute in Europa keinen Nährboden hat, ist unser Ausgeliefertsein eine Bestrafung für den Faschismus. Die gegen die Außenwelt verschlossenen nationalistischen Bewegungen haben Europas Unglück herbeigeführt. Sämtliche europäischen Kulturen trifft eine Schuld an der mörderischen Dummheit des nationalistischen Expansionismus.

Jetzt haben wir die Chance, wegen einer noch dümmeren Frage von noch größerer Dimension zu sterben. Wer soll die Welt regieren? Die Russen oder die Amerikaner? Keiner von beiden, keine einzige Nation soll über die anderen herrschen. Möglicherweise ist auch der russisch-amerikanische Konflikt nicht bedeutungsvoller oder begründeter als der deutsch-französische Konflikt vor fünfzig Jahren. Möglicherweise ist auch jener Konflikt lediglich eine historische Fiktion. Was für Probleme haben die Russen und die Amerikaner miteinander? Sie leben weit entfernt voneinander, Raum haben sie genug, unmittelbare nationale Interessenkonflikte und traditionelle Antipathien belasten ihre Beziehungen nicht. In vielerlei Hinsicht ähneln sie sich sogar.

Die Supermächte haben an der Elbe die Fahne gehißt, und damit sind sie in die Falle gegangen. Von dort wollten sie sich nicht zurückziehen. Dort wurde die Konfrontation der beiden Militärbündnisse mit all den Zwangsmechanismen aus der Taufe gehoben: Rüstungswettlauf und ideologischer Krieg. Außer durch ihr eigenes Werk, das Blocksystem, wird die russische und die amerikanische politische Elite durch keinerlei historische Tradition zum Kalten Krieg gezwungen.

Die politischen Klassen zweier großer Nationen ringen miteinander, sie berufen sich auf universale Anliegen und zeigen sich gegenseitig ihre Atomraketen. Das angebliche Ringen der beiden Systeme und Ideologien miteinander ist ein Nebelvorhang. In Wirklichkeit sind zwei Nationalismen zum Kampf angetreten. Nicht die Religion und der Atheismus. Nicht das Mehrparteiensystem und das Einparteiensystem. Nicht die Marktwirtschaft und die Idee der Planwirtschaft.

Weil sich auch heute noch Besatzungstruppen mitten in Europa aufhalten, muß über Raketen und Truppenreduzierung verhandelt werden. Ohne Modifizierung dieser Situation können wir uns nicht vom vier Jahrzehnte währenden Kalten Krieg freimachen. Formal basieren die beiden Militärbündnisse auf der Rechtmäßigkeit der Präsenz der Besatzungstruppen.

5.

Es wäre übertrieben zu behaupten, nur die Russen seien an der Teilung Europas schuld, es wäre übertrieben zu behaupten, daß die westlichen Verbündeten in Teheran, Jalta und Potsdam, schließlich durch ihr Verhalten 1956, 1968 und 1980 auf nichts verzichtet, daß sie uns nicht den Russen überlassen und daß die Amerikaner Westeuropa, jenen Raum, wohin die russischen Truppen nicht vorgedrungen waren, nicht als Einflußsphäre für sich beansprucht hätten. Seit dem Zweiten Weltkrieg hat niemand eine Konferenz vorgeschlagen, die die Lösung der deutschen Frage zum Ziel gehabt, die den vertraglich gesicherten Abzug der ausländischen Truppen vorgesehen hätte.

Zu den lebensnotwendigsten Fragen gibt es an den Verhandlungstischen keine aktuellen Vorschläge. In internationalen Seminaren, wissenschaftlichen Institutionen und Fernsehklubs wird darüber nicht diskutiert. Die politische Intelligenz wagt nicht, zum Wesen der Fragen vorzudringen. Wo eine offene Diskussion nicht durch die staatliche Zensur behindert wird, dort wirken sich die unausgesprochenen Ängste der politischen Öffentlichkeit als Hemmfaktor aus.

Die Deutschen müssen befürchten, die Welt an den Nationalsozialismus zu erinnern, wenn sie ihre nationale Frage auf die Tagesordnung setzen. Die Franzosen tadeln Jalta gern, sind jedoch nicht einverstanden mit der Lockerung auch nur eines seiner wesentlichen Bausteine. Angesichts der Forderung nach Veränderungen der in Jalta geschaffenen Strukturen zucken die französischen Nervenstränge, die den Machtzuwachs der Deutschen freudlos beobachten. Die Russen sprechen von Revanchismus, wenn sie die Forderung nach nationaler Selbstbestimmung hören. Amerikanische und russische Politiker fordern sich gegenseitig auf, ein jeder solle seine Deutschen kontrollieren. Die Argwöhnischen unter ihnen denken, am Ende könne gar das Böse, das sich schon einmal gezeigt habe, in Gestalt des nationalistischen Pazifismus und Neutralismus sein Haupt erheben.

Solange die amerikanischen Streitkräfte in Westeuropa präsent sind, solange werden auch die russischen Streitkräfte in Osteuropa anwesend sein. Solange der Westen nicht die Initiative ergreift, um über einen deutschen Friedensvertrag und einen gegenseitigen Truppenabzug zu verhandeln, solange akzeptiert er stillschweigend den Eisernen Vorhang und überläßt Osteuropa seinem Schicksal, was gleichbedeutend ist mit sowjetischer Überwachung.

Der Vertrag von Helsinki aus dem Jahre 1975 hat lediglich seine Friedensabsichten erklärt, ohne eine auf internationalen Verträgen basierende konstitutionell-institutionelle Friedensordnung zu schaffen. Dauerhaft und lebensfähig ist die Entspannung nur dann, wenn ihre Akteure erkennen, daß das Fernziel der Frieden sein muß, nicht aber die Stabilisierung des Blocksystems und des Kalten Kriegs. Realistisch ist die Entspannung, wenn wir sie als einen Entwicklungsprozeß begreifen, in dessen Verlauf der ideologische Kampf der beiden Blöcke in einen mehrstimmigen Dialog der Völker und Individuen des Kontinents umschlägt.

Den tieferen Sinn des ersten Vertrags von Helsinki würde ein zweiter Friedenskongreß erschließen, der im Rahmen eines sich vereinigenden Europa die Selbstbestimmung aller europäischen Völker mittels eines frei gewählten Parlaments, eines Mehrparteiensystems bezeugen würde.

6.

Die Entdeckung Europas führt dazu, daß wir die Existenz einer historischen und einer gegenwärtigen europäischen Identität behaupten und daß wir den Abbau der trennenden Blockgrenzen wünschen. Europa kommt allmählich zu sich und sieht nicht ein, daß man ihm wie einem entmündigten Minderjährigen auf die Schulter klopft. Die Russen leben nicht besser als die Osteuropäer; die Amerikaner leben nicht besser als die Westeuropäer. Vierzig Jahre nach dem Krieg können die beiden Großen lediglich Partner ihrer europäischen Verbündeten sein, nicht aber deren Modell.

In der Détente zwischen den Vereinigten Staaten und der Sowjetunion ist eine Pause eingetreten, doch der Kontakt zwischen den beiden Teilen Europas geht weiter. Diese beiden Seiten voneinander fernzuhalten, erfordert zunehmend unpopuläre Maßnahmen; die Antwort auf derartige Einmischungen ist nicht nur Unterwürfigkeit, sondern auch Trotz. Die Randstaaten gehen aufeinander zu und wollen die einmal ergriffenen Hände nicht wieder loslassen.

Nicht nur die Sicherheit unseres Lebens wird durch die Militärblöcke beeinträchtigt, sondern auch die Autonomie und Originalität unseres Denkens. Mit unserer Emanzipation würden wir jener Tatsache ans Tageslicht verhelfen, daß diese beiden großen Länder sich keineswegs so feindlich gesinnt sind, wie es den Anschein hat. Zu gegenseitigen Feinden macht sie allein ihre Rolle als global-imperialer Blockführer.

Die Vereinigten Staaten und die Sowjetunion haben genügend Sorgen im eigenen Land. Auch für sich genommen sind sie ziemlich heterogene Einheiten. Aus so vielen Völkern auf einem Territorium so groß wie ein Erdteil eine kohärente Gesellschaft zu machen, ist keine geringere Arbeit als eine allmähliche Integration der europäischen Gesellschaften. Die Schaffung des Militärblocks ist ein Ausweichen vor den tatsächlichen Aufgaben im Inneren.

Moskau und Washington als Blockzentren können keinen

Frieden schaffen. Wenn sie als Blockzentren an unser Statt verhandeln, wird die Hoffnung der Europäer immer wieder aufleuchten, doch eine tatsächliche Rüstungsbeschränkung wird es nicht geben, und der Kalte Krieg wird fortgesetzt werden. Die beiden Supermächte müßten die mit Europa verbundene Last von sich abstreifen. Unsere Konflikte können wir auch ohne die Militärpräsenz der Schutzmächte lösen. Erstmals in ihrer Geschichte sind die europäischen Nationalismen nicht militaristischer Natur.

7.

Jene moralisierende Rhetorik, die das eigene Machtinteresse mit der guten Sache identifiziert, das Interesse des Gegenspielers dagegen als böse Sache dämonisiert, ist in Europa nicht mehr allzu überzeugend. Für die großen Nationen ist es eine Strafe, daß sie sich nicht in ihrem Umfeld zu sehen vermögen, so groß sind sie. Wohin sie auch immer blicken, überall sehen sie nur sich selbst. Wir Ungarn gelangen nach einer halbtägigen Autofahrt in allen Himmelsrichtungen ins Ausland. Ein Land so groß wie ein Erdteil mag sich eher in dem Glauben wiegen, daß nur das wirklich sei, was in diesem großen Land existiere, alles andere indes sei nicht wirklich ernst zu nehmen oder eigentlich auch nicht gut. Seine Bürger umgibt es mit einer Welt von Symbolen der eigenen Zivilisation. Die Kinder großer Nationen neigen dazu, die physische mit der geistigen Größe zu verwechseln.

Wir haben ein absolutes Recht auf unser eigenes Leben und unseren eigenen Tod, und unsere höchste Obrigkeit ist nicht die Regierung, nicht der Blockbefehlshaber, sondern das persönliche Gewissen. Wir brauchen eine zivilisierte internationale Rechtsordnung; über eine solche Rechtsordnung verfügen wir heute, am Ende des zwanzigsten Jahrhunderts, noch nicht. Dieses Recht müssen die Bürger sowohl gegenüber dem eigenen Staat als auch gegenüber anderen Staaten durchsetzen. Hervorragendes Instrument der Bürger hierzu ist der gewaltfreie, moralische Druck der Öffentlichkeit. Wir müssen unseren Regierungen Impulse geben, damit sie eine umfassende Konzeption für die Bedingungen einer europäischen Friedensordnung entwickeln. Es liegt im Interesse aller vier Akteure der Partie (der Vereinigten Staaten, Westeuropas, Ost- und Mitteleuropas sowie der Sowjetunion), daß sich ihre Streitkräfte nicht als zwei miteinander verfeindete Phalangen am Eisernen Vorhang massieren.

8.

Wir Osteuropäer sind in unseren Interessen, in unserer Migration westorientiert. Im Verlauf der Geschichte waren wir bestrebt, eine Verflechtung mit der anderen Hälfte unseres Erdteils zu erreichen, auch jetzt wollen wir die Annäherung. 1956, 1968, 1981, aus den Lektionen unserer alle zwölf Jahre wiederkehrenden Niederlagen haben wir gelernt, daß es keinen anderen Weg gibt als den der friedlichen und schrittweisen Unabhängigkeit. Es liegt in unserem Interesse, eine Annäherung zwischen der Sowjetunion und dem Westen zu fördern. Daß die freiere öffentliche Meinung des Westens eine Konzeption der europäischen Lösung, des sowjetisch-amerikanischen historischen Kompromisses ausarbeiten muß, liegt auf der Hand. Auch die unabhängige Öffentlichkeit Osteuropas muß in diesem Zusammenhang die Initiative ergreifen.

Amerika hatte im Zweiten Weltkrieg eine halbe Million Tote, die Sowjetunion zwanzig Millionen. Aus dem größeren Verlust von Menschenleben ergab sich, daß die sowjetischen Truppen einen bedeutenden Teil Ost- und Mitteleuropas besetzen konnten. Unser Schicksal wurde in Teheran entschieden, als Roosevelt Stalins Widerstand gegen Churchills Plan, der auf dem Balkan landen wollte, unterstützte und sich damit einverstanden erklärte, daß die Angelsachsen in Westeuropa landen sollten. Nach dem Hitler-Stalin-Pakt mußte es für die Engländer außer Zweifel gestanden haben, daß die Sowjetunion das politische System der von ihr befreiten beziehungsweise besetzten

Gebiete später würde bestimmen wollen. Auch seither meint die sowjetische Führung, daß Mittel- und Osteuropa angesichts der zwanzig Millionen Toten eine angemessene Belohnung sei und daß unsere Westgrenzen auch ihre Westgrenzen seien. Das ist eine ziemlich altmodische Vorstellung, die Völker, die Länder als Interessensphäre zu betrachten; im Vergleich dazu ist das Prinzip der Selbstbestimmung der Völker ein anarchistischer Modernismus. Möglicherweise wäre Zar Nikolaus I. mit seinen Nachfahren nicht unzufrieden.

Auf längere Sicht läßt sich an der Peripherie allerdings keine Entseuchung durchführen, die verhinderte, daß die Wirkstoffe der Reichsdekomposition in den inneren Organismus gelangen. Wenn der Kalte Krieg abflaut, setzt der Gärungsprozeß des Reichs ein. Der Kalte Krieg ist gefährlich, der Gärungsprozeß des Reichs ist ebenfalls gefährlich. All das aufzuhalten, ist nicht einfach. Wir haben den Russen nicht nur Glück beschert. Wir haben ihnen den Eisernen Vorhang beschert und die reichsten Länder als potentielle Gegner. Sie haben die stärksten Nationen der nördlichen Hemisphäre gegen sich: Nordamerika, Westeuropa, China, Japan. Der Grund für diese Gegnerschaft ist die Angst vor den Russen. Wären die nicht so erschreckend, hätten die anderen nicht so großen Respekt vor ihnen und wären ihnen folglich auch nicht so feindlich gesinnt.

Führer und Geführte sind sich in Ost- und Mitteleuropa gleichermaßen darüber im klaren, daß sie okkupiert sind. Wenn wir unter uns sind, beschönigen wir diesen Umstand nicht. Zumindest im Wissen darum, daß aus der Besetzung ein Rahmen resultiert, mit dem wir leben müssen, sind wir Komplizen. Wir diskutieren darüber, was wir uns innerhalb dieses Rahmens erlauben dürfen. Unsere Selbstbestimmung ist eingeschränkt, wir sind Geiseln. Aus dem eigenen Lager ausbrechen können wir nicht, weil dies das Umkippen des militärischen Gleichgewichts zur Folge hätte. Ergo würde die sowjetische Armee, vielleicht auch die Streitkräfte der Nachbarländer des Warschauer Pakts, diesen Ausbruch verhindern. Wie können wir als Geiseln dennoch menschenwürdig leben? Darüber grübelt jeder intelligente Osteuropäer.

Wir behaupten nicht, die Präsenz der sowjetischen Truppen zu fordern. Wir behaupten auch nicht, daß sie unsere Unabhängigkeit gegen den Westen verteidigen, die dieser mit Füßen treten wollte. Wir sagen nicht, daß wir lieber sterben würden, als die Amerikaner statt der Russen hier ertragen zu müssen. Wir sagen nicht, daß wir lieber Leichen sein wollen als Sterne und Streifen. Nebenbeibemerkt, auch Sterne und Streifen wollen wir nicht sein. Wir würden schon ohne fremde Soldaten zurechtkommen. Irgendwie würden wir schon den richtigen Weg finden. Unser Sicherheitsgefühl wird durch die Präsenz der sowjetischen Truppen nicht erhöht. Wir ertragen sie, wie ungebetene Gäste, doch wenn sie brav nach Hause gingen, würden wir uns für sicherer halten. Und wir würden die 1956 abgegebene Neutralitätserklärung unserer Regierung erneuern, wofür man unseren damaligen legalen Ministerpräsidenten aufgehängt hat. Jene Erklärung war ehrlich gemeint. Seither leben wir im Zustand der zwanghaften Unehrlichkeit.

9.

Der Frieden ist eine politische und qualitative, aber keine technische und quantitative Frage. Eine weitgehende Abrüstung ist innerhalb der Struktur von Jalta nicht möglich. Der Eiserne Vorhang folgt nicht aus der Aufrüstung, sondern die Aufrüstung aus dem Eisernen Vorhang.

Der Westen ist nicht stark genug, um die in Osteuropa stationierten sowjetischen Truppen durch militärischen Druck zur Heimkehr zu zwingen. Auch der Ostblock ist nicht stark genug, um die westeuropäischen Länder von Amerika zu lösen und die amerikanischen Truppen zur Heimkehr zu zwingen.

Wenn von der anderen Seite gewünscht wird, daß sie zurückweichen möge, warum zieht sie sich dann nicht selbst zurück, um zwischen beiden eine trennende Zone zu schaffen? Warum machen sie sich nicht gegenseitig ein strategisches Angebot, das auch der anderen Seite Vorteile bringt?

Für beide Seiten wäre es die vernünftigste Politik, wenn man der anderen Seite ein Sicherheitsgefühl anböte. In der Praxis wollen beide Seiten – genau umgekehrt – der anderen ein Unsicherheitsgefühl suggerieren.

Weder die Russen noch die Amerikaner haben es nötig, sich an der Elbe Auge in Auge gegenüberzustehen. Europa kann diese gefährliche Vormundschaft absolut nicht gebrauchen.

Nach einem großangelegten politischen Kompromiß wäre es einfacher, über die Fragen des militärischen Gleichgewichts zu verhandeln. Dann hätte die Partie mehrere Akteure, und die sowjetisch-amerikanische militärische Rivalität würde ihre politisch-metaphysische Tragweite einbüßen.

Beide Supermächte würden auf dem eigenen Territorium, auf dem eigenen Kontinent genügend Aufgaben zu bewältigen haben. In den eigenen Ländern und überall auf der Welt gibt es genug Armut, um die überschüssigen Kraftreserven nützlich einzusetzen.

Wegen der fehlenden europäischen Friedensordnung haben sich die beiden Verbündeten des Zweiten Weltkriegs miteinander verfeindet. Sie haben von uns Besitz ergriffen und sind hier hängengeblieben. Sie müssen sich wechselseitig von der Elbe zurückziehen.

10.

Um der Okkupation ein Ende zu bereiten, um als dicht besiedeltes Land nicht auch der mit Waffenarsenalen am stärksten belastete und deshalb im Kriegsfall der vollkommensten Vernichtung ausgesetzte Raum Europas zu sein, um mittels freier Entscheidungen die Beziehungen zwischen Westdeutschland und Ostdeutschland zu regeln, könnten die Deutschen vier Jahrzehnte nach der Kapitulation die Initiative ergreifen, um mit ihren einstigen Gegnern, mit sämtlichen europäischen Ländern, den Unterzeichnern des Vertrags von Helsinki einen Friedensvertrag zu schließen. Der Zustand der Deutschen hängt mit dem Zustand sämtlicher anderen Völker Europas, ja der ganzen Welt zusammen.

Der Friedensvertrag mit den Deutschen, der nach dem Krieg eine logische und notwendige Entwicklung gewesen wäre, ist nicht Grundlage unserer gegenwärtigen internationalen und persönlichen Realität geworden. Grundlage unserer politischen und kulturellen Situation ist die Festschreibung des Kriegszustands der Okkupation durch die Großmächte in Form von Militärbündnissen. Wir leben in einem legalisierten Kriegszustand, im Kalten Krieg.

Um einen dritten Weltkrieg zu vermeiden, muß mit dem deutschen Volk ein Friedensvertrag geschlossen werden. Der Friedensvertrag muß für die einstigen Verbündeten, für jede der europäischen Nationen Sicherheit bedeuten. Gemessen an der jetzigen Sicherheit, an den einigen tausend Megatonnen Abschreckung, würde unsere Sicherheit erhöht werden. Eine Friedensgarantie können die einstigen Verbündeten von den Deutschen erst dann erhalten, wenn sie sich versöhnen.

Menschen, die aktiv für eine institutionalisierte europäische Friedensordnung eintreten, brauchen eine naheliegende, formale und konkrete Forderung. Sie könnten darin übereinkommen, daß ein deutscher Friedensvertrag zu schließen sei. Würden die einstigen Verbündeten mit Deutschland oder mit den bestehenden beiden deutschen Staaten formal Frieden schließen, dann gäbe es keine gesetzliche Grundlage mehr für die Stationierung fremder Truppen auf dem Territorium der beiden deutschen Staaten.

Im Fall eines Friedensvertragsschlusses mit Deutschland würde auch der Grund für die Stationierung sowjetischer beziehungsweise amerikanischer Truppen in den Aufmarschgebieten, also auf dem Territorium anderer europäischer Länder, entfallen. Die Sowjetunion wäre nicht mehr durch amerikanische Raketen aus Westeuropa bedroht, doch auch Ost-Mitteleuropa würde ohne die sowjetische Truppenpräsenz seinen eigenen Weg gehen.

II.

Der deutsche Friedensvertrag sei, wie ich höre, eine Utopie. Eine Utopie ist er deshalb, weil die Politiker noch nicht darüber reden, noch nicht darüber verhandeln, weil er noch nicht in Mode gekommen ist. Doch warum sollten sich die Deutschen nicht bewußt werden, daß ihre nationale Angelegenheit zugleich die Schlüsselfrage des internationalen Systems ist? Zwei Kriege haben sie uns bereits beschert, nun könnten sie uns einen anständigen Frieden schaffen. Sie haben den anderen gegenüber eine Verantwortung als Nation, sie schulden uns die Lösung der eigenen problematischen Existenz. Ihre Streberrolle, die sie bisher in beiden Blöcken gespielt haben, könnten sie getrost aufgeben. Eigentlich war das auch für sie selbst erniedrigend und unbequem. In der europäischen Völkerfamilie müssen sie ihren autonomen Platz finden.

Ein Deutschland oder zwei Deutschland? Soll es eine deutsche Wiedervereinigung geben? Ja oder nein? Wie soll der Grenzverlauf Deutschlands aussehen? Es hat den Anschein, daß es in den politischen Klassen Europas einen Konsens darüber gibt, daß der Status quo im wesentlichen aufrechtzuerhalten sei. Sie lieben Deutschland derart, daß es ihretwegen ruhig zwei davon geben soll.

Die Deutschen selbst sind in dieser Frage auch unsicher. Selbstverständlich wollen die ostdeutschen Politiker an der Konzeption zweier deutscher Staaten festhalten, und die staatsrechtliche Trennung möchten sie gern so weit wie möglich vorantreiben, obwohl sie die durch den innerdeutschen Handel bedingten Vorteile des Gemeinsamen Markts mit Vergnügen nutzen. Unter den westdeutschen Parteien gibt es keine einzige, die ausgesprochen programmatisch die deutsche Wiedervereinigung fordern würde, durch Ostpolitik und Ostverträge haben sich die Sozialdemokraten sogar zur Anerkennung des Status quo verpflichtet. In Wahrheit hat die politische Öffentlichkeit der Deutschen von Adenauers Christdemokraten bis hin zur Sozialdemokratie die atlantische Integration akzeptiert, genießt deren relative Sicherheit und Vorteile, nimmt den Eisernen Vorhang und die Existenz des anderen deutschen Staats zur Kenntnis.

Im Lauf der Jahrzehnte sind die verwandtschaftlichen Kontakte zwischen den beiden Deutschland zusehends zurückgegangen, die Ost- und Westdeutschen sind sich der persönlichkeitsprägenden kulturellen Unterschiede ziemlich bewußt. Oftmals kann man der Meinung begegnen, daß die relativ kurze, siebzig Jahre währende Periode nach Bismarcks Reichsgründung, die Ära des einheitlichen Deutschland, zwei Weltkriege und so viele innere Krisen gebracht habe, daß man diese Zeit, ohne allzu große Tränen zu vergießen, auch als Intermezzo betrachten könne. Schon vierzig Jahre sind verstrichen ohne Reich und ohne imperiale Ambitionen, und zumindest die Westdeutschen kommen auch so ganz gut zurecht, sie freuen sich, von den anderen Europäern allmählich freundlicher angesehen zu werden. Die Deutschen von heute denken lieber über ein nationales Selbstbildnis nach, das den Grundbestrebungen der anderen europäischen Völker nicht zuwiderläuft. Aus dem Kaiserreich folgte die riskante und schließlich auch irreale Strategie der Dominanz über den Kontinent. Wenn wir zu groß sind, so höre ich, schnappen wir über. Die Deutschen haben erfahren müssen, welche geistigen Schäden der Größenwahn anrichten, zu welchen Irrwegen die Selbstüberschätzung führen kann, sie haben begriffen, daß es besser ist, mittelgroß als groß zu sein. Es ist keineswegs sicher, daß die Westdeutschen bei einer Wiedervereinigung den niedrigeren ostdeutschen Lebensstandard gern mit einer Senkung des eigenen Lebensstandards bezahlen würden.

Daß Österreich ein separater Staat ist und daß es bereits ein separates österreichisches Nationalbewußtsein gibt, ist zur Kenntnis genommen worden. Die Deutschsprechenden haben keinerlei Probleme damit, daß eine Grenze zwischen ihnen besteht, solange die Grenze einfach und ohne Schwierigkeiten zu passieren ist. Sie beklagen sich auch nicht darüber, daß die Schweizer Deutschen in einem separaten Staat leben, wie es auch in der Schweiz keine ernstzunehmenden Menschen gibt, die statt mit Schweizer Franzosen und Italienern lieber mit Deutschen in einem gemeinsamen Staatsverband leben würden. Obwohl die deutsche Wiedervereinigung einstweilen das Anliegen einer Minderheit ist (wenngleich die Bürger des ostdeutschen Staats offensichtlich ein größeres Interesse daran haben), steht es für jemanden, der mit offenen Augen durch die Welt geht, außer Zweifel, *daß es eine deutsche Frage gibt* und daß das Problem der deutschen Nation staatsrechtlich nicht geregelt ist. Zwischen dem gegenwärtigen Status quo und der deutschen Wiedervereinigung ist ein dritter Weg vorstellbar. Ein dritter Weg, der sowohl dem Gerechtigkeitsempfinden der Deutschen als auch dem Sicherheitsanspruch der anderen Völker entsprechen würde.

Daß zwei Staaten ein und desselben Volks nicht nur getrennt leben, sondern auch einen militärischen Konfrontationskurs steuern müssen, da sie als Mitglieder zweier im Kalten Krieg befindlicher Militärbündnisse im Kriegsfall dazu verpflichtet sind, aufeinander zu schießen, mit der wahrscheinlichen Chance, die gegenseitige Vernichtung verfügen zu müssen, kann nicht als natürlicher und dem Gefühl der Sicherheit förderlicher Zustand begriffen werden.

Bis daß der Tod uns vereint, das ist der Titel einer Broschüre, in der die Westberliner Alternativen die Alternative einer europäischen Friedensordnung fordern. Vor dieser Alternative haben die deutschen Linken und Rechten gleichermaßen Angst; ich habe die Erfahrung gemacht, daß die politische Öffentlichkeit der Deutschen eine ziemlich ängstliche Phantasie hat. Es ist verständlich, denn nähme man die Revision des nationalen Problems in Angriff, würden die politischen Diskussionen aus der Zeit der Weimarer Republik und die unheilverkündende Tatsache, daß die nationale Frage der Deutschen am radikalsten von den Nationalsozialisten propagiert wurde, leicht wieder aufleben.

Im Begriffsarsenal der deutschen Linken läßt sich der Nationalismus vom Nationalsozialismus, vom Faschismus nicht trennen. Dennoch ist es absurd, eine historische Phase, in der eine bedeutende Nation die grundlegenden Fragen ihres nationalen Selbstbewußtseins und ihrer nationalen Strategie für ewige Zeiten auf Eis gelegt hat, nicht als eine Übergangsperiode anzusehen.

Sollte die heutige künstliche und zur Heuchelei verleitende, als informell-kollektive Selbstzensur wirkende Lage bestehenbleiben, und sollten die anderen, die Amerikaner, Engländer, Franzosen, Italiener, Polen, Tschechen, Russen und nicht zuletzt die Juden die Augen vor der Tatsache verschließen, daß der gegenwärtige Zustand nicht in Ordnung ist, daß die Deutschen eine fundamentale nationale Kränkung erfahren haben, dann tragen sie zu einer Situation bei, in der möglicherweise ein erneut auflebender rechtsradikaler Nationalismus diese nationale Unzufriedenheit repräsentieren und um sich scharen wird. Der rechtsradikale Nationalismus lehnt sowohl die Russen als kommunistische Kontrollmacht als auch die Amerikaner als liberale Kontrollmacht ab. Wenn es keinen demokratischen Lösungsvorschlag gibt, wird ein antidemokratischer Lösungsvorschlag kommen. Die Alternative zum militärisch-politischen Irrationalismus der Deutschen ist nicht eine übervorsichtige Selbstzensur.

12.

Ich habe viele Gründe, um mich zu dieser Frage zu äußern. Ich tue dies als ost-mitteleuropäischer Bürger, der sich darüber im klaren ist, daß die sowjetischen Truppen in unserem Raum bleiben werden, solange die deutsche Frage nicht gelöst sein wird. Solange die Sache der Deutschen so steht, wie sie steht, wird das sowjetische Sozialismusmodell die gesellschaftliche Selbstentfaltung der Menschen Osteuropas durch dezente militärische Bedrohung bremsen.

Ich tue dies als Ungar, als Angehöriger einer nationalen Gemeinschaft, die zwar von der deutschen nationalen Gemeinschaft auch eine fruchtbare und gegenseitige kulturelle Beeinflussung erfahren, die aber auch unglückselige und aufgezwungene Bündnisse durchgemacht hat, die zur Niederlage geführt haben. Die Ungarn kennen ebenfalls eine fundamentale nationale Frage, eine nicht zu unterdrückende Kränkung, die sich daraus ergibt, daß jeder vierte Ungar in den nach dem Ersten Weltkrieg von Ungarn abgetrennten Gebieten lebt, hinter Grenzen, die aufgrund bestimmter Interessen festgelegt und uns, ohne die ethnischen Siedlungsverhältnisse zu berücksichtigen, als Strafe aufgebürdet worden sind. Aus der Natur der Systeme und aus der osteuropäischen Verwirrung hinsichtlich der Werte folgt, daß diese Ungarn in ihrem Selbstbewußtsein bedrängt und erniedrigt sind.

Zwischen der deutschen und der ungarischen Frage gibt es Analogien, auch historische Verbindungen; unser Unglück besteht darin, daß die politische Elite des Vorkriegsungarn den Nationalsozialismus als Arzt bestellt und die Hoffnung auf eine Lösung der ungarischen nationalen Frage an die deutsche Militärmacht geknüpft hat. Tatsache ist, daß auch die politische Öffentlichkeit des heutigen Ungarn nicht wirklich damit gerechnet hat, daß es keine Lösung der ungarischen Frage geben wird, solange die europäische Lösung, die sensible und vorsichtige Demontage der Blöcke, auf sich warten läßt. Denn die Integrität der Autonomie der national-ethnischen Minderheiten ist nur in einer unabhängigen demokratischen ost-mitteleuropäischen Konföderation, in einem neuen Bündnis der Donau-Anliegerstaaten vorstellbar.

Auch als Jude äußere ich mich zu dieser Frage, denn sowohl außerhalb als auch innerhalb seiner Grenzen stieß der deutsche Nationalismus im jüdischen Volk nicht zufällig auf den geistigen Antipoden der »durch und durch deutschen« Egozentrizität und Regression. Tatsache ist, daß ich die reichsdeutschen Bestrebungen, das Judentum zu vernichten, nur infolge eines glücklichen Zufalls überlebt habe. Die Erinnerung an meine toten Schulkameraden und Angehörigen veranlaßt mich, über unser gemeinsames Elend, dessen eiternde Wunde bei Nichtbehandlung die schlechteste Lösungsvariante ergeben könnte, offen zu sprechen.

Ich bin zu der Einsicht gelangt, daß selbst die Sicherheit und der nationale Frieden des israelischen Judentums durch den sowjetisch-amerikanischen Konflikt, durch die weltweite Konfrontation der beiden Blöcke, die die ohnehin leidenschaftlichen Feindseligkeiten im Nahen Osten durch Waffen, politischen Druck und politische Verführung noch gefährlicher und irrationaler macht, untergraben werden. Ohne sowjetisch-amerikanischen Ausgleich wird es keinen israelisch-arabischen Ausgleich geben. Ich halte es für absurd, unseren Verstand nach dem jahrtausendealten christlich-jüdischen Konflikt nun durch den relativ neuen moslemisch-jüdischen Konflikt zu benebeln.

13.

Auf Einladung des Deutschen Akademischen Austauschdienstes und des Wissenschaftskollegs zu Berlin durfte ich zwei Studienjahre in Westberlin verbringen, wo ich beide Male einen Roman schrieb. Zugleich freundete ich mich mit deutschen Intellektuellen an und hielt die Augen offen. Ich mußte meine Voreingenommenheit überwinden; wenn ich älteren Menschen ins Gesicht sah, drängte sich mir zwangsläufig die Frage auf, wie sie wohl anno dazumal gedacht oder was sie getan haben mochten.

Ich versuchte zu verstehen, wie sich ein Volk auf den Weg des Verbrechens verirren kann. Ziemlich einfach. Ebenso wie ein Mensch. Aus Verwirrung, aus Selbstverdummung, wozu auch intelligente und gebildete Menschen imstande sind. Die Geschichte steckt voller Fallen, und die Deutschen waren in die Fallstricke nationaler Überheblichkeit geraten; im allgemeinen sind die Großen gefährdeter als die Kleinen. Ich habe jene Hilflosigkeit des einzelnen wahrgenommen, jene kleinbürgerliche Unwissenheit des kleinen Mannes, die sich ängstlich in einer Uniform und hinter einem steifarroganten Soldatengesicht versteckte.

In meinen Empfindungen für die Deutschen versuchte ich

ebenso auf den Weg der geistigen Aussöhnung zu gelangen, wie ich als Jude auch in Verbindung mit den Ungarn den Weg der inneren Versöhnung gehen mußte. Der Holocaust ist unverzeihlich, die Lebenden aber, die Nachkommen müssen verzeihen. Aussöhnung bedeutet, daß wir das Unglück und das Interesse des anderen verstehen und daß wir begreifen, daß es ebenso einen Platz unter der Sonne hat wie unser Unglück und unser Interesse.

Zwei Jahre lang bin ich in Westberlin umhergestreift, um mich herum die Mauer, von Zeit zu Zeit ging ich sie mir ansehen, nur so, um zu wissen, wo ich mich befand. Ich stand auf den Brettergerüsten, blickte zwischen den beiden Mauern auf die Drahthindernisse, Sprengkugeln, geharkten Minenstreifen, musterte die hockend in Deckung gehenden oder in den Wachtürmen Ausschau haltenden ostdeutschen Grenzsoldaten, die denjenigen Ostberliner, der über die Mauer gehen will, bedenkenlos niederschießen müssen. Manchmal überkommt sie selbst die Versuchung, zum Feind überzulaufen, und um dies zu realisieren, müssen sie dann ihren Kameraden erschießen, mit dem sie gemeinsam Wachdienst schieben. Eine große Not.

Und die jungen Ostberliner, die an den Grenzübergängen nur so herumstehen, um die privilegierten Westler zu beobachten, die herüberkommen und zurückgehen dürfen, sind ein ziemlich unglückseliger Anblick. Zwei Seiten einer Straße, zwei Zivilisationen. Die Rheinländer und die Preußen unterscheiden sich, die Bewohner des unteren und oberen Abschnitts der Friedrichstraße aber unterscheiden sich allein darin voneinander, daß es zwischen ihnen eine Mauer gibt, die unter dem Schutz der sowjetischen Truppen von den ostdeutschen Behörden errichtet worden ist, um die Ostdeutschen daran zu hindern, über Westberlin in den Westen zu gehen. Westreisen sind für sie nur in Ausnahmefällen möglich. Allein die Privilegierten dürfen, und die werden deshalb von den anderen nicht geliebt. Und die Rentner dürfen ebenfalls; die jungen Leute müssen erst alt werden, um besuchsweise auf die andere Seite der Mauer zu gelangen.

Als ich in der Deutschen Demokratischen Republik noch nicht zur unerwünschten Person abgestempelt war, fuhr ich einmal, bei einem Besuch bei Freunden, in Ostberlin mit dem Taxi stadtauswärts in mein Quartier. Der Taxichauffeur verirrte sich gleich zweimal in jener Stadt, in der sich die Menschen leise unterhalten und sich verstohlen umsehen, ob sie nicht beobachtet werden. Unversehens standen wir vor der Mauer. Man stößt immer darauf, es ist nicht einfach, der Mauer auszuweichen, sagte er. Ich weiß nicht, was aus mir geworden wäre, fügte er hinzu, eines aber ist sicher, daß ich ohne diese Mauer ein ganz anderer Mensch wäre.

Sämtliche meiner ostdeutschen Gesprächspartner betonten immer wieder, sie würden ihre Heimat, ihre Stadt, ihre Freunde nicht verlassen, wenn sie jederzeit nach Westdeutschland fahren könnten. Warum beantragst du nicht die Ausreise? fragte ich meine Freunde aus der Opposition, von denen sich die ostdeutschen Behörden vermutlich gern trennen würden. Letztendlich sind wir hier zu Hause, sagten sie.

Es existiert bereits eine Art ostdeutschen National- und Kollektivbewußtseins, es gibt ostdeutsche Ideale und Sensibilitäten, die auch in der nichtoffiziellen Gesellschaft als positiver Unterschied im Bewußtsein der Menschen präsent sind. Man spricht von Freundschaft, Solidarität, einem Zusammengehörigkeitsgefühl, einer Art staatsfamiliärem Moralismus, einer aktiveren Rolle der Frau, einem besseren Verständnis für Ost-Mitteleuropa. Der ostdeutsche Bürger hat – nicht nur im Untertanensinn des Wortes – ein sozialistisches Bewußtsein, ebenso wie der westdeutsche Bürger ein kapitalistisches Bewußtsein besitzt. In Westberlin versammeln sich die hinausgeworfenen, ausgewiesenen Ostdeutschen, untereinander finden sie einen intimen Ton, und obwohl sie daheim Oppositionelle waren, sind sie in der westdeutschen Atmosphäre selten gelöst; sie haben Heimweh, und obwohl bei ihnen sprachliche Schwierigkeiten nicht vorhanden sind, fühlen sie sich als Emigranten.

Der Unterschied ist eine Tatsache, allerdings folgt daraus eben nicht, daß dieser Unterschied zu einer explosiven militärischen

Grenze, zu einer Blockgrenze erstarren muß. Stellen wir uns vor, daß am Abendbrottisch der deutschen Familien eine heftige Diskussion um die Frage entbrennt, ob vertraglich anzuerkennen sei, daß man Bürger zweier verschiedener Staaten bleiben wolle, wenn im Tausch dafür die Grenzen offen wären, wenn im Tausch dafür die Ostdeutschen den Weg des demokratischen Sozialismus beschreiten könnten, wenn im Tausch dafür aus beiden Ländern die ausländischen Truppen abzögen.

14.

Der scharfsinnige Leser soll nicht meinen, daß sich nur die Ostdeutschen durch die Präsenz der ausländischen Truppen beengt fühlten. Auch die westdeutsche Jugend weiß, daß die vielen tausend auf westdeutschem Territorium gelagerten taktischen Atomgeschosse nicht einmal auf ostdeutschem Gebiet explodieren würden, sondern zwanzig bis hundertfünfzig Kilometer von der Grenze entfernt auf westdeutschem Boden, um die eventuell vordringenden konventionell bewaffneten sowjetischen Truppen zu stoppen.

Nicht nur linke Radikale, sondern auch ältere Konservative sind sich bewußt, daß sie auf einem Pulverfaß sitzen. Jeder befürwortete zwecks Verringerung der von den Supermächten ausgehenden Konfrontationsgefahr die Annäherungsversuche der beiden deutschen Regierungen. Die westdeutsche Jugend hat die ostdeutsche Jugend entdeckt, Ausflugsbusse sind nicht nur unterwegs nach Frankreich, Italien und Spanien, sondern nun auch nach »drüben«, ins andere Deutschland.

Möglicherweise haben die Deutschen dem Faschismus ihrer Vergangenheit eindeutiger abgeschworen und ihn gründlicher untersucht als die anderen Europäer ihren Faschismus. Faschistische Autokratien, groteske Führerdiktatoren, militärische Aufgeblasenheit, uniformierte paramilitärische nationalistische Bewegungen hat es nicht nur in Deutschland gegeben. Nicht nur die Deutschen waren trunken ob des überschäumenden Nationalstolzes. Ein jeder hatte seinen eigenen Faschismus. Die

Großen hatten einen großen Faschismus, die Kleinen einen kleinen. Österreicher und Ungarn, Slowaken und Kroaten, Rumänen und Griechen, Spanier und Portugiesen, Franzosen und Italiener, Polen und Ukrainer, sie alle haben das Ihre mittels spezieller Varianten zur Geschichte des europäischen Faschismus beigetragen. Höchstens gemordet haben sie weniger, höchstens haben sie die Juden in geringerem Umfang ausgerottet, aber es gab durchaus kleine faschistische Bewegungen, die auch diesen patriotischen Dienst akkurat und hingebungsvoll versehen haben.

Ein Menschenteppich von Militärparaden und aufmarschierenden Zivilisten unter den Füßen des Diktators – diese abscheuliche und tragikomische Szene ist die beständige Schande des Osteuropäers.

Ich traf einen gleichaltrigen Ostdeutschen. 1933 wurde er geboren, im Jahr von Hitlers Machtübernahme, die nebenbeibemerkt einer parlamentarischen Mehrheit zu verdanken, die eine durch Stimmenmehrheit legalisierte Stabilisierung des Nationalsozialismus war. Seit ich lebe, sagte er, lebe ich in einer Diktatur. Noch nie war ich ein freier Mensch. Du meinst, innerlich könnten wir frei sein? Daran glaube ich nicht. In zu vielen Dingen richten wir uns nach den Umständen. Wer in seiner Wohnung und am Arbeitsplatz nicht sagt, was er denkt, weil er Angst hat vor Wanzen und Spitzeln, der ist nicht frei. Auf traditionell deutsche Art sind wir Untertanen, uns tröstend mit der Intimität rein geistiger Freiheit. Unsere Autonomie findet keinen Niederschlag in der politischen Kultur und im politischen Handeln. Wir sind psychische Krüppel. Es gibt ein Mißgeschick, das Menschen, die ein besseres Schicksal verdient hätten, verkümmern läßt. Fünfzig Jahre lang in einer Diktatur leben, das ist ein Mißgeschick. So mein ostdeutscher Bekannter. Ich fragte ihn, ob er seiner Stadt den Rücken kehren würde, wenn es zu einem deutschen Friedensvertrag käme, wenn die Russen abzögen und wenn bei offenen Grenzen eine Liberalisierung des Systems stattfände. Ich würde hierbleiben, sagte er.

15.

Die denkenden Menschen der deutschen Nation könnten zu der Schlußfolgerung gelangen, daß es lohnen könne – im Interesse des Friedensvertrags, des vertraglich geregelten Abzugs der Besatzungstruppen, des Abbaus der militärischen Blockgrenze, der durch den Eisernen Vorhang nicht behinderten Kommunikation zwischen Westdeutschland und Ostdeutschland beziehungsweise zwischen Westeuropa und Osteuropa –, die Forderung nach nationaler Selbstbestimmung freiwillig einzuschränken. Grundlegendes deutsches Interesse ist es, den wegen der deutschen Aktivitäten in den Weltkriegen argwöhnischen anderen Nationen die Angst vor einer Restauration der deutschen Hegemonie zu nehmen. Deshalb könnten sich die Deutschen vertraglich verpflichten, für eine bestimmte Zeitdauer, vielleicht sogar für mehrere Jahrzehnte, auch weiterhin in separaten Staaten zu bleiben. In ihren Beziehungen wären ihnen durch die Staatsgrenzen stärkere Beschränkungen auferlegt als den Einwohnern von Bayern und Baden-Württemberg, doch würden sich diese Beschränkungen nicht stärker auswirken als zwischen der Bundesrepublik, Österreich und der Schweiz.

Es ist nirgendwo vorgeschrieben, daß eine Kulturnation innerhalb derselben Staatsgrenzen leben muß. Die englischsprachige Gemeinschaft, ja sogar die weißen protestantischen Angelsachsen leben in zahlreichen unabhängigen Staaten. Ihre Menschenwürde wird dadurch absolut nicht verletzt. Daß die rheinländischen Katholiken und die preußischen Protestanten innerhalb desselben Nationalstaats leben müßten, ist ein nationalistisches Dogma.

Die Westdeutschen haben durch den föderativen Aufbau ihres Staats erhebliche gesellschaftliche Spannungen vermieden und eine relativ ausgeglichene Entwicklung ermöglicht. Die beiden deutschen Staaten wären eine höhere Stufe der Regionalisierung, womit sich weitere vier Jahrzehnte leben ließe. Auch würden die Deutschen durch diesen offenen Separatstatus von der bitteren Aufgabe entbunden, ihre gesellschaftlich-wirtschaftlichen Institutionen künstlich zusammenschweißen zu müssen.

Die staatssozialistischen Länder haben ihren eigenen reformistischen Weg, der weder mit dem revolutionären Umsturz noch mit einem Schlucken des Staats durch eine fremde Macht identisch ist; dieser Weg bedeutet nicht den Zusammenbruch und die gewaltsame Vertreibung der Lenkungsbürokratie. Es ist keineswegs sicher, daß die Ostdeutschen die Institutionen der Westdeutschen in Bausch und Bogen kopieren wollten. Gleich wie wir das beurteilen mögen, in diesen vierzig Jahren haben sich Gewohnheiten und intuitive Reaktionen, Vorstellungen und Normen herausgebildet, zu deren radikaler Abschaffung die gleiche Gewalt erforderlich wäre wie zu ihrer damaligen radikalen Einführung. Diese vierzig Jahre Kommunismus hat es in unserer Geschichte gegeben, und die Menschen verlangt es nicht nach einer neuerlichen Amnesie, sie fordern nicht unter Verleugnung einer ganzen Epoche deren Auslöschung aus dem Bewußtsein der Nation. Möglicherweise stehen die Ostdeutschen uns Ungarn, den Tschechen, den Polen näher als den Westdeutschen.

16.

Zwei Arten von Weltverständnis werden miteinander konfrontiert, und es liegt in unserem Interesse, die dualistische Ideologie einer bipolaren Welt nicht Wirklichkeit werden zu lassen. Es entspricht unseren Lebensinteressen, daß eine pluralistische Ideologie einer polyzentrischen Welt überzeugender wirken möge. Nach dualistischem Verständnis stehen auf der einen Seite der liberale Kapitalismus, auf der anderen der Staatssozialismus. Auf der einen Seite die transatlantische und die transpazifische Kultur, der kapitalistische Weltmarkt, der freie Fluß der westlichen Werte und der freie Handel der liberalen Demokratien. Auf der anderen Seite steht das eurasische Mammut, die Einflußsphäre des sowjetrussischen Staatssozialismus. Und zwischen den beiden findet ein Kampf statt. Wer wird wen besiegen, möglichst ohne Krieg? Das bipolare Weltverständnis will die Blöcke nicht auflockern, sondern stabilisieren und behauptet, daß eine Stabilisierung des Blocksystems möglich sei.

Sollte diese Auffassung die Weltlage zutreffender beschreiben, dann werden wir nicht zu Mitteleuropa gehören, vielmehr werden wir Osteuropa und ein Teil des Ostblocks bleiben. Dann werden wir Ostler bleiben, obwohl unser Herz dem Westen gehört. Dann werden uns die Bindungen, Verbote und Vernunftwidrigkeiten, die grundlegende Einschränkung unserer Menschenrechte, die unglückselige Ikonographie unserer Staatsgesellschaften, unsere primitiven Zwangsvorstellungen, unsere unglücklichen Repressionen und Regressionen, unsere miteinander zusammenhängenden charakterlichen Deformierungen bis in den Tod begleiten und sich zu unserem Schicksal zusammenfügen. Dann sind wir Endstationen und keine Knotenpunkte. Dann bleiben unsere Städte Bedarfshaltestellen, und wir brodeln im Hexenkessel der Unrechtsnationalismen, die zu resigniert sind, als daß sie kreativ sein könnten. Dann werden gedankenloser Argwohn und Haß für unsere menschlichen und nationalen Beziehungen charakteristisch sein. Dann wird die persönliche Würde in diesen Landen ein seltener Vogel sein. Dann werden auch unsere demokratischen Oppositionellen nicht demokratisch sein. Dann werden wir in der Partie nur Opfer und niemals Gewinner sein, Statisten und keine Akteure.

Wir leiden keinen Mangel an jenem geistigen Banausentum, das die Weltprobleme mit einer gereizten Handbewegung beiseite wischt und sich eifrig auf die vertrauten Tagesnachrichten der Kulturpolitik stürzt. Sollte die erste Auffassung zutreffen, dann werden wir irgendwie nicht normal sein, denn nicht die Sache selbst wird uns interessieren, sondern die Nebenumstände, denn die Kultur der offenen und präzisen Mitteilung von Gedanken geht uns verloren. Entweder werden wir Europäer, oder wir verkommen.

17.

Die Blöcke sind dualistisch, Europa ist pluralistisch. Das welthistorische Programm zur Stabilisierung der Blöcke ist nicht minder utopisch als die Hoffnung auf ihre Auflockerung. Der Plan einer Konsolidierung des Blocksystems ist nicht minder utopisch als der Plan einer unabhängigen ost-mitteleuropäischen Union, die neben einer unabhängigen westeuropäischen Union existieren und mit dieser sowie mit der Sowjetunion gutnachbarliche Beziehungen unterhalten würde.

Die originellen europäischen Autoren schreiben dem Begriff des kulturellen Europa zunehmend mehr Bedeutung zu. Es ist ausgeschlossen, daß wir auf lange Sicht nicht lieber die Subjekte als die Objekte der eigenen Geschichte sein wollten. Die Blöcke können sich nur mittels aufeinander gerichteter Bewaffnung und durch kalte Kriegsführung konsolidieren. Auf Kosten der europäischen Interessen und unter Einschränkung der europäischen Autonomie. Herrscht in unserer Gegend eine allgemeine Entspannung, so werden wir Europäer überheblich. Die Theorie von der Zweipoligkeit der Welt ist erforderlich, um die Europäer zu gehorsamen Verbündeten zu machen.

Uns ein Europa vorzustellen, in dem die Menschen nicht durch Grenzen voneinander getrennt werden, die durch Atomraketen, Panzer, Wachtürme oder eben nur durch Paß- und Zollkontrollen gezeichnet sind, fällt uns nicht sonderlich schwer. Damit diese Utopie zur Jahrtausendwende wenigstens in greifbare Nähe rückt, brauchen die Europäer eine neuartige, eine von einzelnen entwickelte und praktizierte Geschichtsphilosophie.

Das bipolare Blocksystem stellt sich den individuell-pluralistischen Strategien der Europäer mit Gewalt entgegen. Der Eiserne Vorhang ist das Monument militärischer Mentalität. Wer ist stärker: das Blocksystem oder die zivilen Transaktionen? Die Antwort auf diese Frage ist eine philosophische Entscheidung.

Da ich die vertragliche Regelung der Konflikte auf diesem

Erdteil für notwendig und möglich halte, bin ich Pazifist. Die sich im österreichischen Staatsvertrag offenbarende Intelligenz betrachte ich als einen Präzedenzfall. Es erscheint mir weder sicher noch demokratisch, daß sehr wenige Menschen die Macht besitzen, darüber zu entscheiden, ob Europa überleben soll oder nicht.

18.

Ich lebe in Budapest und bin weder rot noch tot. Um mich herum nehme ich keinerlei Anzeichen wahr für aggressive Kriegsvorbereitungen gegen Westeuropa. Dagegen bemerke ich die Symptome der Wirtschaftskrise, der gesellschaftlich-wirtschaftlichen Pluralisierung und der kulturellen Suche. Die Menschen unserer mitteleuropäischen Stadt sind zugleich Westler und Ostler; eines aber ist sicher, sie sind Europäer. Die Anzahl meiner Bekannten entspricht der Häufigkeit der Lebensstrategien, dem sich ständig bildenden Bewußtsein der Verschiedenartigkeit. Auf einer spanischen Landkarte aus dem sechzehnten Jahrhundert ist Buda der Nabel des weiblichen Körpers der liegenden Europa.

In Ungarn gibt es vermutlich kaum einen Menschen, der ernsthaft daran glaubt, daß irgendein westlicher Staat das eigene Land besetzen wollte. Formal ist die Armee westfeindlich, die Soldaten allerdings sind es nicht. Ein jeder weiß, daß die Hypothese von der Gefahr aus dem Westen lediglich ein Vorwand zur Rechtfertigung der sowjetischen Truppenpräsenz im Rahmen des Warschauer Pakts ist.

Von innen gesehen ist indes auch der Warschauer Vertrag weniger bedrohlich, als es von außen den Anschein hat. Welcher Generalstab würde mit so vielen Sorgen und Problemen, mit einer solch stockenden Wirtschaft und einer solch unwilligen Bevölkerung einen Angriffskrieg wagen?

Eine sowjetologische Analyse, die sich in den Ländern des Warschauer Pakts statt einer konservativ-defensiven politischen Führung revolutionär-offensive Führer vorstellt, mag Grundlage einer verfehlten außenpolitischen Strategie des Westens sein. Aus der Nähe betrachtet werden aus unseren autoritären Staaten lediglich Organisationen von Beamten, die Angst haben; vor wem, das wissen sie selbst auch nicht mehr.

19.

Bis wohin erstreckt sich Europa? Vom Atlantischen Ozean bis zur Elbe? Bis zur sowjetischen Grenze? Bis zum Ural? Bis zum Stillen Ozean? Gehören nur die Länder des Gemeinsamen Markts zu Europa? Die neutralen Staaten Westeuropas nicht? Und was ist mit uns Osteuropäern, die wir uns lieber als Mitteleuropäer bezeichnen?

Es ist mir sympathisch, wenn der wirtschaftlichen Integration in den Ländern des Gemeinsamen Markts die politische Integration folgt. Es ist gut, wenn sich die erste Person Plural nicht nur auf eine nationale Gemeinschaft, sondern auf einen halben Kontinent bezieht. Der supranationale Zusammenschluß erhöht die Selbständigkeit der Agglomerationen und Regionen innerhalb des Nationalstaats. Als geschlossene Einheiten sind die europäischen Nationalstaaten ziemlich provinziell; Europäer zu sein ist wenigstens so vernünftig, wie Franzose oder Ungar zu sein. Die Union des kleinen Europa – ein Weg zur Union des großen Europa.

Ist Europa groß? Keineswegs. Es ist die feingliedrige und rege westliche Halbinsel Eurasiens. Das kleine Westeuropa irrt, wenn es sich mit Europa im allgemeinen identifiziert. Es irrt, wenn es sich, indem es dem Osten den Rücken zukehrt, innerhalb des Blocksystems Ruhe und Sicherheit erhofft. Selbst seine inneren Konflikte wird es erst dann lösen können, wenn es die Utopie von der Einheit Europas vorantreibt. Die Idee der europäischen Identität steht im Widerspruch zur dauerhaften Stabilität des Blocksystems.

20.

Wären die Deutschen sich selbst überlassen, ohne fremde Streitkräfte, würden sie aufgrund eines internationalen Friedensvertrags, gemäß dem Prinzip der nationalen Selbstbestimmung, eine Konföderation der zwei deutschen Staaten schaffen mit der Perspektive eines allmählichen Abbaus der trennenden Staatsgrenzen. In diesem Sinn müßte die Finnlandisierung für die Westeuropäer eine Hoffnung sein. Gäbe es eine politische Übereinkunft, wäre auch eine Vereinbarung in der Frage der Abrüstung vorstellbar. Auf das erste Kapitel der Détente waren die Akteure nicht vorbereitet. Beide Seiten wollten Sicherheit billig haben. Vielleicht würde man der anderen Interessensphäre ohne Krieg etwas streitig machen können? Der Osten bestand auf seiner absurden, widersprüchlichen Position, er könne mit dem Westen friedlich auskommen, in der Ideologie jedoch gäbe es keine Koexistenz. Wenn es im Denken keine Übereinkunft gibt, dann natürlich auch nicht in der Rüstung.

Doch auch der Westen hat keine langfristige demokratische Strategie in der Außenpolitik entwickelt. Er hat sich mit der Teilung Europas abgefunden. Er wollte die Blockverhältnisse stabilisieren. Mit interessiertem Bedauern beobachtete er, daß die osteuropäischen demokratischen Bewegungen mit den Blockgrenzen kollidieren. Der Westen zog den Preis nicht in Erwägung, der für das allmähliche Verschwinden der Zweiteilung Europas zu zahlen wäre. Zur Strafe mußte er das erhöhte Risiko des neuen Kalten Kriegs und des neuen Vernichtungsarsenals hinnehmen.

Das unfreundliche Auftauchen von Panzern in Ostberlin, Budapest, Prag und Warschau in Friedenszeiten, zu Zeiten des Aufschwungs der demokratischen Bewegungen bewies, daß der Ostblock, daß die sowjetische Führung eine einseitige politische Erosion nicht duldet. Die nationalen Möglichkeiten unserer Emanzipation sind, obgleich nicht unerheblich, stark eingeschränkt. Von der intellektuellen und späteren vertraglichen Überprüfung der Jaltastruktur haben wir uns für unsere Autonomie einiges zu erhoffen.

Um seine Existenz garantieren, um die konservative Arbeit der Selbsterhaltung leisten zu können, müssen wir heute geistig sehr radikal sein. Die Entwicklung, die mit dem österreichischen Staatsvertrag eingesetzt hat, stagniert seit dreißig Jahren. Wir können diese Pause nicht als natürlich hinnehmen. Wenn westliche Regierungen argumentieren, sie hätten Jalta und die Aufteilung Europas in Interessensphären nicht gewollt, das alles gehe auf die Russen zurück, so ist das geheuchelt. Das ist solange Heuchelei, bis die betreffenden Regierungen nicht den gegenseitigen Abzug der fremden Truppen aus Europa vorschlagen.

Der Rückzug der sowjetischen Truppen hinter die sowjetischen Grenzen ist sicher ein bescheidenerer Schritt als der Rückzug der Amerikaner nach Übersee. Doch wohin sollten sich die Russen zurückziehen, wenn nicht nach Rußland? Nach einer derartigen Neuordnung würde Ost-Mitteleuropa vermutlich ziviler und weniger staatlich sein. Der kaum zu bremsende Schwung der bürgerlichen Entwicklung würde die prädemokratisch-archaisch-feudalistisch-ständehierarchischen Formationen des Kommunismus auflockern oder ihnen zumindest den ideologischen Sex-Appeal entziehen. Doch wenn wir die Sowjetunion mit dem Experiment des Sozialismus gleichsetzten, so würden wir am Ende des Jahrtausends aufgrund einer Mehrheitsentscheidung im demokratischen Reformsozialismus leben.

21.

Wer vor jenem Dogma die Waffen streckt, daß es in der Ideologie kein friedliches Zusammenleben gebe, der kniet vor der Bombe nieder. Durch den Neopazifismus kann eine supranationale, eine Supra-Block-Gemeinschaft zustandekommen, die den Weltfrieden als Kunstwerk, als Kunst von Personen betrachtet. Die Bevölkerung von Ost und West ist nicht miteinander verfeindet. Wenn sie sich dennoch auf den gegenseitigen Mord vorbereitet, so geht dies auf eine dämonische Macht zurück. Wir könnten diese dämonische Macht auch als die Logik des Blocksystems bezeichnen. Die vergangenen Jahre haben im Osten wie im Westen einen Neokonservativismus hervorgebracht. Wir sind Zeugen einer Offensive der Blockexistenz, der erbosten Homogenität gegen die pluralistische Existenz und gegen die geistreiche Heterogenität. Das Künstliche will den Anschein des Natürlichen erwecken. In der Reaktion auf eine universale Herausforderung kann die Intelligenz eine universale Klasse werden. Im Namen von anderen haben die Intellektuellen schon genug gesprochen, es wäre endlich an der Zeit, im eigenen Namen zu sprechen.

Auf längere Sicht sind die Blockideen um nichts weniger utopisch als die blockfeindlichen Ideen. Wer sich für welche Ideen entscheidet? Wem welche Ideen besser gefallen? Auch mein Beruf veranlaßt mich, die Blöcke nicht nur als etwas Künstliches, sondern darüber hinaus als vorübergehende Gebilde anzusehen. Die europäische Literatur wird durch den Eisernen Vorhang nicht in zwei feindliche Blöcke geteilt. Warum sollten die Soldaten authentischere Europäer sein als die Schriftsteller?

Statt sich der Sprache der zwei gegeneinander aufrüstenden Blöcke zu bedienen, können die Schriftsteller mit Hilfe der eigenen Sprache im Dialog der beiden Europa die Vorhut bilden. Die Politiker reden – entsprechend ihren Berufsgepflogenheiten – in fertigen Formeln, die Schriftsteller dagegen verfügen über das gesamte Wörterbuch. Wenn sich die Weltliteratur an einen Tisch setzte, würde sich herausstellen, daß der Eiserne Vorhang etwas Sinnloses ist.

Der demokratische Sozialismus und der Nationalstaat

I.

Gibt es irgendwo auf der Welt einen demokratischen Sozialismus? Wenn nicht, woher kennen wir ihn dann? Der real existierende Sozialismus ist nicht demokratisch. Ist die real existierende Demokratie dadurch sozialistisch, daß die kapitalistische Marktwirtschaft durch sozialpolitische Umverteilungsmaßnahmen korrigiert wird?

Ihrem eigenen Verständnis nach neigen sozialistische Politiker dazu, ein Land, in dem sie aufgrund einer Listenwahl oder eines Einheitslistenreferendums die Regierungsgewalt übernommen haben, als sozialistisch zu bezeichnen. Ganze Länder wurden schon durch Volksrevolutionen, Okkupationen, Staatsstreiche, politische Erdrutsche oder aber durch Wahlen sozialistisch. Die Verstaatlichungen lassen sich schnell durchführen.

Können wir sagen, daß der Sozialismus identisch sei mit der permanenten Herrschaft der sich selbst sozialistisch nennenden politischen Klasse beziehungsweise Partei, die ihre Kontrollgewalt über den Nationalstaat unter Abschaffung oder Beschränkung des Privateigentums auch auf die Wirtschaft ausdehnt? In diesem Fall würde Kapitalismus die Herrschaft der Geschäftsleute, Sozialismus die Herrschaft der politischen Bürokratie bedeuten und die dazwischenliegenden Varianten die geteilte Herrschaft dieser politischen Eliten.

In diesem Fall verstehen wir unter Sozialismus eine politische Gesellschaft, in der die Führungsorgane des Nationalstaats über den überwiegenden Teil des gesellschaftlichen Kapitals verfügen und zugleich die Macht ihrer als sozialistisch deklarierten Bürokratie auf alle Bereiche und Aktivitäten der Gesellschaft ausdehnen. In einer solchen Situation muß die politische Bürokratie ihre Herrschaft konservieren und der Kontrolle der Gesellschaft entziehen. Sie muß sich des demokratischen Prinzips der alternierenden politischen Gewalt entledigen, sie muß sich also von den Spielregeln der pluralistischen Demokratie befreien. Tut sie das nicht, dann können legitime Regierungswechsel die Übermacht des Staats über die Gesellschaft wesentlich mindern, den Staatshaushalt auf einen angemessenen Anteil am Nationaleinkommen beschränken, indem der Privatinitiative mehr Möglichkeiten eingeräumt werden.

Ist ein Staat demokratisch, so kann er nur in begrenztem Umfang sozialistisch sein, in dem Umfang, der von der Bevölkerungsmehrheit gefordert wird, und nur solange, wie darauf Anspruch erhoben wird. Ist der Sozialismus jedoch eine unabhängige Variable, ist ein Staat dauerhaft und unumkehrbar sozialistisch, so kann er nur in sehr beschränktem Grade demokratisch sein. Nur bis zu einem Maß, das die politische Bürokratie zuläßt, weil sie es noch nicht für gefährlich hält.

In diesem begrifflichen Zusammenhang wären Sozialismus und Demokratie konträre Prinzipien, konträre Legitimationsprinzipien miteinander rivalisierender Herrschaftseliten.

Natürlich berufen sich beide auf das Gemeinwohl und auf das Interesse der Gesamtheit; die Demokratie auf die politische Gleichheit der Bürger, der Sozialismus auf die wirtschaftliche Gleichheit der Bürger, was ausgezeichnet damit zusammenpaßt, daß in der Demokratie auch die Verteilung der Macht ungleich ist und nicht nur die Einkommens- und Vermögensverteilung, daß im Sozialismus wiederum auch die Einkommens- und Vermögensverteilung ungleich ist und nicht nur die Machtverteilung.

Unter diesen Bedingungen ist der Begriff des demokratischen Sozialismus oder der sozialistischen Demokratie eine *contradictio in adjecto*, ein Widerspruch in sich selbst; was den Begriff an sich noch nicht sinnleer macht, vielmehr dadurch auf die innere Paradoxie seines Inhalts und seine konfliktorische Natur hinweist. In einer nationalstaatlichen Gesellschaft sollten die verschiedenen Machteliten miteinander rivalisieren und die Einflußsphären in der Repräsentanz der gegensätzlichen Interessen und Legitimationsprinzipien beschränken.

Unter diesen Bedingungen ist der demokratische Sozialismus ein Kompromiß, in dem der Sozialismus die Demokratie im Namen der Gerechtigkeit einschränkt, während die Demokratie den Sozialismus im Namen der Freiheit einschränkt, und dieses Gleichgewicht kann den Bürgern im Fall eines Konsenses relativ viel Freiheit und Gerechtigkeit garantieren, jenen Bürgern, die vorsichtig genug sind, der politischen Bürokratie im Interesse ihrer sozialen Sicherheit ausreichend Spielraum zu gewähren, sie jedoch gleichzeitig zwecks Verteidigung der Freiheitsrechte im Zaum halten. In diesem Fall können wir beispielsweise Schweden als Land mit demokratischem Sozialismus bezeichnen.

2.

Diese begriffliche Bestimmung hat ihre Berechtigung, sie ist ziemlich verbreitet, intellektuell allerdings unfruchtbar. Sie ist in ihren Wurzeln krank, denn sie schreibt dem Nationalstaat unverhältnismäßig große Bedeutung zu, unter mehr Sozialismus versteht sie mehr staatliche Intervention, und der Begriff, der ursprünglich eine vergesellschaftete Gesellschaft bezeichnete, wird mit der Idee der verstaatlichten Gesellschaft gleichgesetzt.

Das Wesen der Gesellschaftlichkeit hegelianisch in der Staatlichkeit erkennen und sowohl die infranationalen als auch die transnationalen Entwicklungen der nationalstaatlichen Organisation unterordnen, ist ein eindimensionales Prinzip.

Was heißt Sozialismus? Verstaatlichung? Selbstverwaltung? Was wir unter Demokratie verstehen, ist klarer als das, was wir unter Sozialismus verstehen. Der Sozialismus ist eine Idee des neunzehnten Jahrhunderts, wonach die Gesellschaft ideal eine nationale Gesellschaft wäre, das heißt eine als Gesellschaft organisierte Bevölkerung, die unter nationalstaatlicher Hoheit lebt.

Wenn ein Staat so klein ist wie Albanien, dann ist der Sozialismus die albanische nationalstaatliche Gesellschaft, ist ein Staat so groß wie Rußland, dann ist der Sozialismus die sowjetrussische nationalstaatliche Gesellschaft der auf dem Territorium des russischen Staats lebenden Völker. Eine Gesellschaft ist also nicht dadurch Gesellschaft, daß ihre Mitglieder viel miteinander zu tun haben und eine kommunikative Einheit bilden, sondern dadurch, daß sie auf dem Territorium eines Staats leben. Unabhängig davon, ob dieser Staat klein oder groß ist.

Welchen Rahmen, welche Grenzen eine Gesellschaft hat, das war für die Soziologen des neunzehnten Jahrhunderts und so auch für die sozialistischen Soziologen und für Marx kein besonders akutes Forschungsthema. Denn die nationale Grenze, der nationalstaatliche Rahmen war für die Gesellschaft ein selbstverständliches Gefäß. Das Gefäß war eben groß genug, um darin einen Schmelztiegel der verschiedenen ethnischen, regionalen und feudalen Partikularismen, der verschiedenen kleinen Märkte sehen zu können, einen Schmelztiegel, der aus dem vielen Kleinen etwas gemeinsames Großes bildet. Und außerdem, und das ist das wichtigste, für die Geistesarbeiter, für die Intellektuellen, für das Bildungsbürgertum ist die nationalstaatliche Institution ein Hafen.

Der Sozialismus ist eine intellektuelle Idee. Eigentlich eine Tautologie. Sie bezeichnet eine gesellschaftliche Gesellschaft. Diese Doppelung heißt etwa, daß die Autoren darunter eine für sich seiende, sich selbst bewußt beherrschende, selbst gestaltende und lernende Gesellschaft verstanden, die nicht einfach so existiert wie die Natur, sondern die auch gemacht wird. Vor allem jene verstanden sie so, die an diesem Gesellschaftmachen am meisten interessiert sind: die Soziologen. Wir könnten also sagen, daß der Sozialismus idealtypisch die Gesellschaft der Soziologen sei. Sie würden über ihr Wissen über die Gesellschaft hinaus logischer- und berufenerweise gern die Macht über die Gesellschaft besitzen, um sie in die Hand zu nehmen und zu einer Idealgestalt modellieren zu können, die Gesellschaft, die einfach nur so vor sich hinlebt, instinktiv, mit ihrer Anarchie, mit ihrer Produktions-, Wirtschafts- und Kulturanarchie in einem haltlosen Zustand, der nach Gleichschaltung schreit. Welch besserer Status als das Staatsamt hätte den Ingenieuren der Gesellschaft hinsichtlich ihrer Rolle, Position und Bühne für ideelle Aktivitäten zwecks Instandhaltung einer gerechten, geordneten, in Einklang gebrachten, gleichgeschalteten und ausgeglichenen Gesellschaft einfallen können? Um der Einheit der Erziehung willen müssen die Legislative, die Exekutive und die Gerichtsbarkeit in einer charismatischen Hand vereint werden.

Das Staatsamt ist natürlich nationalstaatlich, wodurch sich auch für den Patriotismus entsprechende Möglichkeiten ergeben. Sozialismus ist Nationalstaats-Sozialismus. Und ein anderes Modell hätte es nicht gegeben? Als Seitentriebe gingen aus ihm die nationalistisch-sozialistischen Bewegungen hervor, wovon es in der Dritten Welt zahlreiche Varianten gibt und dessen lediglich extremer und spezieller Pol der deutsche Nationalsozialismus war. Er stimmte mit den anderen Varianten in der nationalistischen Demagogie überein, im aggressiven Militarismus, in der Betonung des Prinzips der Volksgemeinschaft, im Prinzip des »Ein Volk – Ein Führer«, in der kulturellen Gleichschaltung der Gesellschaft, in der Einführung der zentral gelenkten staatlichen Kriegswirtschaft, in seinem antiindividualistischen Kollektivismus und in seinem antikosmopolitischen Nationalismus. Die Judenausrottung war keine unerläßlich notwendige strukturelle Eigenart des Nationalsozialismus.

3.

Es ist kein Zufall, daß die Nationalstaatsbürokratie im weniger verbürgerlichten und mit dem internationalen Kreislauf weniger verbundenen Ostteil Europas als Herrschaftselite hervorgegangen ist und daß sich der Nationalstaatssozialismus in mehr oder weniger diktatorischer Form (mit charismatischem Führerkult und viel Nationalismus) auch ohne sowjetische Assistenz am Leben erhalten kann.

Die militärische Präsenz und der Einfluß der Sowjets haben die Nationalstaaten in den Blockstaat integriert. Kriterium und

Garantie dieser Integration sind die Verstaatlichung der Gesellschaft in einem Einparteiensystem. Realen Staatssozialismus gibt es also mit und ohne sowjetische Präsenz. Überall aber besitzt der Nationalstaat ein Übergewicht über die Gesellschaft.

Das heißt, die nationalstaatliche politische Klasse verteidigt ihr Machtmonopol gegen die innerstaatlichen Teileinheiten, indem sie alle gesellschaftlichen Organisationen und Institutionen, alle Gebiets-, Berufs- und Kulturorganisationen sich unterstellt, also die Staatsbürger in allen institutionellen Aufgaben, die über das Familienleben hinausgehen. Die Staatsbürger werden auch vor den gefährlichen Einflüssen aus dem Ausland bewahrt, vor der internationalen Kommunikation, was gleichbedeutend ist mit der strengen Unterwerfung des Geld- und Ideenverkehrs innerhalb der Staatsgrenzen unter die Regierungssouveränität.

Der Staat verteidigt seine Alleinherrschaft gegenüber allem, was offener oder beschränkter ist als er, und hat vor der Selbstverwaltungsautonomie der Wohnorte und Arbeitsplätze ebenso Angst wie vor der Autonomie der internationalen Organisationen. Gegenüber den Erscheinungen im Landesinneren, die ihm seine Alleinherrschaft streitig machen wollen, ist er strikt universalistisch und verteidigt immer die gesellschaftlichen und volkswirtschaftlichen Interessen, gegenüber den Erscheinungen außerhalb der Landesgrenzen ist er strikt partikularistisch und verteidigt immer die nationalstaatlichen, eventuell die blockstaatlichen Interessen. In diesem Raum werden also sowohl das Mehrparteiensystem als auch die Selbstverwaltung als antisozialistisch eingestuft, sobald sie vom Parteistaat tatsächlich unabhängig sind, vom multinationalen Kapital gar nicht zu reden, doch auch die internationalen Organisationen und die internationalen Kommunikationskanäle der Intelligenz. Wo es zum Aufgabenbereich der Zollbehörde gehört, an der Grenze Bücher und Manuskripte zu kontrollieren, dort ist die internationale Wirklichkeit feindlich, zumindest jedoch verdächtig.

4.

Hierin besteht die Schwäche des Staatssozialismus, sowohl die Schwäche des Nationalstaats- als auch des Blockstaatssozialismus. Er ist äußeren und inneren Erosionsprozessen unterworfen, weil die Wirklichkeit nicht nur nationalstaatlich beziehungsweise blockstaatlich ist. Die gesellschaftliche Realität ist teils kleiner und partikularer als die staatliche Realität, teils größer und umfassender. Der sich isolierende Nationalstaat wirkt zusehends anachronistisch. Seine Bürger versuchen immer häufiger, sich der Machtvollkommenheit des Nationalstaats zu entziehen, sei es als Angehörige eines Freundeskreises oder als Akteure internationaler Kontakte.

Die reale Gesellschaft besitzt unzählige formale und informale Organisationsebenen, planetarische und lokale Ebenen, sowie Ebenen, die die nationale Ebene vielfach durchkreuzen und die die Macht der nationalstaatlichen Bürokratie sukzessiv schwächen. Wenn diese Ebenen jedoch dies nicht leisten, während die Bürokratie funktioniert, blüht und alles unter sich begräbt, dann wird die Gesellschaft wirtschaftlich zunehmend unproduktiv, und ihr passiver Widerstand wird immer mehr Krisenphänomene nach sich ziehen.

In Osteuropa ringen die Gesellschaften bewußt oder unbewußt mit dem Staat, und da der Staat über seinen funktional vernünftigen und demokratisch legitimen Kompetenzbereich hinausgewachsen ist, versuchen sie, den Staat zurückzudrängen. In diesem Bemühen stehen sie in der zirka zweihundert Jahre alten, immer wieder ins Stocken geratenen, jedoch stets einen erneuten Aufschwung nehmenden Tradition der demokratischen Emanzipation. Dabei kommt ihnen die Tatsache zu Hilfe, daß die Welt größer ist als der Nationalstaat, ja sogar größer als der Blockstaat.

Die Verbürgerlichung im Inneren und die internationalen Entwicklungsprozesse haben auch die südeuropäischen Diktaturen in Spanien, Portugal und Griechenland aufgerieben. In Mitteleuropa würden die autoritären Staaten mit Einparteiensystem ohne die sowjetische Militärpräsenz zu einer Serie von Zugeständnissen an die erstarkenden Gesellschaften gezwungen werden, bis sich die ausgewogene Lage der konstitutionellen Demokratien einstellte, mit unveräußerlichen Bürgerrechten, pluralistischer politischer Struktur und Alternanz der Regierungsgewalt. Der größere Teil der mitteleuropäischen Intelligenz neigt zur Erkennntis, daß sie mit dem Pluralismus mehr zu gewinnen als zu verlieren hat.

5.

Solange Europa geteilt ist, wird die Sowjetunion über die Mehrheit der osteuropäischen Staaten im Namen des Militärbündnisses und im Namen des militärischen Gleichgewichts die Kontrollgewalt ausüben. Innerhalb der Jaltaordnung können wir also von einem demokratischen Sozialismus nicht reden.

Der demokratische Sozialismus besitzt innerhalb der Jaltaordnung höchstens Inseln. Diese Inseln sind zeitlich begrenzt. Wie beispielsweise der ungarische, tschechische und polnische Emanzipationsversuch zeigt. Nach der militärischen Niederschlagung ziehen sie sich in den informalen Organismus der Gesellschaft zurück. Vielleicht gehen sie in den Untergrund wie Solidarność.

Demokratische Inseln sind die demokratischen Bewegungen und jene denkenden Menschen, die den Sozialismus nicht beseitigen, sondern einer demokratischen Kontrolle unterwerfen wollen. Sie wollen also bei der regierenden politischen Klasse die Forderung durchsetzen, daß staatliche Interventionen nur im Rahmen des demokratischen Pluralismus ausgeübt werden dürfen.

Was bliebe vom Sozialismus, wenn die sowjetischen Truppen infolge eines internationalen Vertrags, infolge der wechselseitigen Auflösung der Blöcke aus den osteuropäischen Ländern abzögen, wenn die osteuropäischen Gesellschaften über die gutnachbarlichen Beziehungen hinaus nicht verpflichtet wären, auch in ihren Institutionen das sowjetische Muster zu übernehmen?

Vieles. Die vergangenen vierzig Jahre als historische Vergangenheit und Gegebenheit. Ohne jeden Zweifel die sozialpolitische Umverteilung, also das staatlich subventionierte Unterrichts- und Gesundheitswesen, der kulturelle Apparat, deren Institutionen zu reformieren wären, deren Egalitarismus und Allgemeinheit aber nicht auf die Kritik der Opposition stoßen. Zweifellos würde manche Institution des Wohlfahrtsstaats erhalten bleiben.

Die zentralisierte Lenkung und Subventionierung der Unternehmen würden infolge der bereits angekurbelten, jedoch erst beginnenden Wirtschaftsreformen auf ein Niveau zurückgenommen werden, daß die Mehrheit der Unternehmen als selbständige und sich selbst finanzierende Akteure der Wirtschaftsentwicklung tätig sein könnte. Eine kapitalistische Bourgeoisie gibt es nicht und kann auch nicht importiert werden. Folglich würde sich in den im Staatseigentum befindlichen Wirtschaftseinheiten ein innerer Pluralismus herausbilden: die Herrschaftsteilung zwischen Selbstverwaltungsapparat (der die Eigentümerfunktion ausübt), technisch-wirtschaftlichem Management und Gewerkschaft (als Interessenvertretung der Arbeitnehmer).

Es gibt zahlreiche Vorstellungen darüber, wie man die persönliche Verfügung über das gesellschaftliche Eigentum auf volkswirtschaftlicher Ebene gestalten könnte. Die Elemente der Markt- und Planwirtschaft würden miteinander mannigfache Kombinationen eingehen.

Das Experimentieren wäre nicht das Monopol der nationalstaatlichen politischen Bürokratie. Prinzipiell könnten jedes Mitglied, jede Gruppe und autonome Organisation der Gesellschaft im Experiment der selbstverwalteten Gesellschaft einen gesetzlich gesicherten Platz erhalten. Im Wörterbuch der Völker, die durch eine harte Lektion klug geworden sind, könnte der Sozialismus erneuert werden. Sozialismus würde nicht mehr staatliche Allmacht heißen, sondern näherte sich seiner ursprünglichen utopischen Bedeutung, der Vorstellung einer Gesellschaft, die zu schöpferischer Selbstreflexion und Selbstkorrektur fähig ist, deren unverrückbarer Eckstein all jene demokratischen Freiheitsrechte des einzelnen sind, die von der westeuropäischen Geschichtstradition als Konsens entwickelt worden sind.

Wir wüßten, daß sich die wirtschaftliche und politische Demokratie nicht nur gegenseitig bedingt, sondern auch in einem konfliktorischen Verhältnis zueinander stehen. Wir wüßten, daß sich unsere verschiedenen Freiheiten und Rechte nicht von selbst und automatisch in das sich gegenseitig stärkende Kollektiv einfügen. Die Lenkung wäre dadurch auf eine höhere Ebene gehoben, daß die Mechanismen des Markts und der Demokratie die Führung von einem primitiven und alles besserwissenden Dilettantismus des direkten Hineinredens befreien würden.

Mittel- und Osteuropa wäre der erste Raum, in dem der demokratische Sozialismus ein reger Versuch wäre. Jene Kultur und jener Schwung der zivilen gesellschaftlichen Selbstverteidigung, die bereit ist, für die Verteidigung der allgemeinen Freiheit auch persönliche Risiken einzugehen, und der wir heute in den osteuropäischen demokratischen Bewegungen begegnen, wären in der Welt eine Neuigkeit.

6.

Der demokratische Sozialismus osteuropäischer Prägung wäre auch für den westeuropäischen Raum, in dem die sozialistischen und sozialdemokratischen Parteien heute nicht nur durch die konservativen und liberalen Parteien in der Entfaltung ihrer Neuererrolle behindert werden, sondern zugleich durch das bedrückende Beispiel des osteuropäischen Staatssozialismus, ein lehrreiches Versuchslabor. Es würde sich eine neue Kultur entwickeln, die innerhalb der Staatsgrenzen wie zwischen den Staaten demokratische und verfassungsmäßige Verhältnisse einklagte, die also die Europäer zu Bürgern eines zivilen Europa machte.

Wenn sich der Sozialismus von der Zwangsvorstellung trennen könnte, daß der Nationalstaat sein einziges zuverlässiges Medium sei, so könnte er als mehrdimensionale, pluralistische, komplexe Gesellschaft von sich reden machen, deren achtenswertestes und auf unveräußerlichen Rechten bestehendes Subjekt (im Sinne der europäischen Kulturtradition) der zivile Bürger wäre. Ich wiederhole, wenigstens ebenso Bürger Europas wie des Nationalstaats.

Daraus folgt, daß der Sozialismus weder schwarz noch braun, weder rot noch grün, sondern scheckig wäre. Dieses Scheckigsein setzt eine Mentalität voraus, die eher der schöpferisch tätigen Intelligenz als der Beamtenintelligenz eignet. Es ist kein Zufall, daß das monolithische Gesellschaftsverständnis der Beamtenintelligenz von der schöpferisch tätigen Intelligenz am vehementesten in Frage gestellt wird.

Die Idee von einer gerechten, als gut verstandenen, utopischen Gesellschaft wird um die zweite Jahrtausendwende individualistisch und nicht kollektivistisch sein, komplex und nicht monolithisch, dezentralisiert und nicht zentralisiert, heterogen und nicht homogen, künstlerisch und nicht militärisch. Für die lernende Gesellschaft wäre Utopie kein Schimpfwort; Utopie hieße lediglich, daß wir uns nicht abgestumpft mit dem Bestehenden abfinden, daß wir aber auch nicht den Gordischen Knoten mit dem Schwert zerschlagen wollen. Eines aber sollten wir nicht vergessen: Solange der Eiserne Vorhang existiert, wird der demokratische Sozialismus im Europa der zwei Militärbündnisse leeres Gerede bleiben. Wirklichkeit kann der demokratische Sozialismus nur in einem blockunabhängigen Europa werden.

Rückblick auf die Klassenmacht der Intelligenz

1.

Die marxistisch-leninistischen Sozialisten, mit anderen Worten die kommunistischen Parteien, wollten die blinde Anarchie der Marktwirtschaft abschaffen und die Bewegung des gesellschaftlichen Kapitals statt dessen durch zentrale Umverteilung, durch wissenschaftliche Planung regulieren. Hierzu bedurfte es der Verstaatlichung des gesellschaftlich-wirtschaftlichen Lebens, der Monopolmacht der Parteistaatszentrale. Das ist die Voraussetzung für den wissenschaftlichen Sozialismus. Zwecks ungehinderter wissenschaftlicher Lenkung muß die sich selbst regulierende Kommunikation radikal eingeschränkt werden.

Das Attribut des Wissenschaftlichen imponiert mehr den Intellektuellen als den Adligen, Bürgern, Bauern und Arbeitern. Freilich, je wissenschaftlicher, desto besser. Desto gerechter. Und wenn um der wissenschaftlichen Gerechtigkeit willen die Freiheit der Bürger eingeschränkt werden muß, deren Interessen und Verstand von Verwirrung zeugen, mein Gott, was soll man da sagen! Du mußt dich entscheiden, was du willst: Kapitalismus oder Sozialismus?

Wenn du den Kapitalismus wegen der bekannten Kritik ablehnst, nicht nur den Kapitalismus mit einer faschistischen, sondern auch mit einer liberal-demokratischen Regierung, dann mußt du natürlich auch den wissenschaftlich-erzieherischen Sozialismus befürworten, der auf dem Einparteiensystem und dem Autoritätsprinzip basiert. Menschen, die so denken, hat es gegeben und gibt es immer noch. Meistens waren es Intellektuelle, denn Herzenssache ist die wissenschaftliche Lenkung vor allem ihnen. Nicht ein jeder konnte anstelle des Kapitals das Ethos der Umverteilung akzeptieren, die Intellektuellen machen sich also nicht allzu viel Sorgen um das Kapital. Sie mochten es schon allein deshalb nicht sonderlich, weil sie wenig davon besaßen. In einem armen Land erwies sich der sozialistische Staat der Intelligenz gegenüber großzügiger als das Kapital. Am ehesten waren es noch die Intellektuellen, denen der Sozialismus sympathisch war, ihnen hatte er Gutes gebracht, oder zumindest hatte er ihnen am wenigsten geschadet, insbesondere nach seiner Konsolidierung.

Oben sind in einem solchen System vor allem Intellektuelle. Nicht alle Intellektuellen sind oben. Nicht jeder Intellektuelle ist intelligent. Doch es ist auch nicht ausgeschlossen, daß intelligente Intellektuelle oben sind. Die Angehörigen der Elite, das obere Zwanzigstel, bei denen sich die Mehrheit der Vorteile konzentriert, sind überwiegend Geistesarbeiter, Intellektuelle. Und die Nachteile kumulieren im allgemeinen bei denen, die ihren Unterhalt durch körperliche Arbeit bestreiten. Nicht alle Vorteile und nicht alle Nachteile sind derart schichtspezifisch verteilt. Es gibt Reiche im ölverschmierten Schlosseranzug, und es gibt Arme im weißen Hemdkragen. Doch wenn du dir ansiehst, wer oben auf dem Berg in den neuen Villen wohnt, dann sind es eher die im weißen Hemdkragen als die im ölverschmierten Schlosseranzug.

Wer ist das, der im Namen von Verfügungen, Regelungen, Verwaltungsanordnungen, Entscheidungen, Beurteilungen und höheren Organen über die Möglichkeiten oder besser Privilegien des Worts, der Erziehung und der Rechtsprechung, der Forschung und der geistigen Einflußnahme, zusammenfassend: über die Macht, verfügt, über die Macht, so wie sie eben ist? Ist ein Intellektueller normal karrierebewußt, hat er größere Machtchancen als ein normal karrierebewußter Arbeiter. Seine Macht wird einigermaßen respektabel sein, er kann auf Staatskosten reisen, ihm wird zu einer besseren Wohnung verholfen, früher oder später wird er ein besseres Auto besitzen, ein Wochenendhaus, eine moderne Einrichtung, jene Beziehungen, Sportarten, gesellschaftlichen Zusammenkünfte, Laster, Passionen, die sich zur Eliterolle hinzugesellen können, werden nicht ausbleiben. Wer geschickt manövriert und Verstand besitzt, kann neben dem Luxus sogar Ruhm erwerben.

2.

Das auf Autorität, patriarchalischer Fürsorge und Zensur basierende Einparteiensystem ist durch seine umfassende Polizeikontrolle und die damit einhergehenden Ängste wirklich nicht immer angenehm, doch am ehesten hat die Oberschicht der Staatsintellektuellen Anteil an den existierenden Entschädigungen und Tröstungen, wozu gehört, daß sie diejenigen sind, die in ihrer wissenschaftlichen, ideologischen, journalistischen oder aber literarischen Sprache in den Angelegenheiten des öffentlichen Lebens mitzureden haben, sie sind es, deren Gesichter auf dem Bildschirm zu sehen sind und die mit ihren Worten die genehmigten Druckwerke füllen, die die Stützpfeiler des Systems offen nicht in Frage stellen. Vom erfolgreichen Intellektuellen wird nicht mehr verlangt, als daß er klug zu sein hat. Er weiß, was erlaubt ist und was nicht, und er weiß, daß er nur sehr selten Dinge tun darf, die oben kein Gefallen finden. Zwischen den Zeilen kann er natürlich dies und jenes sagen, sogar harte Sachen. Ein intelligenter Mensch kennt die Spielregeln. Er vermag sich in der gegebenen Kultur zu artikulieren.

Tatsache ist, daß es Staatssozialismus nicht nur dort gibt, wo fremde Truppen die Monopolmacht der zentralen Umverteilung garantieren. Es gibt ihn auch in Ländern, in denen er von den eigenen Machtorganen garantiert wird. Die führenden Volkswirtschaftler halten es für vollkommen in Ordnung, daß sie den Realverdienst der Arbeitnehmer festlegen, und ein Streikaufruf wird vom Gesetz unter Strafe gestellt. Wenn dieses System so schlecht ist, wie viele behaupten, was erhält es dann am Leben? Für wen ist es dennoch gut? Nicht für die Elite, die mit der Intelligenz im Konkubinat lebt? Wer macht die Staatskultur, von der die ganze Gesellschaft zusammengehalten wird?

Teil der Macht ist auch deren geistiger Mondhof – deren Ethos und Legitimation, deren Stil, Zeremonie, Festlichkeit und Stolz. Kein Sozialismus ohne staatlich preisgekrönte Prominenz. Das zuständige Mitglied des Politbüros – vom einen Ende der Elite – überreicht der hervorragenden Persönlichkeit aus Wissenschaft oder Kunst, dem anderen Pol der Elite, die hohe Auszeichnung. Der eine Pol dieser polygonalen intellektuellen Elite wird von namhaften Dissidenten gebildet. Parteien existieren nicht, dafür aber zahlreiche Gruppierungen. Pluralisierung innerhalb bestimmter Grenzen.

Jenes Phänomen, daß sich die Angehörigen der Elite um jeden Preis in der Rolle des Geschädigten sehen wollen, ist bekannt. Macht- und Opferparanoia; oftmals in ein und derselben Person. In dem einen Moment ist er der Verfolger, im nächsten Moment ist er der Verfolgte. Und sie sollten Macht haben? Im Zusammenhang mit der Macht fällt ihnen ihr Chef ein und nicht etwa, was ihre Untergebenen von ihnen denken mögen. Wir müssen anerkennen, nicht einmal der König ist sein eigener Herr. Land der Unmündigen.

3.

Wir haben es mit einer Gesellschaft zu tun, die nicht durch das Geld, sondern durch die Macht reguliert wird, in Verbund mit dem erwähnten Mondhof. Zur Sprache des Geldes gehört die Herrschaft des formalen Rechts und der formalen Vernunft. Zur Sprache der Herrschaft gehört die Herrschaft des ideologisch-inhaltlich-substantiellen Rechts und der ideologisch-inhaltlich-substantiellen Vernunft. Das Geld liebt die quantitative Meßbarkeit, die Macht die qualitativen Gesten der Loyalität.

Der Staatssozialismus ist nicht in der Lage, die Sprache des Geldes endgültig auszuschalten. Nach und nach wird ihr mehr Raum gewährt. Der Kommunismus macht eine bürgerliche Entwicklung durch. In Shanghai und Budapest geistern die gleichen Reformideen umher, allmählich vielleicht auch in Moskau.

Kommt nur die Sprache der Macht zur Geltung, dann ist die Fachintelligenz der herrschenden politischen Bürokratie strikt untergeordnet. Kommt auch die Sprache des Geldes zur Geltung, dann verschafft sich die Fachintelligenz gegenüber der politischen Bürokratie eine relative Selbständigkeit. Der unmittelbare Gehorsam wird durch die subtileren Spielregeln der Loyalität abgelöst. Wie auch immer, auf den verschiedenen Stufen von Unterordnung und Autonomie nimmt die Intelligenz die leitenden Positionen in Lenkungs- und Erziehungsorganisationen ein. Solange die Intellektuellen nicht ohne Staatsstellungen und -aufträge existieren können, solange wird das Beamtengesicht der Intelligenz das Gesicht des Bürgers verdekken.

Je mehr sich die Sprache des Geldes gegenüber der Sprache der neutralen Kommunikationsmittel durchsetzt und je allgemeiner damit einhergehend die Ratio der Marktwirtschaft Verbreitung findet, desto weniger vernünftig scheint die Monopolmacht der zentralen Umverteilung zu sein und desto stärker wird die Rivalität zwischen der vorhandenen Autonomie des Markts und der sich behauptenden Hegemonie der Redistribution sein.

Je mehr dieser Entwicklungsprozeß voranschreitet, desto eher kann sich der Intellektuelle als Bürger betrachten. Seine gesellschaftliche Stellung begründet er nicht mit seinem Spezialwissen, das ihn von den anderen unterscheidet, sondern mit seinen elementaren und für alle gleichen Bürgerrechten, also mit seinem Erfolg auf der Kampfbahn. Betrachten wir die Sache im Zusammenhang mit den elementaren Bürgerrechten, so erwartet er keine individuelle Würdigung, sondern er will den für alle gültigen Rechten zum Durchbruch verhelfen. Jede Behinderung hält er für eine feudale Bindung an die Scholle, für etwas Überholtes, Archaisches, für einen Rückfall. Mit zunehmender Tendenz wird er darauf bestehen, daß seine Beziehungen gleichberechtigt zu sein und auf einem freiwilligen Vertrag zu basieren haben. Als Bürger hält er unternehmerische Initiative für natürlich – in der Politik und in künstlerischen Experimenten ebenso wie in seinen wirtschaftlichen Aktivitäten. Seine berufliche Karriere, tägliche Arbeit und Arbeitsmöglichkeiten werden nicht durch seine Meinung über verschiedene Parteien und deren Meinung über ihn bestimmt. Je mehr ein Intellektueller sich als Bürger begreift, desto offener besteht er gegenüber der

Exekutivgewalt auf seinen verfassungsmäßig garantierten Rechten.

Ist das Geld dominierende Sprache, dann ist der Intellektuelle eigentlich Bürger. Dann besitzt die Intelligenz keine Klassenmacht. Ist die Macht dominierende Sprache, dann ist der Intellektuelle eigentlich Beamter. Und dann besitzt die Intelligenz eine beschränkte Klassenmacht.

4.

Es ist keineswegs sicher, daß der Besitz von Klassenmacht ein beglückender Zustand ist, manchmal kann er sogar bedrückend sein. Zweifellos allerdings vermittelt er das Gefühl kollektiver Wichtigkeit. Zum Beispiel Menschen, die gern in der ersten Person Plural reden. Die rechtschaffenen Menschen im real existierenden Sozialismus mögen diese erste Person Plural, die eine innere Neigung aufweist, zur staatlichen ersten Person Plural zu werden, daß das Wir im allgemeinen die Gesamtheit der Staatsbürger und insbesondere die bewußtesten und verantwortungsbewußtesten Staatsbürger, das Zentrum der Macht bedeutet.

Jenes ominöse Privileg, wonach wir Klassenmacht ausüben, bürdet uns je nach Modeströmungen veränderliche Pflichten, Klatschgeschichten, Diskussionen und Stilrichtungen öffentlicher Wichtigtuerei auf. Auf uns lastet eine ziemlich eigenartige Öffentlichkeitskultur, über deren Gefälligkeit man diskutieren kann, über deren Existenz jedoch kaum.

Denken wir nur an die Ikonographie des Kommunismus, daran, wie die Säle geschmückt werden, an die Fahnen, an die Präsidiumstische oder an die innenpolitischen Ereignisse in den Fernsehnachrichten, daran, was als Ereignis eingestuft wird, an die Einweihungen, Überreichung von Auszeichnungen, Pressekonferenzen und Interviews, in denen der Fragende dem hochrangigen Befragten des Parteistaats mit Hochachtung begegnet und ihn schonend behandelt, da es nicht statthaft ist, ihn in die Ecke zu drängen. Oder erinnern wir uns an die Zeremonien der eintönigen Wahlen des eintönigen Parlaments. Oder des größten Ereignisses in einem kommunistischen Land: des Parteitags. Wir lesen, daß dieses oder jenes Mitglied des Politbüros einem Bezirk der Hauptstadt einen Besuch abstattet. Wir gehen die Straße entlang und dürfen die Fahrbahn nicht überqueren, weil ein Staatsoberhaupt eintrifft. So viele interessante ikonographische Riten, sie alle bilden die Kulissen unseres Lebens.

Diesem Zeremoniell können wir uns nicht entziehen, also sind wir sozialistische Menschen, sozialistische Intellektuelle. Wer sonst, als die Intellektuellen, sollte es sein, die mittels der Medien uns mit den vielen sittsamen und nebulösen Phrasen überschütten und die jenen von der Zensur gutgeheißenen Redeschwulst absondern? Zumindest bezeichnen sie sich als Intellektuelle.

5.

Intellektueller ist, wer von der Macht geliebt wird, weil auch er der Macht seine Sympathien für sie signalisiert. Intellektueller ist auch derjenige, der der Macht Kopfschmerzen bereitet. Kopfschmerzen kann er deshalb bereiten, weil die Zentrale der Klassenmacht ihn gewinnen, weil sie sich mit ihm brüsten möchte. Ein bürgerlicher Staat ist weniger daran interessiert, die Intellektuellen zu gewinnen, als ein kommunistischer Staat. Wird ein Führungsposten einem fähigen Intellektuellen anvertraut, ist ein jeder beruhigt. Und Intellektueller ist auch, wer sich um jede mögliche Karriere gebracht hat, weil er die Zensur verletzt, weil er sich durch symbolische Gesten als Oppositioneller zu erkennen gegeben, sich von der kollektiven ersten Person Plural distanziert, die intellektuelle Arbeit jedoch nicht aufgegeben hat.

Die Dilemmata von draußen und drinnen beschäftigen den sozialistischen Intellektuellen über die Maßen. Je mehr er – im staatssozialistischen Sinne – drinnen ist, desto größer ist das Dilemma. Je mehr er draußen ist, desto geringer ist das Dilemma: Für die Öffentlichkeit ist er tot, nichtexistent, nicht nennbar. Doch da er eigentlich noch lebt, wird er ein Phantom, eine Unperson. Kommt er zur Vernunft, respektiert die Spielregeln, gibt er dezent zu erkennen, daß er nicht mehr ungezogen sein, daß er sich also nicht mehr wie ein Bürger benehmen wird, dann wird man ihm vielleicht verzeihen.

Der Staatsintellektuelle genießt teils Rechte, teils Gunstbezeigungen. Wer sich als Bürger verhält, ist schlecht. Bürger ist, wer sagt: Was ich denke, das ist meine Sache. Wäre er Intellektueller im sozialistischen Wortsinn, würde er nicht solch formale Aspekte vorbringen, von wem der Gedanke stammt, sondern die wesentliche Frage nach dem Klasseninhalt: Was beinhaltet der Gedanke, ist er richtig oder unrichtig?

Diejenigen Intellektuellen, die in ihrem Fach hervorragend und politisch zuverlässig sind, die nicht allzuviel Kopfschmerzen bereiten und sich aus ihrer vorgezeichneten Laufbahn nicht herauskatapultiert haben, solche begabten und vorsichtigen Menschen werden es zu ein bißchen Macht, Ansehen und auch zu bescheidenem Vermögen bringen.

Der Bischof und der Professor der Medizin, der Abteilungsleiter der Parteizentrale und der als Redakteur angestellte Dichter, der Chefingenieur und der stellvertretende Minister, der Journalist und der Staatssicherheitsoffizier, sie alle sind die Notabeln desselben weitgespannten, volksfrontartigen, staatsfamiliären Wir-Bewußtseins. Sie sind es gewöhnlich, die am Präsidiumstisch Platz nehmen, sie sonnen sich in der Lichtflut höfischer Gnade, für das Schicksal des Landes fühlen sie sich verantwortlich, sie sind in der Lage, sich zurückhaltend und politisch zu artikulieren, ihr Stil verbindet sie. Der Stil der kommunistischen Staatskultur.

6.

Wenn alles so phantastisch funktioniert wie bei uns, dann können auch die Abstrakten, ja vielleicht sogar die Postmodernen ein paar Sonnenstrahlen abbekommen. Dann darf auch die zeitgenössische westliche Kultur einströmen, wenn auch gesiebt; je apolitischer sie ist, desto besser. Dann nimmt sich der Jugendverband der avantgardistischen Kunst an. Dann begünstigt die nationalstaatliche Ikonographie die Nationalflagge. Dann gibt es reichlich Folklore und Rockmusik im richtigen Verhältnis. Dann gleicht der Universitätsprofessor fast seinem westlichen Kollegen. Auch Wohnung, Bildung und Weltgewandtheit halten einem Vergleich stand.

Fast. Wenn er eingeladen wird, muß er um Erlaubnis fragen, ob er die Einladung annehmen darf. Wenn ihm Fragen gestellt werden, muß er sich zurückversichern, ob er darauf antworten darf. Er muß aufpassen, daß er die »peinlichen«, »problematischen« und »provokativen« Fragen geschickt pariert. Zumindest in der Öffentlichkeit. Es wäre nicht angebracht, sich einer gewissen Berichterstattung zu verschließen. Für bestimmte Positionen, darüber muß er sich im klaren sein, benötigt man eine Unbedenklichkeitsbescheinigung, die einem natürlich auch entzogen werden kann. Entzogen werden kann sie vom Innenministerium. Als Direktor oder Hauptabteilungsleiter muß man unbescholten sein. Unbescholtene Intellektuelle gibt es. Sie sind die Kronjuwelen des Staatssozialismus. Die Meinungsmacher müssen einen sechsten Sinn für etwaige Einbußen an Unbescholtenheit entwickeln.

Wenn alles gut geht, wenn der kommunistische Staatenorganismus durch Reformen neue Impulse erhält, dann ist die Intelligenz im Weg, im Weg allerdings immer nur bei der Ergreifung der eigenen Klassenmacht. Zusehends nähert sie sich dem Unerreichbaren. Tantalusqualen. Wirklich famos wäre diese Macht erst ohne die vielen Rücksichtnahmen, ja ohne die Angst. Was für ein Herrscher ist der, der fortwährend Angst hat? Tja, er ist eben, wie er ist.

Eine tatsächliche und nicht nur einladend illusorische Klassenmacht wird die Intelligenz nie erringen, weil die herrschende Ordnung, die politische Bürokratie, die Partei und das Innenministerium, von denen sie sich nicht unabhängig machen kann, ihr den Weg versperren. Im Fall einer Verbrüderung gibt es weniger Hindernisse. Allerdings gehen damit bestimmte Erwartungen einher, nämlich die Aufgabe der Unbefangenheit. Die Vereinigung zieht das Bekenntnis zur Korpsdisziplin nach sich. Den Status der Klassenmacht wird die Intelligenz, solange die Hegemonie des herrschenden kommunistischen Stands bestehenbleibt, niemals erreichen.

7.

Solange sich die Intelligenz auf dem Weg zur eigenen Klassenmacht befindet, unterliegt sie dem Diktat des herrschenden Stands. Ein legaler Intellektueller kann sein, wer sich nicht konsequent illoyal gegenüber den Normen des herrschenden Stands verhält. An erster Stelle der Norm stehen Zensur, kollektives Schweigen und aktualisiertes Ideologisieren der Wahrheit. Konsequentes Verletzen der Norm führt zum Ausschluß aus den Reihen der legalen, also staatlichen Intelligenz. Wer dies konsequent tut, auf den wartet ein Leben voller Beschwernisse, der unterzieht sich einer intellektuellen Selbstverstümmelung.

Glücklich, wer sich – beispielsweise wegen seines Berufs und wegen seiner Neigungen – nicht allzu sehr beschneiden muß. Manch einer allerdings weiß nicht einmal um seine Verstümmelung. Der Verstand ist sich dessen nicht immer bewußt, was er sich verbietet. Das politische Über-Ich verhüllt das Verbot mit einem moralischen Schleier. Entweder paßt du dich an, oder aber ein Intellektueller kannst du nicht sein. Warum eigentlich solltest du dich nicht anpassen? Doch ein Intellektueller, der nicht unabhängiger Bürger ist, ist nur ein Beamter, der sich ebenso wie der Soldat in den Verhältnissen der Unter- und Überordnung bewegt.

Betrachten wir die Angelegenheit aus dem Blickwinkel der intellektuellen Existenz, der kulturellen Infrastruktur und stellen in diesem Zusammenhang die Frage, woher der Intellektuelle sein Geld bezieht, dann läßt sich konstatieren, daß die Intelligenz im Staatssozialismus vom Staat lebt, und zwar um so besser, je loyaler sie sich dem Staat verschreibt.

8.

Die Elite der Elite, die unbescholtene Intelligenz, kann mit einem tätigen und ziemlich reich belohnten Leben rechnen, nach dessen Beendigung dann mit einem Staatsbegräbnis und vielleicht mit einer Marmorgedenktafel. Ist die Freude darüber angemessen, so muß nicht einmal das Flugticket aus der eigenen Tasche bezahlt werden. Je größer die Freude, desto mehr Anlaß wird es dazu geben. Es ist schon ein Unterschied, ob man im Namen einer Firma, einer Institution, letztlich im Namen des Staats zu verhandeln hat oder ob man nur so auf eigene Faust umherfliegt. Zur Normalität gehört ein staatlicher Auftrag.

Und dieser Zustand sollte möglichst lange erhalten bleiben. Denn für denjenigen, der dazugehört und oben ist, mag die Situation keineswegs allzu schrecklich sein. Schlechter ist es, außenstehend und unten zu sein. Wem es nicht angenehm ist, außenstehend und unten zu sein, der kann sein Verhalten ändern und eine Strategie verfolgen, die eventuell nach innen und oben führt. Diese Strategien sind erlernbar.

Den Außenstehenden gefällt die Sache weniger als den Dazugehörenden. Allerdings können sie sich damit trösten, daß der Systemkritiker, der Bürgerrechtsaktivist, der andersdenkende Dissident zwar behördlichen Beschränkungen unterliegt, dafür aber in seiner Rolle viel subkulturelle Innerlichkeit geboten bekommt. Ihre gewissermaßen schweflige Anrüchigkeit wird auch von denjenigen respektiert, die sich nicht darauf einlassen wollen.

Und wenn absolut nichts mehr zu machen ist, so kann der unzufriedene Intellektuelle in den Westen gehen, in die Welt des Geldes, wo er sich von Grund auf umerziehen muß, um sich anpassen zu können, denn dort wird nicht die Frage sein, ob er der Versuchung einer Karriere widerstehen soll, sondern die Schwierigkeit wird vielmehr darin bestehen, daß er der Versuchung hinterherjagen muß.

Wem es unmöglich ist, sich anzupassen, der kann auch die Strategie des Sich-Einspinnens verfolgen, der kann hinabsteigen in das geduldete Nicht-Bemerktwerden, in das Frührentnerdasein, in die tändelnde Harmlosigkeit, was sich zu einem lustigen Einsiedlerleben stilisieren und mit dem zunehmend seniler werdenden Fabulieren des alten Kämpfers, der sich an das Vergangene erinnert, umgeben läßt.

9.

Günstigenfalls reformiert sich der Kommunismus mit seinen Einparteiensystemen bis zu dem Punkt, da er an seine Tabugrenze, die demokratische Ablösbarkeit der Zentralmacht, stößt. Wir könnten auch sagen, an das Dogma der Zentralmacht, wonach diese von unten unablösbar sei. Das ist ein ebenso heiliges Prinzip wie die Samodershawi, die Autokratie der Zaren, die mit dem anderen Grundprinzip, der Narodnostj, der Volkstümlichkeit, ein und derselben Quelle entspringt, verbunden mit der rechtgläubigen Staatsreligion zu einer hehren Triade. Staatliche Willkürherrschaft, irgendeine populistische Kultur und die unantastbare Staatsreligion – eine Triade, von Zar Nikolaus I. mit Anspruch auf ewige Gültigkeit deklariert, und auch seine Nachfolger mußten nach dem Bruch von 1917 allmählich begreifen, daß an diesen drei Prinzipien festzuhalten war.

10.

Solange die politische Führung dank der Wachsamkeit des Machtapparats unablösbar, solange dieses Tabu unantastbar sein wird, solange wird die unglückselige Intelligenz unablässig auf dem Weg zur eigenen Klassenmacht bleiben, wird sie in dieser Richtung vorantippeln, ohne jemals ans Ziel zu gelangen, weil der politische Intellektuelle, der den Zusammenschluß seiner Klasse anstrebt, bestimmungsgemäß immer mehr Macht besitzt als der Fachintellektuelle, der imstande ist, die Integration zu zersetzen, weil er die Dinge in ihrer Besonderheit betrachtet.

Solange ein Einparteiensystem besteht, solange eine prinzipiell unteilbare und zentralisierte Herrschaft besteht, eine autoritäre Herrschaft, die nicht zwangsläufig eine Schreckensherrschaft sein muß, denn sie kann auch väterlich gütig sein, ohne ganz auf die Strenge zu verzichten, solange ist der Mensch ein Staatsmensch, der Intellektuelle ein Staatsintellektueller, das Kindergartenkind ein Staatskindergartenkind, der Philosoph ein Staatsphilosoph, solange kann der Intellektuelle eine sehr schöne Position bekleiden, unabhängig und mündig aber kann er nicht sein.

Rein hypothetisch könnten wir auch annehmen, daß das Einparteiensystem infolge bestimmter Veränderungen dem Mehrparteiensystem Platz macht und daß sich die politische Kultur einer geregelten Ablösbarkeit und Austauschbarkeit der Exekutive herausbilden würde. In diesem Fall werden auch von der politischen Bürokratie unabhängige Existenzen möglich sein. Dann wird der Intellektuelle ebenso wie alle anderen Bürger Rechtssicherheit und Rechtsbewußtsein besitzen. Dann wird er über das eigene kulturelle Kapital verfügen können. Im Fall solcher Veränderungen wird sein bürokratisches Ich allmählich schrumpfen, das bürgerliche Ich dagegen anschwellen.

Viele werden nach einer derartigen Veränderung jene wissenschaftliche Ratio, auf die sie sich in ihrer bisherigen Arbeit berufen haben, für irrational halten und als rational empfinden, was ihnen bisher als irrational erschienen ist. So beispielsweise die gewaltigen Kräfte des Weltmarkts, die den Reichen und Mächtigen im allgemeinen begünstigen, den Armen und Niedrigen dagegen nicht.

Nach einer solchen Veränderung wird die Intelligenz die aufgeblasenen und neureichen Unternehmer in ihren Villen zu Gesicht bekommen, den Kapitalisten, der in bestimmten literarisch-künstlerischen Produkten keine geschäftlichen Möglichkeiten erblickt. Und dann werden sich die Intellektuellen wegen des Amoralismus des Kapitals grämen. Mit schlechtem Gewissen werden sie schließlich die Trümmer des Kapitalismus betrachten, die Bettelarmen überall auf der Welt, und plötzlich kommt es ihnen in den Sinn, daß auch jene enge und ärmliche, jedoch ziemlich breit angelegte sozialistische Sicherheit etwas für sich hatte. Von Paris oder New York aus weiß man eher zu schätzen, daß fast alle Kinder einen Kindergartenplatz finden. Keine Kleinigkeit, wenn eine Frau unabhängig sein will, wenn sie sich für Kinder und Arbeit entscheidet. In der Welt des Geldes wird der Intellektuelle die selbstironische Bitterkeit der eigenen Machtlosigkeit erfahren.

Durstige und durstig bleibende Gesellschaft. Bei fehlender Macht träumt sie von ihr. Im Besitz der Macht graut ihr davor. Doch das, was ihren Durst tatsächlich löschen würde, die Einheit der göttlichen Prinzipien von Geist und Kraft, Allwissen und Allmacht, wird sie niemals erreichen können.

Seht nur, wie ernst und feierlich die sozialistischen Intellektuellen sind! Absolut keine Possenreißer. Volkstümliche Höflinge eines volkstümlichen Königs. Der König wird geläutert, der Höfling ebenfalls. Doch die Brust ist geschwollen, der Stil ist nicht aristokratisch, entspricht eher dem eines reichen Bauern. Gegenüber Anfängern, Damen und Schwächeren nur herablassend!

II.

In ihrem Verhalten sind die Demokraten weniger demokratisch, als sie es dem Wort nach sind. Die dem Wort nach Liberalen sind die Verkörperung althergebrachten vornehmen Getues und Hochmuts, manchmal die Versteinerungen plumper und zorniger Autoritätsgläubigkeit. Und erst die Nicht-Liberalen! Ich habe schon von einem Parteisekretär gehört, der seinen Untergebenen das Betreten des Flurs verbot, wenn er dort gerade entlangging. Ich habe schon von einem Parteisekretär gehört, der an einem Vormittag im Sommer das städtische Freibad räumen ließ, um allein schwimmen zu können.

Eine nicht ganz neuartige Ständezivilisation, eine ordnungserhaltende Ständezivilisation, mit enorm vielen traditionell-hierarchischen intuitiven Automatismen. Der General und der Feldwebel wollen dasselbe, ein Stand verbindet sie: der Soldatenstand. General und Feldwebel sind durch Befehlserteilung und Befehlsdurchführung, durch den Geist von Autorität und Gehorsam miteinander verbunden. Wer den Befehl verweigert, hat sich die Folgen selbst zuzuschreiben. In Friedenszeiten wird er aus der Armee entlassen, in Kriegszeiten hat er sein Leben verwirkt.

Auch die Ingenieure, Mechaniker und Arbeiter der Zensur befinden sich in einer vertikalen ständischen Zusammengehörigkeit. Auch die Priester bilden einen Stand, auch die Eisenbahner, auch die Parteimitglieder und auch die Pädagogen. In der Ständekultur meint man im allgemeinen, Wissen, Macht und Güte gehörten ursächlich zusammen. Durch diesen braven und fehlbaren Glauben wird das System am Leben erhalten. Einen echten Widerstand gegen den Kommunismus gibt es möglicherweise deshalb nicht, weil sich die Intellektuellen aus Kultur und Lenkung irgendwie mit den bestehenden Verhältnissen arrangiert haben.

Oben zu sein ist angenehm, die Beschneidung der Freiheit aber ist nicht angenehm. Und da ist das halbherzige Prahlen und Weinen des sozialistischen Intellektuellen, mit dem einen Auge weint und mit dem andern lacht er. Er gibt sich mit den kleinen Zusammenstößen zwischen Erfolg und Anständigkeit ab, er kommt damit zurecht, und somit kommt auch das System zurecht, es ist sogar beachtlich stabil. Es ist in der Lage, die eigene Machtstruktur zu reproduzieren und noch widerstandsfähiger zu machen. Es politisiert, und nicht einmal allzu schlecht.

Manchmal gerät das System in Krisen, schöne Worte nutzen in solchen Zeiten nichts, man ist gezwungen, eindringlich die dem Physischen schädlichen Metallinstrumente vorzuzeigen. Vorübergehend ist man gezwungen, auf den Glanz der ruhmreichen Einheit von Warmherzigkeit, Volkstümlichkeit und Macht zu verzichten. Doch sobald die Ruhestörung ein Ende gefunden hat, macht sich das System flugs ans Werk, seinen moralischen und intellektuellen Nimbus wiederherzustellen, und seine Selbstrechtfertigungen leitet es von den erhabensten kollektivpatriotischen Ideen ab, was natürlich nicht ohne intellektuelle Assistenz geht.

Es bedarf der Dienste von Schriftgelehrten, damit die Staatsbeamtenschaft euphorisch oder resigniert zu der realpolitischen Überzeugung gelangt, daß es keine andere Möglichkeit gibt, daß nur das getan werden kann, was sie gerade tut. Die Stabilität des Blocks ist gewährleistet, sein Wanken ist viel geringfügiger, als viele glauben möchten. Die Angelegenheiten befinden sich so oder so in intellektueller Hand. Der Intellektuelle kann durchaus auch unbegabt sein. Intellektueller ist er nicht dadurch, daß er kluge Dinge von sich gibt, sondern dadurch, daß er spricht. Er besitzt eine Genehmigung dafür, in Mikrofonnähe zu gelangen.

Der Adlige und der Bauer, der Bürger und der Arbeiter mochten klug und opferbereit, dumm und egoistisch gewesen sein, die Intelligenz fand sich gern damit ab, daß keiner von ihnen unschuldig war. Und wir Intellektuellen? Nun ja, auch wenn es die anderen nicht sind, wir sind unschuldig! Sobald jemand von uns irgendeine Schweinerei macht, verstoßen wir ihn. Er gehört nicht zu uns, sagen wir, er ist kein Intellektueller. Wir analysieren, uns analysiert man nicht.

12.

Warum muß die Intelligenz unschuldig sein? Sie ist es nicht. Gegenwärtig schicken persische Geistliche Halbwüchsige zu Zehntausenden auf die Schlachtbank. Und diese Knaben sind erfüllt vom Heldenpathos und dem Glauben an eine heilige Sache, bevor sie in den sicheren Tod rennen. Wo das Morden vonstatten geht, dort stoßen wir im Hintergrund auf eine Intelligenz, die als Ideologieträger jenes Mordens funktioniert. Jegliche Todesfabrik besaß ein geistiges Fundament.

Die Inquisition gehört ebenso zur Geschichte der Intelligenz wie die Entdeckungen, nicht nur das Schöpferische ist Bestandteil dieser Geschichte, sondern auch Zucht und Ordnung, nicht nur die Freiheitsbewegungen, sondern auch die wild um sich schlagende Reaktion. Nichts, was ohne uns geschehen wäre! Liberalismus, Kommunismus, Faschismus hatten ihre eigene Intelligenz. Auch die Emanzipation der Intelligenz wird ihre eigene Intelligenz haben.

Wer hat die Weltliteratur hervorgebracht, die Mathematik, die Musik? Nicht wir? Nicht die wahren Intellektuellen im klassischen Wortsinn? Wäre es nicht angebracht, unsere Aufmerksamkeit auf die andere Seite des Januskopfes zu lenken, auf den hochfliegenden, den transzendenten, wenn wir nun schon auf den historisch-genetischen so viel desillusionierende Skepsis verwendet haben? Zeigt sich darin nicht ein rauher Materialismus, wenn diese geheimnisvolle geistige Fähigkeit zum Schöpferischen in die groben Realien von Macht und Reichtum herabgezogen wird?

Eine Kultur existiert, weil es eine geistige Transzendenz gab. Nein? Doch. Weil der Verstand und das Ahnen die eigenen Schranken überwanden, der Schöpfer seine Ängste, der Wissenschaftler seine Voreingenommenheit, weil sich die Genies gegen die eigenen Interessen wandten, weil sie sich nicht nur zu einem Minderheitendasein bekannten, sondern auch die Vereinsamung auf sich nahmen und darüber hinaus sogar noch unangenehmere Konsequenzen, nur um nicht ihre wichtigsten geistigen Erkenntnisse verleugnen zu müssen. War es etwa nicht so? Genau so war es.

Ließe sich dann nicht behaupten, daß die wahre Geschichte der Schriftsteller nicht ihr Verrat, sondern die Geschichte ihrer Standhaftigkeit sei? Ja, das ließe sich behaupten. Eine einzigartige, permanente und schwierige Historie, die Befreiung des kreativen Bewußtseins von seinen Abhängigkeiten und Ängsten. Es gab nicht nur eine kirchliche Zensur, sondern auch eine bahnbrechende Mystik, systembildende Scholastik und berauschende Freidenkerei. Nicht nur vorsichtige Bedeutungslosigkeit, sondern auch unbeherrschte Wahrheitsliebe. Nicht nur die Macht des Status, sondern auch die Macht der Schönheit.

13.

Der Versuch, mit der Macht fertig zu werden – das Abenteuer der Intelligenz in der Geschichte. Welche Rollen nahm sie an, um überleben zu können? Und welchen Anstrengungen unterzog sie sich, um diese Macht, die sie besorgt und verunsichert beobachten mußte, wenn sie sich schon nicht ungeschehen machen ließ, nun ja, zu erringen?

Ich möchte auch diesen Gestus vollkommen verständlich machen und nicht als Paradigma des Sündenfalls darstellen. In der Zeit der beiden großen gesellschaftlichen Wenden, als die Idee des Sozialismus die ungarische Intelligenz zu verzaubern vermochte, war die ungarische Intelligenz mit zwei absoluten Skandalen konfrontiert worden, mit dem Ersten und dem Zweiten Weltkrieg, einer Unmenge von Morden, wofür die konservativen Mächte verantwortlich waren. Mächte, die eher einen Großgrundbesitzer, einen Großindustriellen brauchten als einen Intellektuellen. Beide Male mochten die ernsthaften Intellektuellen den Eindruck gehabt haben, daß man es schlechter gar nicht hätte machen können, als es die Welt ohne sie bisher gemacht hatte. Vielleicht sollten sie die Dinge selbst in die Hand nehmen. Denn wie sie sich bisher entwickelt haben, das ist eine Schande. Die Politik der Herrenklasse mündete in zwei Kriegsniederlagen und unendlich viele Massengräber. Die Intelligenz war bisher von der Politik ferngehalten worden – und was hatte man damit erreicht?

Die Intelligenz wollte nicht länger vom herrschenden Stand abhängen, der sich aus seiner Herkunft, der Zugehörigkeit zum Beamtentum, zum Militär oder zum kapitalistischen Bürgertum erklärte, und versuchte es mit dem wissenschaftlichen Sozialismus. Lieber wollten sie selbst die Herren sein, denn die bisherigen Herren waren dumm und schlecht. Es gehört zur historischen Wahrheit, daß auch der Sozialismus in kommunistischer Gestalt eine große Versuchung bedeutete, als er für die jungen Intellektuellen neu war. Die Jugend von heute lacht über das, was die damalige Jugend geschrieben und gedacht hat, doch auch jene hätte vermutlich ähnlich geschrieben und gedacht, hätte sie damals gelebt.

14.

Der Versuch läßt zu wünschen übrig. Die einstigen radikalen Antikapitalisten entdecken die Vorteile der Marktwirtschaft und nehmen zur Kenntnis, daß sich die unerwarteten Bewegungen der Wirtschaft vom wissenschaftlichen Geist nicht nur nicht planen und lenken, sondern noch nicht einmal so richtig verstehen lassen. Denn sämtliche Menschen planen kann man einfach nicht. Der menschliche Wille ist nicht einmal in einer Willkürherrschaft planmäßig zu erfassen, und erst recht nicht ohne absolute Machtausübung. Es beginnt mit dem Plan als Gesetz, dann geht es weiter mit den Entwicklungstendenzen, der Futurologie, der Prognostik, später mit dem Überdruß am ganzen futuristischen Interventionismus, an der ganzen intellektuellen Überheblichkeit. Im Staatssozialismus treten liberale und bürgerliche Werte auf.

In Privatgesprächen höre ich: Was ist besser, der konservative Liberalismus oder der sozialdemokratische (Volkswohlfahrt und Umverteilung) Liberalismus? In welcher Zusammensetzung und Organisation würde eine staatlich-private Mischwirtschaft funktionieren, die gewiß produktiver wäre als jene von Krisen geplagte Wirtschaft, sollte man auf eine reine Staatswirtschaft verzichten? Die Unproduktivität der Staatswirtschaft ist ein Gemeinplatz geworden. In Gesellschaft wird über einen Modus vivendi zwischen Redistribution der ökonomischen Zuwachsraten und Monetarismus diskutiert.

Das hieße Abschied nehmen von der Klassenmacht der Intelligenz, von deren Disziplin und Ständeordnung die Staatsintelligenz, die in ihrem Denken eine bürgerliche Entwicklung durchmacht, sich allmählich freimachen möchte. Wehen Herzens verzichtet die geistig geführte Gesellschaft auf ihre Utopie, die einer an Idealen ausgerichteten Literaturstunde in einem Gymnasium gleichkam. Der Lehrer spricht, fragt, und in ihm vereinen sich Begeisterung und Sachkenntnis. Nun ja, es hat nicht sollen sein. Die Intelligenz hat allen Grund zur Selbstreflexion. Das ständige Vertagen der Selbstreflexion, verbunden mit dem anklagenden Hinweis auf die Zensur, ist außerordentlich langweilig und provinziell.

Er habe gut geschwiegen, sagt der eine. Niemals habe er etwas gesagt, was denen geschmeichelt hätte, so der andere. Anspielungen habe er gemacht, sagt der dritte, ob ich nicht bemerkt hätte, wie er denen im dritten Kapitel die Meinung gesagt habe. Der vierte habe spöttische Bemerkungen gemacht, viele hätten herzhaft darüber gelacht, und das sei geduldet worden. Der fünfte habe sie sowohl gelobt als auch kritisiert, ausgewogen. Und der sechste habe sie hauptsächlich angegriffen, und zwar immer entsprechend den gegebenen Möglichkeiten. Man müsse die Dinge reif werden lassen. Worin, meine Herren, bestand dann überhaupt das Problem? Schließlich hat sich ein jeder großartig verhalten! So schlecht kann die Welt doch nicht gewesen sein, wenn sich darin Möglichkeiten zu solch phantastischem Verhalten geboten haben. Was alles wird man davon erzählen können! Die, sie, wer ist das eigentlich?

15.

Sollte es auf unserem Erdteil noch eine blockfreie Periode geben, in der jedermann zeigt, was er kann, wird die Intelligenz eine Elitegruppe unter den anderen sein, und sie selbst wird auch nicht so an der Allgemeinheit ausgerichtet oder aufgewiegelt sein, weil es verschiedene Grundkonflikte geben wird, nicht nur diesen einen, der uns alle heute so unausweichlich und bedrückend beschäftigt: die Übermacht des Staates gegenüber der Gesellschaft. Dann werden sich die Interessen und die Ideen in unterschiedlichen Alternativen organisieren. Dann wird die Intelligenz Bestandteil einer pluralistischen Elite werden. Der eine wird dazugehören, der andere nicht, je nachdem, wozu er fähig ist.

Jede Gesellschaft hat ihre eigene moralische Dunstwolke. Soviel können wir sagen: Die Kollektivmoral fühlt sich vor allem im Staatssozialismus zu Hause, die Individualmoral dagegen vor allem im liberalen Kapitalismus. Schwerfälligkeit und Kollektivmoral, vielerlei, was über die Herkunft hinausgeht, veranlaßt den ungarischen Intellektuellen zum Bleiben, nicht in den Westen überzusiedeln, obwohl er die Möglichkeit dazu so oder so hätte. Wenn er nun schon einmal hier ist in Ungarn, beteiligt er sich am öffentlichen Leben. Wenn er nun schon hier ist, nimmt er Stellung. In der Staatsideologie würde er gern ein bißchen nationalere, ein bißchen reformistischere, ein bißchen sozialpolitischere Akzente setzen.

Auch die Staatskultur ist öffentliches Leben, in dem viele sich gern tummeln. Wer hier lebt, kann sich nur schwer solchen Aufregungen entziehen, die durch bevorstehende personelle Veränderungen dort oben sich ergeben. Die ungestümsten Konflikte sind im Staatssozialismus die personellen Konflikte. Hinter dem Rücken der kommunistischen Oligarchen, die in der Öffentlichkeit ihre Rivalitäten um die Spitzenpositionen verdeckt austragen, versammelt sich die Klientel, unter der sich Humanisten und auch Spielleute befinden.

Nach den Wendungen der Personalschlachten, den Stellungswechseln der Barone kann man betrübt sein oder in Jubel ausbrechen, je nachdem, ob der Stern unseres Schutzschilds und Patrons gestiegen oder gesunken ist. Der größere Teil intellektueller Energien wird durch diese öffentlichen Angelegenheiten gebunden. Wenn nichts anderes, dann ist der Spott angebracht. Und das um so mehr, als die Kämpen ihr Turnier nicht vor den Fernsehkameras austragen und das öffentliche Leben in den Gerüchteküchen stattfindet. Angesichts der Leidenschaftlichkeit dieses Engagements ist anzunehmen, daß sich die Beteiligten dabei ebenso wohlfühlen wie die Schlachtenbummler der Fußballvereine bei ihrem Zeitvertreib. Und wer nicht fasziniert Partei ergreifen kann, der findet am Spiel als solchem Gefallen als eine Art Kulturanthropologe.

Dadurch ist freilich das Bewußtsein der Intelligenz immer weniger kosmopolitisch und immer deutlicher nationalstaatlich geprägt. Pro und Kontra, je mehr wir vom eigenen Nationalstaat durchdrungen sind, desto nationalstaatlicher sind wir auch.

Als Gedankenexperiment erlauben wir uns jenes Axiom, daß dieses System hier und jetzt das beste der existierenden Systeme sei. Wenn es an dem ist, so erhebt sich die Frage nach dem Warum. Weil dieses System auf so reiche Traditionen zurückblicken kann? Weil es nicht die Herrschaft der Klassenorganisation ist, sondern der Ständeorganisation? Weshalb sollten wir die Ständeorganisation für eine überholte und kraftlose Form aus der Vergangenheit halten? Japans Stärke besteht gerade darin, daß es die Klassenorganisation einem funktional-traditionell-korporativen Ständeverband untergeordnet hat.

Die Klassenorganisation ist die horizontale Integration: siehe Kapitalisten und Proletarier, horizontale Ebenen übereinander und gegeneinander (siehe die knappe Geschichtsphilosophie des *Kommunistischen Manifests*: oben und unten, Unterdrücker und Unterdrückte).

Die Ständeorganisation ist die vertikale Integration. Armee, Bürokratie, japanischer Konzern, internationales Großunternehmen, ausschließlicher Herrschaftsanspruch einer Partei. Gemeinsame Normen von der Spitze bis zum Sockel, die die höchsten und die niedrigsten Standesangehörigen nicht nur miteinander verbinden, sondern gelegentlich Rivalitäten zu Mitgliedern anderer ständisch-vertikaler Integrationen schafft. Den Justizminister und den Gefängnisaufseher vereint deren entwickeltes Gerechtigkeitsempfinden. Je virulenter der Nationalismus ist, ein desto streitbareres Gemeinschaftsgefühl besteht zwischen General und Soldat.

Im Ersten Weltkrieg stellte sich heraus, daß die vertikale Integration stärker war als die horizontale. Letztens zeigte es sich in Polen: Die Armee (die Söhne der Gesellschaft) besiegte die Gesellschaft. Die Stärke der Ständeorganisation kann nicht hoch genug eingeschätzt werden. In unserer Region könnte man mit besonderem Recht sagen, daß sich die Menschen gern an der Obrigkeit orientieren. Je weiter wir nach Osten gelangen, desto eher ist dies der Fall.

16.

Unsere Länder sind Distrikte des Blockstaats. Der König ist gestorben, es lebe der König. An den jungen Führer des Blockstaats werden große Erwartungen geknüpft. Sollte uns die Morgenröte einer neuen Epoche leuchten? Die wichtigsten Daten bei Hofe sind die Krönungen und die Beerdigungen. Daß er in einer höfischen Kultur lebt, sagt dem Höfling nicht viel; der Hof ist für ihn das, was für den Fisch das Wasser. Darin ist er zu Hause. Die Intelligenz kann bei Hofe eine sehr ehrenwerte Rolle spielen, wenn sie höfischem Geist und Zeremoniell die entsprechende Achtung erweist. Hält sie sich daran nicht, so wird man sie vermutlich meiden, und dann kann sie sich den Murrköpfen zugesellen. Die Figur des bei Hof glänzenden oder im Verlies seufzenden Dichters ist uns sagenhaft sympathisch. Wir sind kostümierte Filmgestalten.

Ich würde also sagen, parallel zum Wettkampf von monetärer und machtbezogener Regelung ringen die Klassen- und die Ständeorganisation miteinander. In der jüngsten ungarischen Vergangenheit beispielsweise, in der Reformzeit, gefiel sich der liberale Adel in der Rolle des Ritters der Verbürgerlichung, der Klassenorganisation. Seine Nachfolgerin allerdings, die verarmte Gentry, klammerte sich an die restlichen Ständeprivilegien oder, genauer gesagt, an den Ständegeist. Vielleicht tat sie dies auch deshalb, weil sie den Wettlauf mit den schnellen Juden aufgegeben hatte, sie hatte es nicht so eilig wie diese. Dadurch war die Lebensweise der Gentry als Selbstzweck, dieser die eigene Dekadenz dezent bewußt genießende Stil, schon eher annehmbar. Proletarier? War auch das irgendeine jüdische Erfindung?

West-Klassen-Markt-Warenkultur. Ost-Stände-Behörden-Staatskultur. Irgendwie so gehören die Dinge zusammen. Nur unter Beibehaltung der Ständeorganisation hat die Intelligenz eine Chance, Klassenmacht zu erringen. Sie bemüht sich darum, tatsächlich eine Klasse zu werden. Was sie nicht erreichen kann, weil ihr der herrschende Stand, die politische Bürokratie, im

Weg ist.

Und siehe: Auf einen Zauberschlag ist die Ständeorganisation unterlegen. Wie sonderbar. Was geschieht nun? Nichts steht mehr der Intelligenz im Weg. Doch auch sie steht den anderen nicht mehr im Weg. Und die anderen kommen und drängen mit aller Entschlossenheit in die Reihen der Elite.

Sollte die Klassenorganisation siegen, dann kann die Intelligenz keine Klassenmacht erringen. Im bürgerlichen Mittelstand kann sie nur einer unter vielen sein. Aber warum sollten wir nicht einer unter vielen sein?

Heute jedenfalls sind wir noch hier in der Welt der abgerungenen Loyalität, spöttischer Loyalität, Augen verschließender Loyalität. In dieser ständisch-höfischen Kultur, in der die wichtigste literarische Gattung der Nekrolog ist. Würde die Intelligenz die Ständeordnung überwinden, würde sie ihre eigene bürgerlich demokratische Revolution gegen die staatssozialistischen Ständeverhältnisse machen, damit es anderthalb Jahrhunderte nach Petöfi und Miczkiewicz in Mitteleuropa keine Zensur mehr gibt, dann könnte auch sie zugleich ein Bestandteil des Bürgertums werden. Dann würde die pluralistische Elite einer auf dem Geldverkehr (nicht auf dem Direktivenverkehr) basierenden Gesellschaft auftreten. Wer weiß, was für den armen schwankenden Intellektuellen besser wäre? Möglicherweise würde er dort besser fahren. Aber wer weiß das schon? Und was ist, wenn es nicht an dem ist? In der neuen Gesellschaft ist er unerfahren, in der alten dagegen kennt er sich aus. Der Weg zum Herzen des Bezirksparteisekretärs ist ihm bekannt. Jede Formation ist ein eigentümlicher Strauß aus den Blumen von Frustration und Tröstung.

17.

Unbestreitbar ist die Zensur etwas Frustrierendes. Was ist Zensur überhaupt? Die Wahrung ständischer Loyalität. Das Ethos der Loyalität ist die offizielle Kultur. Oder noch eher vielerlei Modi vivendi mit dem Ethos der Loyalität. Über die höfischen

Rollen hinaus ist die Chronik der Antizensurbeschwerde, der polizeilichen Beeinträchtigungen vorstellbar, die Enthüllung der Willkürherrschaft am äußersten Dorfrand, außerhalb des Festungswalls. Wir können uns natürlich allesamt auch als dazugehörig betrachten, als lächelnde oder murrende, mit republikanischen Ideen kokettierende Höflinge. Eine unabhängige Klassenorganisation (zum Beispiel Solidarność) ist nicht möglich, eine unabhängige Ständeorganisation (Kirche) dagegen wohl.

Die prawoslawische orthodoxe Kirche weist mit ihrem Beispiel darauf hin, daß sie in der Lage ist, sich der bürokratischen Ständeikonographie anzupassen. Bei der Beerdigung des Generalsekretärs der Partei ist der Patriarch zugegen. Militärmusik, Paradeschritt, düsterer Pomp, Saal mit Marmorfußboden und venezianischen Kronleuchtern, unsere traditionsverhafteten Instinkte muß es nicht grausen vor revolutionärer Brutalität und Zerstörung der Formen. Wir haben es mit einer Kultur zu tun, in der wieder alles seine Form hat. Die große Frage ist die, welche Verbindung im gesamten Block zwischen dynamischer Verbürgerlichung und statischer Ständeorganisation entsteht.

Der Marktrationalismus greift zweifellos um sich, in kritischen Fragen aber ist er gezwungen, sich den Aspekten ständischer Stabilität und den in den Institutionen verkörperten Ständeverhältnissen zu unterwerfen. Sie bestimmen, wer am Wettkampf teilnehmen darf, sie ernennen den Turnierspieler, eigentlich auch den Sieger und den Verlierer.

Solange wir Bestandteil des Blockstaats sind, kann sich die Gesellschaft nur mit Reformen und Gesetzesverletzungen trösten. Die Intelligenz bläst zu Reformen und zur Dezentralisierung, der beim Staat angestellte Chauffeur, unterwegs mit einer schwarzen Fuhre, und der Oberwachtmeister praktizieren die im Zeichen der Selbstverteidigung populäre Korruption, die eigentlich eine sehr bezeichnende Form volkstümlicher Solidarität der Klassenorganisation, der neuen Arbeiterklasse ist. Loyal gegenüber der Obrigkeit sind weder der Lastkraftwagenfahrer noch der kontrollierende Oberwachtmeister. Im Frachtbrief steckt Geld, zwecks Geleit nimmt der Polizist vermutlich auf dem Lastwagen Platz. Zweimal Wegzoll zu erheben gehört sich nicht. So mochte die Sicherheit der Handelswege in der guten alten Zeit ausgesehen haben. Doch zur versprochenen Zeit wird die Fuhre zum kontrollierten mitteleuropäischen Marktpreis beim Baustoffbesteller sein.

18.

Die zweite große Welle ostmitteleuropäischer Verbürgerlichung (nach der Verbürgerlichung der städtischen Schichten) nahm im zwanzigsten Jahrhundert ihren Aufschwung, und im Vergleich zum Westen handelte es sich um eine mit hundert Jahren Verspätung einsetzende bürgerliche Entwicklung der Bauern. Deren Fortsetzung ist eine Verbürgerlichung des Volks von unten. Die Auftriebskraft zur Verbürgerlichung kommt ironischerweise aus der mobilen Schicht der Arbeiterklasse. Wozu durch die genossenschaftliche Betriebsreform auch die Bauernschaft gehört. Die realistischsten Kleinunternehmer in Ungarn gehen heute aus der Arbeiter- und Bauernklasse hervor. Nicht proletarisieren wollen sie sich, sondern verbürgerlichen, wenigstens aber verkleinbürgerlichen. Nicht unbedingt durch den Schulbesuch. Das eine Kind absolviert die Universität, das andere baut irgendein kleines Geschäft auf. Wer weiß, wer es zu mehr bringt? So oder so schließen sich auch die geschäftstüchtigeren Intellektuellen dem neuen Trend an, sie liebäugeln mit den Möglichkeiten, die sie in den geschäftlichen Unternehmungen erblicken, denn eine Existenz ohne Chef, ein Selbständigendasein erscheint ihnen als etwas Verlockendes. Doch der Konstrukteur, der bisher ganz Geist im makellosen weißen Kittel war, muß sich jetzt in einen Schichtführer oder Vorarbeiter in blauer Arbeitsmontur verwandeln, mit einem Wort in einen physisch Arbeitenden. Ein ziemlich interessantes Abenteuer. An der Grenze zwischen Intelligenz und Arbeiterklasse, in der Kontaktzone entwickeln sich neuartige gesellschaftliche Phänomene. Aus dieser Zone ist auch die polnische Solidarność hervorgegangen. Ihre Aktivisten waren gelernte Arbeiter, die Techniker angehende Intellektuelle. Möglicherweise erproben die gleichen Aktivisten in Ungarn im Rahmen der Schattenwirtschaft ihre Begabung und Beharrlichkeit. Sie sind die Neubürger. Sozialistische Bürger.

Im Kreis der kleinen Intellektuellen, im Kreis der Anfänger und Unterprivilegierten, im Kreis der fast Machtlosen lagern explosive politische Energien. Diese Schicht sucht ungeduldig ihren Weg, das bestehende Wertesystem verwirrt sie zutiefst, der Hunger nach anderen Wertvorstellungen ist enorm, da die herrschenden Wertnormen nicht befriedigen können.

Dieser Quelle entstammt jener stramme und ernste Mann so um die Dreißig, mit Schnauzbart und leichten Bauchansatz. Mit seinem Auto hetzt er in der Gegend umher, ist geschäftig, nachts verpraßt er unter Umständen in der Bar viel Geld, dann beherrscht er sich, spart, baut, rettet sein Geld durch Immobilienkäufe, bedenkt man, wieviel er dafür schuften muß, könnte er sich fast einen Palast errichten. Diese Schicht auf dem Weg zur Verbürgerlichung hat die unentbehrlichen Existenzbedingungen für die bürgerliche Daseinsform, die private Sphäre geschaffen, das Haus, das private Zuhause, wo es Platz gibt für individuelle Gewohnheiten, Verfeinerung und auch Bildung. Offensichtlich haben wir es hier mit der dynamischsten Schicht der ungarischen Gesellschaft von heute zu tun.

Auch Intellektuelle nehmen an dieser Umstrukturierung teil. Auch zahlreiche höfische Mandarine verfolgen die Entwicklung mit Sympathie. Direkte Teilnahme aber ist am ehesten von den marginalen Intellektuellen zu erwarten. Der gesamte Samisdat ist die Überwindung des Unterschieds von körperlicher und geistiger Arbeit. Mit einem Wort Druckaktionen, Hast, Organisation, Marktüberlegungen, Mobilität und Risiko. Auch physisches Risiko. Die Psychotechniken der Angstbekämpfung, des mit Angst einhergehenden Zusammenlebens.

19.

Die Verflechtung von Opposition und Schattenwirtschaft vollzieht sich trotz polizeilicher Beschränkungen. Man kann sagen, daß sich die marginale Intelligenz in ihrer Existenzweise dieser sozialistischen Verbürgerlichung annähert. Für viele Arbeiter und kleine Intellektuelle ist dies der Weg des Aufschwungs, die praktische Verbürgerlichung. Die Tatsache, daß sie ihre Existenz durch Arbeit für den Privatsektor bestreiten, gibt dem Intelligenzbegriff einen neuen Aspekt. Man muß nicht unbedingt Mandarin oder Höfling sein, um als Intellektueller zu gelten. In Prag, Warschau und Budapest leben ziemlich viele begabte Intellektuelle, die ihr Brot nicht als Staatsintellektuelle verdienen, trotzdem aber hören sie nicht auf, Intellektuelle zu sein.

Ich will nicht behaupten, daß von hier die beachtenswertesten geistigen Werke kommen, ich begnüge mich lieber mit der Feststellung, daß die bürgerlichen Werte, die sich auf natürlichem Weg mit den Werten der liberalen Demokratie oder des demokratischen Sozialismus verbinden, gegenüber den bürokratischen Werten innerhalb der Gesamtintelligenz an Bedeutung zunehmen.

Vom Kompromiß der Weltmächte hängt es ab, wie sich unser Schicksal im östlichen Mitteleuropa gestalten wird. Finden wir uns hier und jetzt damit ab, daß die gegensätzlichen Tendenzen bürgerlicher Klassenorganisation und staatlicher Ständeorganisation von Land zu Land unterschiedliche Kräfteverhältnisse aufweisen. Hier in Budapest fällt die Interferenz dieser beiden Paradigmen gegenwärtig noch ziemlich ins Auge. Welches Muster wird dominieren? Wir wissen es nicht. Es hat den Anschein, daß diese Gärung der Werte ein interessantes kulturelles Phänomen und ein wichtiger soziologischer Gegenstand ist.

Nachdem wir Intellektuelle uns allmählich als einigermaßen ausgefallene gesellschaftliche Gruppe erkennen, die ihre eigenen Interessen, ideologischen Macht- und Gegenmachtaspirationen hat, könnten wir auch über unsere Geschichte in dem

Sinne nachdenken, welches – über das Einstehen für so viele edle Ziele hinaus, über das Eintreten für so viele andere hinaus – unser eigenes Interesse und unsere sozusagen intime Philosophie gewesen sein mag.

20.

Gleichgültig war uns die Macht nie. Wir forderten Geld von ihr, allerdings machte sie uns auch angst. Welches ist unser Interesse? Daß wir anständig leben können und keine Angst haben müssen vor der Aufnahme unserer künstlerisch-intellektuellen Produkte. Daß wir ihretwegen keine physischen Freiheitseinschränkungen erleiden müssen. Die wahre Macht der Intelligenz besteht nicht darin, daß sie die eigenen Werte den anderen polizeilich aufzwingen kann. Wenn jene Gesellschaft nicht so wissenschaftlich ausgerichtet sein wird, mein Gott, dann wird sie eben nicht so schrecklich wissenschaftlich sein! Im Besitz von Klassenmacht wird auch die Intelligenz deren Gefangene sein. Man könnte sagen, ein guter Zustand für die Intelligenz ist es, wenn sie keinerlei physische Macht besitzt, jedoch auch über sie keinerlei physische Macht ausgeübt wird. Wenn weder sie ihre Ideen anderen aufzwingen kann, noch andererseits ihr Ideen aufgezwungen oder ihr Ideen verboten werden können. Die Macht der Intelligenz besteht in der eigenen Autonomie. Zu einer geistigen Macht wird die Intelligenz in dem Maß, wie sie sich die Unabhängigkeit gegenüber jeglicher Macht erkämpft hat.

Markt und Umverteilung sind in dem Umfang erforderlich, daß man vor Zensur und Polizei keine Angst haben muß, allerdings bei gleichzeitiger Sicherstellung der akademischen Existenzgrundlage. Nach so vielen zweifelhaften Experimenten kann sich die Intelligenz mit ihrer symbolisch-intellektuellen Macht zufriedengeben. Mehr zu wollen bekommt ihr schlecht. Ihr Medium sind die verschiedenen Öffentlichkeiten und öffentlichen Meinungen. Verteidigt sie sich aber nicht, dann bekommt sie entweder einen Maulkorb umgehängt, oder sie wird ständig von finanziellen Sorgen erdrückt. Eine mündige Klasse – sie kennt und verteidigt die eigenen Interessen, ohne sie zu übertreiben. Geschütztes Interesse bedeutet auch Macht, nicht aber Machtvollkommenheit und Klassenmacht. Irgendeine Art von Gruppenmacht. Prosaische Angelegenheiten, wenig Dramatisches. Der Wert geistiger Leistungen wird weder gesteigert noch gemindert durch das, was die Regierung dazu sagt, denn die Regierung hat damit absolut nichts zu tun. Die Subventionierung ist nicht an die Zensur gebunden. Zählen tut nur, was in jemandem steckt, und nicht das viele Geschrei um ihn. Eine Katze kann sich anstellen, wie sie will, dennoch wird es ihr nicht gelingen, drinnen und draußen zugleich eine Maus zu fangen.

Entwurf eines mitteleuropäischen Selbstbildnisses

1.

Was kann die anderen Europäer an der mitteleuropäischen Literatur interessieren? Je weniger du davon kennst, desto uninteressanter ist sie. So geht es mir mit Budapest, schon seit Jahrzehnten lebe ich dort, dennoch würde ich nicht zu behaupten wagen, die Stadt zu kennen. Auch die anderen Budapester besitzen Geheimnisse und Kenntnisse, die niemals mir gehören werden. So klug kannst du hier nicht sein, daß du einen jeden hinters Licht führen könntest. Es genügt, die anderen aufmerksam zu beobachten, um unsere Überheblichkeit zu dämpfen.

Wer hierherkommt und sich umsieht, wer nicht einmal einen Monat in Budapest verbringt und schon ein Buch darüber schreibt, der könnte unsere Stadt für sich als erledigt abhaken, der muß anderswohin hasten, sagen wir eben nach Prag, um eilends auch dieses beschreiben zu können, um fertig zu werden mit der kommerziellen Klischeekollektion über Mitteleuropa.

2.

Die Strafe für die vielen Vorzüge dessen, was wir im allgemeinen westlich nennen, ist das übereilte Klischee. Aus der ökonomischen Zeitnutzung resultiert eine angenehme Oberflächlichkeit. Es genügt, die Stereotypen der Zeitungen durch wenige Nuancen abwechslungsreicher zu gestalten, und schon wird der Bericht authentisch. Die Sehnsucht des schnellen Unpersönlichen nach dem langsamen Persönlichen findet darin ihren Niederschlag.

Wer Mitteleuropa aufsucht, der bewegt sich in seiner eigenen Kriegsvergangenheit. In der östlichen Hälfte Europas gibt es kriegswirtschaftliche Mangelerscheinungen, ziemlich zufällige und irrationale Mängel. Es gibt Sehnsüchte, es gibt Unzufriedenheit und Bitterkeit, womit ein Bürger des Westens sich nicht auseinandersetzen muß. Es gibt ein Ausgeliefertsein, das ein westlicher Schriftsteller nicht durchmachen muß. Es gibt ein enges Umgrenztsein, woraus auszubrechen kaum möglich ist. Die Literatur ist ein Ausbruchsversuch.

3.

Zum gegenseitigen Verständnis ist Toleranz nicht ausreichend, zum gegenseitigen Verständnis bedarf es der Komplizenschaft. Nur im Zusammenleben können wir unsere Grunderfahrung miteinander teilen. Zum Verständnis für Mitteleuropa ist ein Ausflug nicht ausreichend. Als Ungar, der es ein bißchen leichter hat als die Nachbarn, war ich in einem Nachbarland schon ein Onkel aus Amerika. Erst mit einer kleinen Verzögerung wurde ich mir dessen bewußt, daß ich eine Karikatur bin. Ich behaupte nicht, daß das Bessere in dem zu sehen sei, dem es schlechter gehe. Doch ich behaupte auch nicht, daß das Bessere in dem zu sehen sei, dem es besser gehe.

Im Delirium der Veränderung leben wir nicht. Wir machen nicht die Erfahrung, daß sich alles in schwindelerregendem Tempo verändert. Wir machen ausgerechnet die Erfahrung, daß die wesentlichen Dinge sogar sehr beständig sind. Das wesentliche Zuhause, die wesentlichen Freundschaften und Fragestellungen. Allerlei hat sich gewandelt in unserem Leben, am meisten aber verändert sich die Oberfläche. Zu je tieferen Schichten wir vordringen, desto illusorischer, ja vielleicht sogar grotesker ist die Veränderung.

Allzu sehr verändert sich die Lebensdauer des Menschen nicht, durch Hast läßt sie sich nicht strecken. Auch wer es eilig hat mit dem Leben, lebt nicht länger, lediglich abstrakter, mit den zum reichen Warenangebot und zu den bürgerlichen Freiheitsrechten passenden Beklemmungen. Der Narzißmus westlichen Typs prädestiniert für eine andere Art von Neurose und Einsamkeit als der Narzißmus ost-mitteleuropäischen Typs. Unsere Belastung ist die Staatskultur, ihr Kreuz ist das einladende, gaumenkitzelnde, farbenfrohe und raffinierte Klischee. Der schockierende Gemeinplatz. Niemand kann restlos gut fahren, niemand kann der Stunde der Abrechnung entfliehen.

4.

Wir sind die armen Verwandten, wir sind die Eingeborenen, wir sind die Abgerissenen, die Zurückgebliebenen, die Verstümmelten, die Törichten, die Stibitzenden, die Pumper, die Schmarotzer, die Gauner, die Tölpel, die Empfindsamen, die Altmodischen, die Kindischen, die Uninformierten, die Verwirrten, die Volltönenden, die Raffinierten, die Unberechenbaren, die Liederjane, die auf Briefe nicht Antwortenden, die große Chancen nicht Wahrnehmenden, die Trunkenbolde, die Schwätzer, die Herumlungernden, die Termine Nicht-Einhaltenden, die Versprechen Vergessenden, die Prahlhänse, die Unreifen, die Monströsen, die Undisziplinierten, die Beleidigten, die sich gegenseitig Kränkenden, die sich vergebens nach Trennung Sehnenden, wir sind schuld, wir sind Murrköpfe, an krumme Wege gewöhnt, die vom Mißerfolg Berauschten. Wir machen Ärger, wir übertreiben, wir bereiten Kummer, wir sind gewissermaßen unglücklich. Mit uns wird umgesprungen, wir sind billige Arbeitskräfte, unser Bafel wird uns zu Niedrigstpreisen abgenommen, uns schenkt man bereits gelesene Zeitungen, von uns kommen häßlich getippte Briefe mit überflüssigen und unbeholfenen Details, über uns kann man lächeln, im allgemeinen werden wir bedauert, solange wir nicht plötzlich unangenehm werden, solange wir nicht etwas Komisches, etwas Scharfes sagen, solange wir nicht die Krallen zeigen und mit den Zähnen fletschen, solange sich nicht herausstellt, daß wir zäh und zügellos sind und nach dem Wesentlichen streben, solange sie unser zynisches Gelächter nicht hören, solange sie uns – arrogante Narren – nicht zum Teufel wünschen.

Einmal weit unter und ein andermal weit über dem Normalen. Nicht das zuverlässige und vernünftige Mittelmaß, nicht die überschaubaren konsistenten Grundsätze, nicht die planende nüchterne Zielbewußtheit, nicht die entsprechenden Mittel im Dienst des Ziels, nicht die auf Kleinigkeiten achtende Wirtschaftlichkeit, nicht die akkurate Ordnung, nicht die peinliche Anhäufung von Erfolgen, nicht die solide Kapitalisierung von

Lebensenergien. Etwas anderes. Komm hierher, allerdings mußt du rechtzeitig die Flucht ergreifen. Hier bist du leicht zu verführen, danach aber mußt du dich von hier losreißen, wenn du von diesem beklemmenden und dennoch anziehenden Alpdruck zurückkehren willst in die Wirklichkeit. Wie du siehst, ist alles ziemlich ärmlich, trotzdem aber fühlst du dich wohl, manchmal ist es hier sogar noch wahnsinniger, noch verschwenderischer, noch generöser als bei dir, und schon fängst du an, dir selbst ganz lumpig vorzukommen. Paß auf, daß du hier nicht allzu lange Zeit verbringst, wehre dich, laß dich nicht umgarnen, denn sonst wirst du in der Patsche sitzen. Du wirst Metaphern über den Sumpf, die Binsen, den Morast erfinden, paß auf, denn schön anal trunken wirst du bis zum Hals im Kot versinken.

5.

Wie sieht unsere Literatur aus? Das weiß ich nicht. Jede Verallgemeinerung eine Ungerechtigkeit. Soll ich eine Namensliste aufschreiben? Die berühmtesten Namen nennen? Ich weiß nicht einmal, ob es eine mitteleuropäische Literatur gibt. Es gibt Schriftsteller, die in dieser oder jener Sprache schreiben. Zur Natur des Handwerks gehört es, daß wir, bevor wir uns zur Arbeit an den Schreibtisch setzen, unsere Identitäten im Vorzimmer, am Kleiderhaken zurücklassen, daß wir uns irgendwie von den aggressiven Stereotypien der Umgebung freimachen. Über den Wolken scheint immer die Sonne, dort oben treffen wir uns.

Die Reflexion, also die Objektivität gegenüber uns selbst, wird hier unten durch jenes schreckliche kollektive und individuelle Selbstmitleid behindert. Uns habe man übel mitgespielt, so wissen wir auf vielerlei Art und einhellig zu berichten, und tatsächlich, uns hat man übel mitgespielt. Was soll man dazu sagen? Dem einen ist die Geschichte gewogen, dem anderen nicht. Instinktiv empfinden die Glücklicheren für die Unglücklicheren zeitweise Antipathie.

Im Mitteleuropa des zwanzigsten Jahrhunderts, das mit dem Ersten Weltkrieg begann, ist jene kafkaeske Situation, daß du die Augen aufschlägst und zwei Männer an deinem Bett stehen und dir mitteilen, daß du verhaftet seist, nicht unvorstellbar und nicht einmal sonderlich phantastisch. Du sträubst dich vergebens, die Strafe ist unausweichlich, sie isolieren dich, bringen dich zum Schweigen, machen dich kaputt, sperren dich ein, sogar mit noch Schlimmerem mußt du rechnen. Kafkas *Prozeß* ist ein typisch mitteleuropäischer Roman. Er handelt davon, daß der Mensch gegenüber den anderen, gegenüber irgendeiner anonymen Macht vergebens sein Recht beteuert, seine Lage wird dadurch nur noch schlimmer. Wenn er sich selbst helfen will, dann muß er demütig akzeptieren, daß er schuldig ist, daß die höheren Organe recht haben, daß es also klüger ist, auf ihre Verzeihung zu hoffen, als zusehends verzweifelter die Unschuld zu beteuern.

Da der Mensch von Geburt an zum Tode verurteilt ist, können auch die Bewohner der freien Länder nachempfinden, daß das Leben plötzlich vorbei, daß alles vorbei sein kann, es kommt die Plage, die ein menschliches Antlitz trägt. Größtenteils formulieren die mitteleuropäischen Schriftsteller die Konfrontation mit jener unberechenbaren und ziemlich bösartigen Gewalt, die mächtiger ist als sie und viele Namen trägt, die umschmeichelt werden möchte und Wahrheitsliebe bestraft, die den Schriftsteller in Ausweichsprachen, in Chiffresprachen, in die Unfaßlichkeit treibt, die ihn zum Possenreißer werden läßt. Der eine versteckt sein Manuskript, der andere verbirgt, was er zu sagen hat, damit man ihn nicht beim Wort nehmen, damit man ihn nicht mundtot machen kann. Lieber schweigt er selbst, er schweigt schriftlich, manchmal schweigt er mit sehr vielen Worten, gedruckt schweigt er sich darüber aus, daß er die vielen Unannehmlichkeiten vermeiden möchte, die damit einhergingen, würde er im Druck nicht schweigen, dennoch aber verlangt es ihn danach, auch unter den gegebenen Bedingungen etwas zu sagen, irgendwelche Anspielungen zu machen. Nun ja, er hofft, verstanden zu werden.

6.

Der westliche Besucher ist eigenartig betroffen, daß wir so viel auf unsere öffentlichen Zustände, auf unsere Behörden, auf die Leute des Staats schimpfen, obwohl wir eigentlich allesamt Geiseln des Staats sind, so gesehen Leute des Staats, Staatsmenschen; zumindest insofern, als wir in unserer persönlichen Lebensführung niemals die Allgegenwart, die alles sehenden Augen und die alles hörenden Ohren des Staats vergessen können, bei unseren Überlegungen, was wie zu machen sei, können wir die Vorstellungen des Staats nie außer acht lassen. Wir leben in einer typisch mitteleuropäischen Symbiose mit dem Staat, schon allein dadurch, daß wir hier leben, in Ost-Mitteleuropa, wo sich die überwiegende Mehrheit der Intellektuellen – da Angst zu haben ratsam ist – mit der geistigen Unmündigkeit abfindet, mit jenem ungeschriebenen und verinnerlichten Gelöbnis, daß sie gewisse Dinge niemals öffentlich aussprechen oder niederschreiben wird.

Dieses Gelöbnis macht den Gebrauch einer bestimmten Sprache erforderlich, wenn du so willst: einer irre redenden Staatssprache. Dadurch stabilisiert sich die staatlich genehmigte Sprache (die akademisch oder auch postavantgardistisch sein kann) als Kultur schriftstellerischer Unmündigkeit.

Der Verzicht darauf, jemals mündig zu werden, geht mit einer verbissenen Bitterkeit einher. Gelegentlich darf dieser Bitterkeit durchaus Ausdruck verliehen werden, nur in unseren Reden und Verhaltensweisen dürfen wir nicht so tun, als seien wir mündig. Der Schriftsteller zieht sich zurück in seinen Winkel, seine Klause, sein Mauseloch, seinen Unterschlupf, und daraus errichtet er einen Irrgarten, ein schrecklich kompliziertes Labyrinth natürlich, und böse sein wird er vor allem dem, der ihn fragt, warum er sich einengen läßt in jener unterirdischen Welt, in jenen Maulwurfsgängen, und warum er sich nicht an die Sonne emporarbeitet.

7.

Ich weiß wirklich nicht, wie unsere Literatur einzuschätzen wäre, würde die Zensur auf ein Zauberwort hin der Vergangenheit angehören, würden Pressefreiheit und Demokratie aus der Erde hervorsprießen, würden keinerlei Moral, Mut und autonomes Engagement, würde keinerlei Dissidententum erforderlich sein, um einfache, heute jedoch verbotene Wahrheiten ohne weiteres niederzuschreiben. Um ein semantisches Tabu zu erwähnen: wenn wir die ungarischen Geschehnisse vom Oktober 1956 endlich als Revolution bezeichnen dürfen, dann wird eine neue historische Periode angebrochen sein. Die offizielle Bezeichnung dessen, was wir damals gemacht haben, lautet nämlich gegenwärtig: Konterrevolution. In der halbamtlichen Darstellung müssen allerlei Euphemismen herhalten, günstigenfalls nur ein symbolgewordenes Datum: 1956.

Sollte diese einem Wunder gleichkommende Wende eintreten, würde so manches von unserer Gegenwartsliteratur überflüssig verschmitzt, verstümmelt und hochtrabend erscheinen. Als würden wir von einer allgemeinen Neurose loskommen und uns darüber wundern, welch vertrackten Unsinn wir angestellt haben. Verständnislos und widerstrebend würden viele dann jene disziplinierte Beklommenheit betrachten, jene zur schriftstellerischen Methode entwickelte Beklommenheit, die heute zur normalen oder eben erfolgreichen gesellschaftlichen Existenz dazugehört.

Was sagen dann die historischen Parabeln, die phantastischen Fieberträume, die der Abscheu vor der Diktatur eine Verpakkung comme il faut geben? Der Autor hat es ausgesprochen, und dennoch hat man ihm den Kopf nicht abgehauen, schau nur, wie geschickt er war. Hier ist ein jeder damit beschäftigt, wie er seine Sehnsucht nach Erfolg und den Anstand miteinander in Einklang bringen kann. Da zwischen beidem ein gewisser Konflikt besteht, lassen sich enorm viele persönliche Versuche beobachten, die diesen Widerspruch lösen wollen. Ich denke nicht, daß sich der durchschnittliche Westbürger dem durchschnittlichen Ostbürger moralisch zu Recht überlegen fühlen dürfte, nur weil er die Aspekte von Erfolg und Anstand bequemer miteinander in Einklang bringen kann.

8.

Verwerfen also auch wir das moralische Lamentieren, und fragen wir lieber, ob das Sich-Verstecken nicht einen künstlerischen Nutzen hat. Aller Wahrscheinlichkeit nach, da die ästhetische Wirkung aus dem einzigartigen Gleichgewicht von Aussprechen und Nicht-Aussprechen resultiert. Es ist keineswegs sicher, daß der Exhibitionismus, das eindringliche Aussprechen als künstlerische Strategie vielversprechender sind als das Sich-Verstecken. Von der Blumensprache kannst du heldenhaft einen Kopfsprung in eine journalistische Rhetorik vollführen, und auch das ist kein reines Vergnügen.

Bleiben die individuellen Wunder; den meisten sind sie versagt, wenigen sind sie vergönnt. Der eine, dem eine Wundertat gelingt, ist ein Dissident, der andere nicht. Eine Regel gibt es nicht. Es würde auch nicht zutreffen, wenn wir uns auf die außerordentliche Kraft der Begabung beriefen, zu viele scheinbar nebensächliche Faktoren spielen auch noch eine Rolle. Das eine Genie geht zugrunde, das andere nicht. Der eine wird krank, der andere nicht. Und wenn alles schön zusammenkommt, dann entsteht die eigentliche mitteleuropäische Literatur, jene paar glücklichen, auch in der Ferne sichtbaren Berggipfel, die vermutlich mehr mit den weithin nicht sichtbaren Bergen in der Nachbarschaft zu tun haben als mit den fernen Spitzen-Kollegen.

Wir sind uns schon begegnet, mit manch einem sind wir befreundet, wir empfinden Achtung füreinander, wir lächeln, wenn uns vielleicht die Ähnlichkeit der Initialen in dieselbe Truppe bringt. Der internationalen Verlagsgesellschaft sind wir dankbar, daß sie unseren Namen ein bißchen lanciert hat, der Presse sind wir sehr verbunden, daß sie sich unser angenommen hat, und obwohl wir diese Sachlage als solche nicht mißbilligen, hätten wir wirklich nichts dagegen einzuwenden, würden auch andere Schriftstellerkollegen in die internationale literarische Öffentlichkeit gelangen.

Tatsache ist, daß der dissidentische Schriftsteller um eine Nasenlänge im Vorteil ist; was sich auch daraus ergibt, daß er antwortet, wenn er gefragt wird, und daß er öffentlich dasselbe sagt wie im privaten Kreis. Um auf alle möglichen Fragen nicht zu antworten, müßte er schauspielern, von Fall zu Fall weicht er den Fragen deshalb nicht aus, weil ihm ein solches Theater zu anstrengend ist.

In der östlichen Hälfte Mitteleuropas gibt es also einige von uns, die der Herausforderung ins Auge sehen und öffentlich darüber nachdenken. Eigentlich spüre ich eine ziemliche Abneigung gegen die kollektive Werbung für die Truppe. Tatsächlich, was sollte der arme westeuropäische Leser mit uns anfangen? Bisher, so hat es den Anschein, habe ich dem wohlwollenden westlichen Leser eher abgeraten von uns. Soviel übertriebene Bescheidenheit, glaube ich, genügt. Wer den Schriftsteller aus Tokio oder aus Buenos Aires liest, warum sollte der nicht den aus Belgrad, Warschau, Prag und Budapest lesen? Wenn er ziemliche Anstrengungen unternimmt, um jene zu verstehen, warum sollte er dies nicht auch um unserer Bücher willen tun? Warum sollten wir den Protektionismus des Gemeinsamen Markts in der Literatur hinnehmen, der das innerhalb der Zollgrenzen gefertigte Produkt aufwertet, das außerhalb davon Geschriebene dagegen unterbewertet?

9.

Jetzt also, zum Ausgleich, ein bißchen Publicity! Komm, lieber Leser, besuche uns, natürlich in unseren Büchern, stell dir vor, in unsere Haut geschlüpft zu sein, laß dich von uns infizieren, du sollst dich mit uns messen.

Können wohl ein Westberliner und ein Ostberliner miteinander reden? Gibt es in der Straße Unter den Linden Gedanken, die auch den Passanten des Kurfürstendamms etwas sagen?

Oder sollte etwa die Mauer alles festlegen? Alles verdecken? Auf alles ihren Schatten werfen? Oder existiert etwas im historischen Mitteleuropa, das am Freiheitsmangel nicht krankt?

Vielleicht gerade der zum körperlichen Rausch gewordene Drang nach Freiheit. Möglicherweise wäre gerade jenes Grübeln die Botschaft, die Disziplin des Zerpflückens und quälenden Ausfragens all unserer Meinungen und entliehenen Ideen, jene Neurose, daß alles fragwürdig wird, wissend, daß jenes Handwerk seinen Preis hat, wissend, daß Schreiben ein Abenteuer ist. Allein dadurch, daß du schreibst, was du denkst, kannst du ein Abenteurer sein. Entschließt du dich dazu, bist du gezwungen, alle Möglichkeiten in Betracht zu ziehen, wie ein Attentäter.

10.

Wir leben im Niemandsland der Werte. Hier hat weder die Wertordnung der Vorkriegszeit, noch des heutigen Westens, noch des heutigen Ostens Gültigkeit. Zu einer liberalen Wertordnung bedarf es einer liberalen Praxis, doch die tatsächliche Praxis ist etwas anderes. Die Ideologie des Staatssozialismus ist ein langsam sinkendes Schiff, das auch der Kapitän gemächlich schlendernd verläßt. Von einer Perspektive postkommunistischer Demokratie ist hierzulande noch nichts zu spüren. Niemandsland, Vakuum. Schlechtes Allgemeinbefinden.

Gleichwohl warten möglicherweise interessante Jahre auf uns. Es läßt sich nicht vollkommen ausschließen, daß sich die trübe Lösung plötzlich – in überraschender und glücklicher Konstellation – kristallisiert. Sollte sich hier etwas verändern, dann deshalb, weil sich die Menschen in Mitteleuropa nicht wirklich mit dem Bestehenden abfinden und davon überzeugt sind, zu mehr berufen zu sein, ein besseres Schicksal verdient zu haben, und weil die Wellen der Erhebung, um die menschliche Würde wiederherzustellen, hier manchmal stürmisch sind. Obwohl alle unsere demokratischen Revolutionen gescheitert sind, war keine einzige von ihnen vergebens. Sie stauen sich als Energie, und in einer der folgenden Generationen können sie mit geballter Kraft wieder zum Vorschein kommen.

II.

In unseren Büchern begegnet der Leser Menschen, die von Zeit zu Zeit Entscheidungen treffen müssen, auch wenn sie nicht leichtfertig Gefahren für sich heraufbeschwören wollen. Nicht sie sind es, die mit dem Kopf gegen die Wand rennen, die Wand kommt ihnen entgegen. Helden wider Willen. Wer will sich schon als Held aufspielen? In ähnliche Situationen geraten anständige Westler kaum. Bloß daß solche Situationen kathartisch sind. Auch der westliche Leser ist neugierig darauf, was er gegebenenfalls tun, wie er sich entscheiden und wie er auf seiner Entscheidung beharren würde. Wie würdest du auf diese Herausforderung reagieren?

In jenen Büchern hat der westliche Leser Gelegenheit, uns – Mitteleuropäern – zu begegnen. Ziemlich viele interessante Menschen sind von hier aus in die weite Welt gezogen, viele sind auch geblieben, eigenartige, intensive Menschen. Weiße, im großen und ganzen dem gleichen Kulturkreis angehörend, inmitten einer Welt des Europa von gestern. Ausflug in die Vergangenheit, in die nahegelegene Exotik. Sie sehen aus wie Westeuropäer, ihre Seele aber ist irgendwie anders. Worin unterscheiden sie sich? Durch jenen ost-westlichen Relativismus. Sie können die Dinge von dieser und auch von jener Seite betrachten, ziemlich luzid, um nicht zu sagen zynisch, zugleich allerdings mit einem im Westen ungewohnten Pathos. Ihren wahren Charakter zeigen sie, wenn sie sich untereinander zulächeln oder streiten. Unser Leser und Besucher ahnt bei solchen Gelegenheiten, daß er Zeuge von etwas Wahrhaftem war, von etwas, das Bestand hat. In unserem Kreis hat er irgendeine hausgemachte Wärme gefunden, hat er eine Kostprobe erhalten von der Philosophie des hastfreien Daseins.

Viele mündliche Mitteilungen, wenn man so will viel Gerede. Etwas von dieser nicht gedruckten und auch nicht aufgeschriebenen oralen Literatur findet in unseren Büchern seinen Niederschlag. Ich will nicht behaupten, daß die geistigen Werke unserer Region in einem fiktiven Wettkampf an die Spitze drängen. Ich sage nur, daß wir da sind. In der geographischen Mitte Europas. Auch von hier aus kann man das Leben betrachten, nicht minder gültig als von irgendeinem anderen Punkt der Erde. Jenes Bewußtsein, daß einige hundert Kilometer entfernt eine andere Rationalität wirksam ist, beeinträchtigt die Sicherheit unserer Weltanschauung nicht. Vielleicht wird es auch die Westeuropäer nicht verwirren, daß es unweit von ihnen eine Zivilisation gibt, in der an der Spitze der Werthierarchie nicht das Geld steht (obwohl auch hier viele materiell eingestellte Menschen anzutreffen sind) und auch nicht die Macht (obwohl hier viele machthungrige Menschen anzutreffen sind), sondern etwas anderes: die Inzucht einer Miniwelt. Die Welt der Kleinfamilie und der Großfamilie, wozu nicht nur unsere Verwandten und Freunde gehören, sondern sogar unsere Feinde. Wir kennen uns seit langem und nehmen uns gegenseitig zur Kenntnis, komisch diese Enge und dieses Ungestüm. Wir sind auf kleinem Raum zusammengedrängt, vom Reichsgedanken sind wir nicht besessen, von hier schwärmen wir aus in die weite Welt, um schließlich wieder zurückzukehren, etwas anderes ist uns nicht geblieben, nur jener fiktive und durch Kränkungen belastete Zusammenhalt.

12.

Wir sind keine Russen, wir sind keine Völker der Weltgeschichte, niemals brüsten wir uns mit unserer Macht und Mächtigkeit, vor uns hat man im allgemeinen keine Angst. Unsere Ländereien sind nicht allzu großräumig, unsere Seele ist nicht so groß, unser Verstand vermag auch die westliche Ratio zu fassen; und mit diesem unserem auch im Westen in Umlauf gebrachten Verstand kritisieren wir unsere vom Osten bestimmten Verhältnisse. Mit westlichem Spott die östliche Trägheit. Hier kann man lernen, wie westliche und östliche Mentalität in ein und demselben Kopf, in ein und demselben Bett miteinander ringen.

Du kannst die Kultur Mitteleuropas auch als eine glückliche Kreuzung begreifen. Du findest darin vernünftige Aktivität, aber auch resignativen Fatalismus. Du findest darin Kalkulation und Berauschtsein. Wer sich hierzulande umsieht, dem fällt auf, daß Zeit hier weniger Geld ist als im Westen. Wir reden viel. Die Züge sind langsamer, die Filme sind langsamer und auch die Art und Weise, wie die Dinge erledigt werden. Für Zusammenkünfte haben wir Zeit; wollen wir nicht alleinbleiben, so haben wir Möglichkeiten, irgendwohin zu gehen, jemanden zu treffen, jemanden einzuladen. Manchmal geraten wir heftig und berauscht aneinander, der Fremde könnte meinen, wir hätten uns überworfen, aber nein, wir haben uns nur einmal richtig ausgesprochen, wir sind erleichtert und umarmen uns. Unsere Gesprächskultur ist eine üppig belaubte Zimmerpflanze. Auch wenn wir abgehört werden, der Redefluß steht nicht still. Ein neuer Gast kommt hereingeschneit, läßt sich behaglich nieder, kennt einen jeden, auch den, den er nicht kennt. Gern würde ein jeder sein Leben erzählen. Seine Kränkungen. Seinen Abscheu. Dem Reisenden entgeht nicht, daß die moralische Verurteilung und die zynische Anekdote reichlich vertreten sind. Das Geschichtsgedächtnis vererbt sich in Form solcher geselligen Märchengirlanden auf die Jugend. Zwischen alten Möbeln blühende Paradoxa, strapazierte, verwikkelte und sturmgepeitschte Beziehungen.

Es kann sein, daß wir entartet sind, aber es kann auch sein, daß wir eine komische autonome Art sind. Übrigens bleibt es sich gleich, wie wir uns nennen. Vielleicht ist es gerade das, was mitteleuropäisch ist, das fundamentale Mißtrauen gegenüber ehrwürdigen Benennungen. Nicht der Name zählt, sondern jene unbenennbare Stimmung, die du im Kreis einer Tischgesellschaft spürst. Irgendeine ansteckende Behaglichkeit. Nimm dich in acht. Wenn du nicht aufpaßt, wirst du in ein Abenteuer hineingezogen, und Gott weiß, ob du da mit heiler Haut davonkommst. Hab keine Angst, vorerst sind es lediglich ein paar Bücher. Und dann? Wer weiß! Vielleicht entsteht daraus Europa. Denn ohne uns, verehrte Westeuropäer, könnt auch ihr nicht einfach nur so, ohne jede Angabe der Himmelsrichtung, Europäer sein.

Stimmungsbericht

I.

Die meisten meiner Bekannten sind schon tot; Ermordete, Selbstmörder, eines natürlichen Todes Gestorbene; geduldig erwarte ich sie an meinem Schreibtisch. Unterhalten wir uns. Ich habe mich dazu verurteilt, von Berufs wegen Verständnis zu haben, mehr als der Priester oder der Seelenforscher, vom Richter ganz zu schweigen. Ich muß mir die Dinge so ansehen, wie es nur in der Liebe möglich ist, aus der Nähe und aus einer Distanz, wie man einen Toten nach einer gebührenden Trauerzeit betrachtet.

Mein Verhältnis zum anderen Menschen kann ich auch mittels Gleichnissen von Mord und Liebesvereinigung deuten. Wer kann den anderen länger anlächeln? Das mit dem Tod vertrautere Lächeln ist stärker. Nicht nur den aufsteigenden Zweig siehst du, sondern auch den absteigenden, du siehst ihn in allen seinen Vorzeichen, im Niedergang, im Zerfall. Todesangst kann man niemandem ausreden. Hier ist es selbst dann schön, wenn es schlecht ist. Dort? Das weiß ich nicht.

Alles, was wir von dem Zustand ahnen, in dem der Mensch ein Zerfallsprodukt geworden sein wird, ist Literatur. Was ein Mensch sagt, das kann interessant oder langweilig sein, gewiß aber ist es zweifelhaft. Von meiner Zukunft weiß ich nur soviel, wie mir Sehnsucht und Angst eingeben. Eine metaphysische Futurologie gibt es nicht, nur eine religiöse Literatur. Von dieser unterscheidet sich die Literatur insofern, als sie den Tod nicht verniedlicht, wohl aber der erinnerungsschweren Vergangenheit schmerzliche Schönheit zuschreibt.

Zum Erwachen gehört unsere alltägliche Fähigkeit der Wiedergeburt dazu. Jeden Nachmittag überfällt uns Schwermütigkeit, bis zum Abend haben wir absolut keine Lust mehr zu leben, dann, nach neun, noch ein Aufflackern. Auf einer Freilichtbühne, neoklassisches Bühnenbild, nieselt es Silbertränen. Soll ich die Weisheit von alten Dienern, Hofnarren und Totengräbern verewigen? Klarer Kopf und Arbeitselan am Morgen, jeden Tag Streichungen und Ergänzungen. Mit den Hausaufgaben komme ich zu Rande, meinen bürgerlichen Pflichten habe ich Genüge getan, in aller Ruhe kann ich mein letztes Buch schreiben. Die Freunde, mit denen ich im Traum gesprochen habe, sind nicht mehr hier, ich ziehe mich in mich selbst zurück und inspiziere den Schrottplatz der Erinnerungen. Ich schreibe für mich selbst, ob andere damit zufrieden sind, beschäftigt mich nicht. Ich begebe mich auf einen ausgiebigen Erkundungsgang, am meisten ähnelt das Zentrum meines Bewußtseins dem Zentrum deines Bewußtseins.

2.

Die aus den Institutionen der Einschüchterung, der physisch-psychischen Tortur, der Ächtung und der Schmerzverursachung zusammengefügte Stadt trägt den Namen Hölle. In der Utopie sind wir frei, brauchen keine Angst zu haben, in der Antiutopie sind wir ausgeliefert und müssen Angst haben. In der Antiutopie sind die anderen häßlich, abscheulich und bereiten uns absichtlich Unannehmlichkeiten, in der Utopie sind sie schön, nett, tun einem nichts zuleide, helfen uns. Die radikale Utopie ist eine verkappte Hölle. Die totale Ablehnung des Bestehenden reißt uns, während sie die Zukunft verkündet, gewaltsam in die Vergangenheit zurück, aus dem Komplizierten in das Einfache. Ich bin bemüht, meine persönlichen Erfahrungen mit meiner persönlichen Utopie zu verknüpfen. Europäische Anstandsregel – uns selbst in einer paradoxen Einheit von historischem Gedächtnis und ethischer Strategie als Firma betrachten, die auf eine lange Vergangenheit zurückblickt und auf ihren guten Ruf achtet.

Einem normalen arbeitenden Menschen bleibt nicht viel Zeit zur Beschaulichkeit. Arbeit macht frei, die Arbeit ist bei uns eine Angelegenheit des Ruhmes und der Ehre, ich kenne zahlreiche Arbeiten, die eigentlich niemand verrichten dürfte. Im

Haus der Schikane gibt es viele fürsorgliche Arbeiten. Die Wichtigtuer schaffen es nicht spazierenzugehen, sie bringen es nicht fertig, sich einige Stunden dem süßen Nichtstun hinzugeben, sie haben es eilig, für andere irgendwelche Aufgaben zu erfinden. Vom Handlungszwang der Besessenen kommen die Katastrophen.

Die Strafe ist mir auferlegt, wozu man mich verurteilt hat, das läßt sich an dem Wie meines Lebens ablesen. Denn den Dummkopf und Einfaltspinsel habe ich nicht gespielt; als man mich fragte, verwandelte ich mich in ein verbotenes Phantom. Der Versucher muß unsichtbar gemacht werden; wenn irgend möglich, so vermeide die Erwähnung seines Namens, nicht einmal sein kleiner Finger darf auf dem Bildschirm erscheinen. Hättet ihr Humor, würdet ihr euch nicht ärgern. Vorsicht, es kommen die Versucher, was sie denken, sagen sie nicht ganz klar, aber sie bringen den Verstand des Lesers in Bewegung. In der Welt der Arbeitsteilung bleibt die Kontemplation dem Schriftsteller vorbehalten. Marginalien, Konzentrationsübungen, bis in die Federspitze strömende Versöhnung. Ich bin durchdrungen von einer Art instinktiv-anarchischer Institutionenabscheu, die mich im Osten wie im Westen zum betrachtenden Außenseiter abstempelt. Seit meiner Gymnasialzeit übermannt mich bis auf den heutigen Tag der Schlaf, wenn jemand allzu lange hintereinander spricht, gleich wer und was auch immer.

3.

Wer gewinnt den Wettkampf in Langeweile? Hervorragender Schwachkopf, verdienter Schwachkopf. Tarnung – ihm fällt absolut nichts ein. Das Gesicht ist ganz Fleisch, nur seine Materie, nur was du aufißt, gehört dir. Möge unser Geist bodenständig bleiben, Adalbert der Langsame weiß genau, was von seinen Gedanken er verschweigt. Und da er sie nicht ausspricht, denkt er sie eigentlich auch nicht. Schließlich denkt der Mensch das, was er sagt. Über ernste Dinge darfst du nicht lachen! Reiß dich zusammen, Zurücknahme der Bewegungen, Einziehen der

Krallen, überschwengliche Gesten sind hier nicht angebracht. Halte dich geheim, wenn du dich gut geheimhältst, wirst du kein Geheimnis haben. Du wirst kein Telefonthema sein. Misch dich nicht ein. Unternimm nichts, wozu du andere brauchst. Achtung, wer während des Furzens, Schnaufens oder Rülpsens das Wort ergreift, der macht sich der Störung der öffentlichen Ordnung schuldig. Der Hof hält seinen Nachmittagsschlaf.

Wenig Idealismus, plumpe Gier, Stilverwirrungen keuchender Emporkömmlinge, untergehende Kulturgüter, Autowahn, sorglose Luftverschmutzung, Fetenspezialisten, draufgängerisch-progressives Selbstbewußtsein von Schirmmützen. Viel bekommen, wenig geben – Infantilismus des Staatsmenschen. Systeme des Abwehrens und Sich-Entziehens, wonnevolles Beschimpfen des Chefs, verbunden mit der Erörterung der in den Amtsstuben üblichen Ausbootungstechniken. Wer spielt wem übel mit? Wer schläft mit wem? Du schiebst die Sache auf die lange Bank, verspätest dich, hast Zeit, vergißt die Termine, hast keine Pläne, ein bißchen Kommen und Gehen, eine kleine Plauderei, und schon ist auch dieser Tag vergangen!

Ein bißchen kann man sich darüber unterhalten, was in der Welt los ist, viel hitziger aber geht es zu, wenn davon die Rede ist, was mit uns los ist. Neugierige, klatschsüchtige, erwartungsvolle allgemeine Stimmung, Konsumierlust, frei von Gewissensbissen, was über den individuellen Lebensbereich hinausgeht, ist eigentlich uninteressant. Ein Höhlenbewohner bist du auch, dein Kopf ist eine Höhle, auch deine Sprache, und der Spaziergang in der Kastanienallee. Eine teuflische Allgemeinheit kannst du nirgendwo erblicken, nur die tölpelhafte und hehre Geschichte von Personen.

Dem Häuser bauenden Volk bleibt nicht viel Zeit, über das eigene Befinden nachzudenken. Nachdem das emporstrebende Volk beim Schlachtfest im neuen Haus erheblich an Gewicht zugenommen hat, wird es in seinen Reflexionen allmählich behäbig. Überernährte, watschelnde und mampfende Einfaltspinsel, Film in Zeitlupe.

Du bist nicht genügend Lokalrealist. Interessant ist, was man mit Abstand, innerhalb der gegebenen Spielregeln, machen kann. Viele erlauben sich, ohne die Spielregeln zu verletzen, *sub rosa* gewagte Dinge. Wir sind hier, mein Fürst, auf der Insel der Glückseligkeit. Ist das nicht phantastisch? Es soll getrost alles beim alten bleiben, nur schlechter soll es nicht werden.

4.

Dies ist keine zornige Gesellschaft, weder die Regierungspartei noch die Opposition ist zornig. Eigentlich verstehen sie sich, sie kokettieren miteinander, von der anderen Seite erwarten sie, daß diese den Bogen nicht überspannt. Ein Gentleman politisiert nicht, sondern sträubt sich, eventuell wird er krank. Versager, Verstockte und Invaliden, wir treiben Konversation, ewig-groteskes Bankrottlegendar, neiderfülltes Augenblitzen, Zuchtfarm monströsen Selbstbewußtseins. Warme, schleimige, seelenvolle Umwelt. Erfülltes Lächeln, bequemes Einander-Zuwenden, langes Beieinandersein, wir haben Zeit füreinander. Sanktionierende Neugier, sentimentale Boshaftigkeit, die Freude an übler Nachrede, das Spiel beruht auf Gegenseitigkeit – grausame Zwistigkeiten auf der Bühne der Großfamilie.

Die Großfamilie hat sich zusammengefügt, wir haben schöne Geschichten zu erzählen. Dies ist der Born meiner Mitgift, Belastung und Begabung. Die Mitgliedschaft in diesem mehr oder weniger exklusiven Klub halte ich für mein Glück. Wenn jemand die Fünfzig überschreitet, gelangt er in ein geschütztes Alter, etwas Besonderes erwartet man nicht mehr von ihm. Während seiner Abwesenheit gewöhnt man sich daran, daß er nicht aktiv am Geschehen beteiligt ist. Keine Termine, kein drängender Druckerlehrling, ich kann mich mit dem Text vergnügen, daran herumbasteln. Ich baue mir eine Gegenwelt auf, vertreibe mir die Zeit.

5.

Nach jedem Wirrwarr, jedem Todesfall, nach jeder Schikane und jeder Niederlage komme ich wieder hoch, die unglaubliche Zähigkeit der Berufsüberlebenden. Meine sich wiederholende Rolle in den Freundschaften, von den Beerdigungen schlendre ich nach Hause, Nekrologpoesie. Wie merkwürdig doch meine Klassenkameraden waren, meine Freunde, unsere Welt der Erinnerung bedarf keiner Stilisierung, die Zeit selbst hat diese Arbeit verrichtet. Romanhaft ist der Tote durch das Wie seines Sterbens. Was gibt es hier noch zu enthüllen? Es ist schon alles enthüllt. Wie lange werden die rauhen Weltkräfte unsere Spielereien dulden? Gleich ob die Insel erhalten bleibt oder nicht, wir können uns nur aneinander klammern. Für unsere Freunde kochen wir Abendessen und lesen erneut die Klassiker.

Ich trage alle meine Argumente gegen die Agonie zusammen, noch im Bett zähle ich sämtliche Motivationen für den Tagesbeginn auf. Ich habe Angst, daß ich eines Tages nicht aufstehe, weil ich keine Lust dazu haben werde. Noch nie bin ich seit meiner Kindheit morgens krankheitshalber im Bett geblieben. Den Tag, den Rundgang der Sternzeichen, beginnt der Widder, am späten Nachmittag beißt sich das Skorpionbewußtsein in den eigenen Schwanz.

Der Tod ist imstande, dich aus den Augen dessen anzublicken, den du am meisten liebst. Die Pilgerfahrt des Egoismus legst du zurück, von der Anschauung bis zum Opfer. Betrachte dich schamlos wie eine Leiche, dann flüchte dich in den Maskenball. Sanftes Zurückgleiten von Ehrenmännern in die höfische Atmosphäre. Blankes Schwert und bloße Brust haben sich in unserer Jugendzeit gezeigt. Bei uns in Ungarn findet in jedem Jahrhundert nur eine Revolution statt. Im neunzehnten Jahrhundert haben wir die Sache besser gemacht, im zwanzigsten Jahrhundert ist die Vorstellung weniger glücklich ausgegangen. Der Regiestil ist verworren, auch die Masken sind nicht schön, wir, das zwanzigste Fin de siècle, haben nur noch eine geringe Chance. Sollte das, worin ich heute lebe, im Rückblick aus dem einundzwanzigsten Jahrhundert, als das Goldene Zeitalter begriffen werden?

6.

Was zieht mich weniger an, die Autorität oder die Antiautorität? Am meisten sagt mir die Maskerade des Versuchers zu. Budapest ist eine Stadt, in der selbst die Anständigsten eine erschrekkende Neigung zum Moralisieren aufweisen. Reizende junge Damen mit kratzbürstig-stupsnäsigen Ansichten. An der Ecke wartende Inspirationstrunkene. Budapest ist klüger, als wir es sind. Gleich, was mit uns geschah, wir haben uns gegenseitig ausgeschlossen, gegenseitig eingesperrt, trotzdem sind wir Freunde geblieben. Bewahren wir die Textdenkmäler blutbefleckt-religiöser Zusammengehörigkeit. Dreißig entgegengestreckte Hände zur Beerdigung. Selbst die Verräter sind die Unseren.

Was einem westlichen Schriftsteller an Freiheit zusteht, das steht auch einem ungarischen Schriftsteller zu. Von diesem Prinzip können wir uns absolut nichts abhandeln lassen. Das Denken spiegelt sich im Handeln wider, aus dem einen Rückzug folgt der nächste, und dies findet auch im zunehmend blasser werdenden Stil seinen Niederschlag.

Ich habe keine Lust, im Sinne des angebotenen Kompromisses nur als Romanschriftsteller zu existieren und auf ein Dasein als Essayist zu verzichten. Ich würde anfangen, die Romanform, die Form meines Opportunismus, zu hassen. Schon in meiner Studentenzeit hielt ich die Aufspaltung der Klassiker, die Unterscheidung zwischen denkendem und erzählendem Ich, für bizarr. Dürfen wir uns selbst um der wechselseitigen Harmonie willen in die Literatur nicht einbringen? Sei so nett, ich bitte dich, im Interesse der friedlichen Zusammenarbeit einen kleinen operativen Eingriff zu gestatten, also eine kleine Leukotomie.

Zensur als Lebenspraxis – siehe den Roman des sozialistischen Realismus. Die Geschichte deines Freiwerdens, deines Schwankens, deines Zurückweichens. Wie lange soll man darüber nachgrübeln, wie der Staat den Staatsbürger überwältigt und wie letzterer versucht zu manövrieren? Du bist ein Außenstehender, du bist ein Dazugehörender, Ars poetica des Flaneurs, ungarisches Mosaik.

Mein Gehirn ist abhängig von dem, womit ich es füttere, was für Futter ich ihm gebe. Solange ich mich nicht von der Zensur befreie, denke ich darüber nach, was erlaubt ist und was nicht. Warum sollte ich in meinen Initiativen und Wortmeldungen eine Abhängigkeit von einer Regierung hinnehmen? Für einen Stadtmenschen ist so etwas eigentlich unfaßbar. Nimm die Staatshaube von deinem Kopf, als sei sie ein Zylinder. Entscheide dich für das Risiko und die Initiative.

Es gibt nicht nur eine Spielwiese, es mehren sich die Privatverlage, begrenzte Auflagenhöhe, geheimer Vertrieb, Briefe an meine Freunde. Warum sollte ich versprechen, nichts anderes zu publizieren als das, was mein staatlicher Verlag veröffentlicht? Ein solches Versprechen kann man nicht abgeben. Mit der Zensur kann man verhandeln, ausliefern aber darf man sich ihr nicht. Weshalb sollten ein paar hundert Leser wenig sein?

Die eine Hälfte meines Wesens bewegt sich in der Mitte, während die andere Hälfte die Grenzsituationen bevorzugt. Instinktiv sympathisiere ich mit jeglichen draufgängerischen Aktionen, die gegen die Zensur gerichtet sind. Früher oder später wäre ich vermutlich überall Dissident. Dann doch lieber hier zu Hause, im Kreis meiner Freunde. Jeder auf dem Erdball, dem bei der Hausdurchsuchung sein Manuskript beschlagnahmt wird, ist mein Gefährte, gleich welcher Nation, Hautfarbe, Partei oder Religion er angehört. Ihr habt es leicht, seufzt ein Zensurverehrer.

7.

Ich lebe in einem Land, in dem die Verhältnisse verworren und schwerfällig sind und wo die allgemein verbreitete Philosophie den trägen Verstand dazu bringt, sich als Opfer zu begreifen.

Er nimmt sich zu viele Freiheiten heraus, alle seine Schwierigkeiten lastet er den Umständen an, er vernachlässigt seine körperliche und seelische Gesundheit, kultiviert nicht seine Freiheit und ist wütend, wenn er daran erinnert wird, er verbreitet den resignierenden Geist der Niederlage. Wie sollte ich frei sein, wenn ich doch Angst habe, fragt das Opfer. Geprügelte Menschen in der Untergrundbahn beobachten sich gegenseitig verstohlen, kaum lebhafte und heitere Blicke, meist wirken sie unwirsch und duckmäuserisch. Es braucht nicht viele Drohungen, um dem Opfer das Gefühl zu vermitteln, es sei umzingelt. Verstrickt in seine freiheitsfeindlichen Ängste, beobachtet es schadenfroh das Festgefahrensein der nachfolgenden Generationen.

Bedrückte kleine Stimmen, schleppende Rede, erdnahe Themen, es gehört sich, leicht angewidert zu sein, der scheingelehrte Name des Schicksals: Struktur. Ich bin ein ländlicher und zurückgebliebener Holzklotz, ich dränge nicht noch weiter empor, ich verabscheue moralisches Triumphieren, verbreitet eine Gesellschaft kämpferische Begeisterung um sich und ist unerschütterlich überzeugt davon, daß sie recht hat, verdünnisiere ich mich.

Die Spannung irgendeiner Feder zieht mich immer wieder zurück nach Budapest, wo die ganze Stadt mein Arbeitszimmer ist. Es ist nicht schlecht, wenn man sich mit seinen Freunden ohne sprachliche Mängel unterhalten kann. Wir wissen fast alles voneinander, auch kennt ein jeder die Mutter des anderen, wir sind Figuren ein und desselben Familienromans. Fünfzig Jahre am Donauufer zurücklassen – dazu verspüre ich keine Lust. Mich interessiert zusehends nur noch das Märchen, das im Rückblick Bestand hat. Eine Geschichte erhält dadurch, daß sie vor langer Zeit geschehen ist, märchenhafte Züge – liebenswürdig und schrecklich.

Wenn ich von Budapest weggehe, setzt sich meine Vergangenheit nicht fort in der Gegenwart, sie kapselt sich ein. Es bedarf schon einer aufgebauschten Kränkung, damit ich unsere mit so vielen Menschen gemeinsame Geschichte ignoriere. Rückwirkend müßte ich meinen ganzen Lebenslauf umstellen, damit die geheime Interpretationsrichtung auf einen dramatischen Austritt hinweist. Ich verspüre absolut keine Lust dazu, mein emotional und sprachlich an Ungarn gebundenes Zuhause in ein anderes Zuhause zu verlegen und die hierfür erforderlichen seelischen Turnübungen zu verrichten. Wenn ich keine Lust dazu verspüre, Budapest zu verlieren, dann muß ich es wohl lieben.

In der Zeit des Redeschwalls sollten wir Redefasten halten. Ich hocke mich in eine Espressobar, setze eine nachdenkliche Miene auf, beobachte, manchmal notiere ich einen Satz. Den Stoff überlasse ich den Windungen seiner Zufälligkeit, erst später bemerke ich, was ich eigentlich sagen wollte. Es macht nichts, wenn du für eine Weile verstummst. In den heutigen Zeitläuften ist es wichtiger, ein Buch in aller Ruhe zu schreiben, als es möglichst schnell herauszugeben. Von Beruf bin ich Sätzemacher. Mein Zimmer ist wie eine Klosterzelle. Die innere Emigration geht mit vielen Genüssen einher, all meine Kontakte haben nur privaten Charakter. Ich leiste, was ich zu leisten habe, nämlich nichtexistent zu sein. Ein Mensch, von dem man nicht spricht, dem man keine Druckerschwärze zukommen lassen darf.

Sei objektiv, wie die in der Erde keimende Kartoffel. Konfektionsanzug, biederes Nichtbemerktwerden, Ruhe der Trächtigkeit, Schwanengesang der Ideale, genauer Rechenschaftsbericht über das Wißbare. Du schreibst, was du schreibst, sie veröffentlichen, was sie veröffentlichen, du hast Zeit. Es macht auch nichts, wenn die Chronik erst dann das Licht der Welt erblickt, nachdem der Chronist bereits den Weg alles Vergänglichen gegangen ist.

8.

Sozialismus ist nicht nur das Bestehende, sondern auch das, was wir wollen. Nicht nur unsere Enge, sondern auch unsere Unruhe. Eher Geschichte als Modell. Ob wir es wahrhaben wollen oder nicht: unsere Geschichte. Auch in diesem Raum wird es eine Zukunft geben; zu bestimmen oder gar zu prophezeien, wie diese Zukunft aussehen wird, dazu ist niemand in der Lage. Sicher wird der Wille der Bürger ein ausschlaggebender Faktor sein.

Als der Sozialismus eine Utopie war, eine diesseitige Heilslehre, bedeutete er noch eine lernende Gesellschaft der Autonomie und Solidarität. Viele glaubten, eine Gesellschaft sei um so sozialistischer, je selbständiger ihre Bürger wären. Um die Jahrhundertwende strebten die Budapester Sozialdemokraten eine liberale Demokratie und soziale Sicherheit an.

Warum sollte ich diese vielen anachronistischen ständischen Freiheitsbeschränkungen sozialistisch nennen? Warum sollte ich das Alte neu nennen? Was wäre an einem Obrigkeitsstaat utopisch? Warum sollte ich überall, von der Wiege bis zur Bahre, den Staat wollen? Die Allmacht des Staats geht mit vielen menschlichen Niederlagen und Erniedrigungen einher.

Wenn Sozialismus heißt, daß man zu allem, was nicht mehr als natürlich ist, eine behördliche Genehmigung braucht, daß der ängstliche Bürger nach abzustempelnden Papieren rennen muß, dann stimmt in der Kalkulation etwas nicht. Der Fehler wäre in der Gleichsetzung von Vergesellschaftung und Verstaatlichung, von Sozialismus und Etatismus zu sehen. Die geschlossenen Grenzen, das Spitzelsystem, das monarchische Katzbukkeln kennen wir noch aus der Zeit des Fürsten Metternich.

Warum wärest du sozialistischer als ich? Mit dem Recht deiner Servilität oder deiner Mittelmäßigkeit? Nur deshalb, weil du jenes Wort, das einst die Hoffnung der Menschen verkörperte, mißbrauchst? Den Gefallen, dieses Wort dir zu überlassen, darauf zu verzichten und aus meinem Wörterbuch auszumerzen, werde ich dir nicht tun. Ursprünglich kam dem Wort die Bedeutung zu, daß man mit dem anderen rechnen konnte. Was bleibt vom Sozialismus, wenn wir von ihm den Obrigkeitsstaat abziehen? Wir. Das Nachdenken darüber, was auf dieser Welt gut oder böse ist, kann nicht aufgegeben werden. Die Menschen müssen sich gegenseitig helfen, und dieser Geist ist nicht identisch mit dem des liberalen Kapitalismus, wo die Besonderheit des Menschen an seinem Erfolg gemessen wird.

Sollte es ein sozialistisches Moralgebot geben, so würde dieses etwa so lauten: Den Freund kann man nicht im Stich lassen. Oder so: Stehe den Witwen und den Waisen bei. Diese biblischen Vorschläge fügen sich nicht organisch in das Gedankengebäude des liberalen Kapitalismus ein. Jene vielen aufgebauschten Ego rennen zu ihrem Psychoanalytiker.

Sozialisten sind jene Narren, die ihre Karriere den Ideen unterordnen und das Böse nicht deshalb für gut halten, weil es die Gegebenheiten widerspiegelt. Im realen Staatssozialismus sind die Oppositionellen am sozialistischsten. Sie haben bewiesen, daß sie füreinander einstehen und sich nicht gegenseitig verraten.

In der Masse der vorsichtig Angepaßten, der insgeheim Feixenden und Hassenden sind vielleicht nur sie die Sozialisten, diese kollektiven Wortführer, die mit der Unterschrift unter einen Protest hier stehen und nicht anders können als sich selbst anzeigen.

9.

Hinter der ungehobelten, neuen und naiven Konsumgier spüre ich in Ungarn einen zaudernden und verborgenen Spiritualismus auf der Suche nach seiner Form. Rein materiell sind wir nicht, auch wenn wir in einer zynischen Anwandlung so erscheinen wollen. Reine Privatmenschen sind wir nicht, auch wenn wir alle öffentlichen Angelegenheiten als Zeitverschwendung mißachten. Ziemlich viele Worte fallen über den Konflikt zwischen Erfolg und Anstand.

Diese vierzig Jahre sind in uns, wir können uns dem Einfluß dessen, was um uns herum gesprochen wird, nicht entziehen, auch derjenige nicht, der sich entschließt, dem keine Beachtung zu schenken. Wir haben eine lange persönliche Geschichte, unsere Mythen leben fort, von Generation zu Generation vererben wir unsere Kulturfehden, wenn es um unsere klassischen

Dichter geht, lassen wir uns zu aggressiven Diskussionen hinreißen. Das Denken möchten wir von den Zwängen der Umstände befreien. Wir wollen keine gesteuerten Roboter sein, wir erheben Anspruch darauf, eigene Strategien einzubringen.

Gewagte Visionen und praxisorientiertes Handeln schließen einander nicht aus. In der Beurteilung seiner Lage vermag nur der Utopist realistisch zu sein. Beim Spiel verliert diejenige Mannschaft, die ihr Ausdauertraining nicht mit langfristigen Vorstellungen verknüpft. Die Verbürgerlichung ist ein weltweiter Entwicklungsprozeß, Zivilisierung der Gesellschaft: die Zivilisation. Wenn zivilisierte Menschen möglich sind, dann sind auch zivilisierte Gemeinschaften möglich. Zivilisiert ist derjenige Mensch, der eine zivile Ethik besitzt und diese natürlich praktiziert.

Merkwürdige Menschen bringen verhältnismäßig leichter füreinander Verständnis auf. Zivile Ethik ist der Respekt des Individuums vor dem anderen Individuum, rücksichtsvolle Hilfe, mehr Stil als Lehrsatz, Vorsicht vor dem aufdringlichen Streber, nüchterne Erkenntnis dessen, daß wir nicht einen jeden lieben, wohl aber jedermann Gerechtigkeit widerfahren lassen können.

Als Bürger bin ich gesetzestreu, als Schriftsteller nicht. Ich übertrete nur diejenigen Paragraphen des Strafgesetzbuches, die meine geistige Freiheit einschränken, diese Paragraphen verletze ich sehr wohl, ich bin ein Rückfalltäter. Ich übe zivilen Ungehorsam. Solange der Zöllner mein Manuskript beschlagnahmen darf, solange werde ich ein Manuskriptschmuggler sein. Solange eine behördliche Genehmigung zur Herausgabe von Druckerzeugnissen erforderlich ist, solange kann ich auf die Untergrundpresse nicht verzichten.

Die offene Konfrontation verteilt die Chancen einseitig, die bewaffneten Mannschaften werfen die Freiheitsbewegung nieder. Müßig die Frage, wer wen besiegt. Interessanter ist die Frage, wie wir nebeneinander existieren können. Die allmähliche Umwandlung der väterlichen Gewalt in eine sachbezogene Leistung kommt ohne das Instrument der Erniedrigung aus. Ein formaler Gesellschaftsvertrag ist nicht möglich, nur ein stillschweigender und gegenseitiger Respekt.

Im Westen hat niemand Angst vor mir, niemand meint, ich sei gefährlich und es sei ratsam, keinen Kontakt mit mir zu haben. Ich mag interessant oder langweilig sein, freundlich oder häßlich, nicht aber gefährlich. Meine Person zählt, nicht irgendein mir anhaftender Mythos. Vor dem Mikrophon kann ich meine Gedanken ausbreiten, und sofern sie interessant sind, wird man mir zuhören. In Ungarn kann ich meine Gedanken vor dem Mikrophon nicht ausbreiten, der Hunger nach Ideen ist nicht allzu groß, die Geistesleistung erhält einen ihr fremden moralischen Anstrich.

10.

Die Menschen hier sind lethargisch, und ihre Neugier zügeln sie lieber, nur um nicht Dinge erfahren zu müssen, die ihnen unbequem werden könnten. Das gesellschaftliche Sein sei ein Zensursein, sagt sich der tapfere Soldat. Hier ist es ratsam, dieses nicht, und dort empfiehlt es sich, jenes nicht zu sagen. Soldatentreue – freiwilliges Akzeptieren von Beschränkung.

Den Text lassen wir ebenso reifen wie den Branntwein. In aller Stille nähst du in Heimarbeit deine Zwangsjacke. Am klügsten ist es in dieser Stadt, stoischen Gleichmut an den Tag zu legen.

Ein Auto besitze ich nicht, die öffentlichen Verkehrsmittel sind ausgezeichnet, gut lebst du hier, wenn du gemächlich lebst. Oblomows verdrießliche Ruhe, die Nachmittage hier sind nicht hektisch, plätschernder Redefluß, auch üble Nachrede, doch der Haß ist nicht kalt und dauerhaft, eher emotionalisiert und unbeständig. Wir haben uns noch nicht entschieden, welchen Anschein wir uns geben wollen. Manchmal sind wir gemein, manchmal wahnsinnig und zuweilen auch nett.

11.

Allzu anständig ist diese Stadt nicht, die Härte weicht einer Entspannung, hinter dem zur Schau getragenen Gesicht des

Staatsmenschen spuken wieder die alten Rollen, die pseudoadlige Gentry, der pseudobürgerliche Jude, die in die Stadt gekommenen ehrgeizigen Bauern. Die ursprünglichen Unternehmungen können leicht Schwierigkeiten verursachen, schnelle Ermüdungen, unbegreifliche Krankheiten. Zwanghafter Humor schwachsinniger Geschichten. Regressiver Charakter der Öffentlichkeit, den man nicht hat erwachsen werden lassen und der dem bereits entsagt hat.

Je offizieller du bist, desto geschickter kannst du deine Klugheit verbergen und lernst, dir nicht die geringste Regung anmerken zu lassen. Der Klatsch über die internen Intrigen der Kulturämter ist nicht interessanter und nicht langweiliger als die Gesprächsthemen einer amerikanischen Universitätsstadt.

Zu lange hat mir der Konflikt zwischen Staat und Denken zu schaffen gemacht, ich schämte mich, mich der Aufgabe zu entziehen, die mir mein Geburtsort stellt, jetzt aber halte ich es einfach für lächerlich, wenn meine Bücher beschlagnahmt werden. Nach den Wanderjahren wieder zu Hause in Ungarn, sind die Grenzen enger geworden. Zwei Jahre lang war ich legal. Es war angenehm, vorübergehend unantastbar zu sein.

Ich bin zurückgegangen, die Emigration ist nichts für mich, dort umfängt mich nicht die Vergangenheit, greift mich nicht an, die Menschen von früher versinken im Nebel des Vergessens. Auch die Erinnerungen brauchen Nahrung.

Meinem Egoismus hätten die westlichen Emigranten den Rang einer Lebensphilosophie verliehen. Müßte ich dort Fuß fassen, würde sich die Versuchung verstärken, ihnen nach dem Mund zu reden. Es würde mir nicht wirklich gefallen, meine Mitbürger aus der Fremde anzusprechen, mein Schreiben ist überzeugender, wenn ich unter ihnen bin.

Auch wenn ich in der ersten Person Singular denke, so spüre ich doch um mich herum eine erste Person Plural. Hinter dem Ich verbirgt sich ein Wir. Im Westen sind die anderen Schriftsteller das Wir, hier in Ungarn nicht nur meine Freunde, sondern auch der unbekannte Passant. Es steht uns frei, in der gleichen Weise wie eine fremde Frau auch ein fremdes Gemeinwesen zu begehren, doch für einen Familienvater ist es näherliegend, seine Familienpflichten zu erfüllen.

Wir breiten uns nach innen aus, ins Höhleninnere, noch im Frühling werden wir daraus hervorkommen. Dieses Warten kann auch unserer Verdichtung dienen. Mittels Literatur erforsche ich meine Lebensumstände. Für eine Weile überläßt der Kritiker dem Chronisten das Terrain.

12.

Ähnlich wie der Glücksspieler sein Glück voraussetzt, so muß der Schriftsteller von der Annahme ausgehen, daß es eine Nachwelt geben wird. Vielleicht wird es keine geben. Den vorsichtigen Ausbau meiner Igelstellungen würde ich nicht gern als Selbstbeherrschung bezeichnen. Langsamer Trott zum Roßschlächter.

Der Chronist schreibt nicht für die Zeitgenossen, sondern für die Überlebenden. Gefragt ist nicht, was du betrachtest, sondern was du siehst. Zum Bau einer Romanstadt bedarf es der Ruhe, wenn wir sorgfältig sind, wird unsere Arbeit früher oder später erscheinen.

Kultischer Beruf, Handwerk einer allmählichen Selbstannahme, wir übernehmen ein Rätsel und widerstehen seiner Lösung. Die üppige Züchtung meiner Selbstrechtfertigungen bestätigt eher mich als diejenigen, die mich nicht mögen. Der Mensch will sich unanfechtbar machen, da er bis auf den Grund seines Seins ein umstrittenes Wesen ist. Losgesprochen werde ich erst durch meinen Tod, Gnade ist das Vorgefühl jenes säumigen Gebilligtwerdens.

13.

Der ortsansässige Maler, der Fotograf der Umgebung, geht über in das objektive Medium, er hat seine Aufgabe begriffen. Angesichts meiner Leidenschaften muß ich mich von ihnen abstrahieren. Je sanfter sich mein Bewußtsein von mir loslöst, desto friedlicher ist es. Gott richtet nicht, der Mensch richtet. Für den Bruchteil einer Sekunde fühle ich manchmal, was du fühlst, weiß ich, was du weißt, dann ermüde ich und hocke wieder selbstvergessen da.

Gleich wer mir diktiert, ich bin sein Schreiberling. Ich höre dir zu, um auch jemand anders zu sein als der, der ich bin. Du gewährst mir Einblick in dein Innerstes, und dadurch dehne ich mich aus, jetzt, da du mir gegenübersitzt, bist du der Botschafter der Menschheit. Beachtenswert ist immer der Seiende, immer das Seiende.

Unser Schicksal ist miteinander verwoben, vieles wissen wir voneinander. Die Großfamilie um mich herum nehme ich intim wahr, in steten konzentrischen Kreisen, von Kummer überschattet.

Die Reform war der Hanfrauch der Budapester Intelligenz, Traum und Dopingmittel, heroisches Geschäftemachen und Konsum, erneute Landnahme der Kleinunternehmer, ich werde noch nostalgisch an die Aktivitäten der achtziger Jahre dieses Jahrhunderts zurückdenken. Jetzt allerdings interessiert mich vor allem das Unwahrscheinliche, mich auf Irdisches zu versteifen, liegt mir nicht.

Gern möchte ich daran glauben, daß ich in der rechten Hemisphäre Europas, der träumenden, lebe. Mögt ihr in der linken Hemisphäre die Wissenschaft sein, und seien auch wir berauscht, nicht nur die Betrunkenen. Zauber der verstreichenden Zeit, Saft und Kraft höfischer Kultur, tägliche Preisliste häßlicher kleiner Lügen. Gegenwart, von der ich nicht weiß, gegen welche Geschichtsepoche ich sie eintauschen möchte. Ruf mich an, wenn du eine bessere kennst.

14.

Artikuliere, was du weshalb tust. Du mußt nicht den für böse halten, der in den Augen der anderen das Böse verkörpert. Mißtraue den Urteilen, gehe über die Kritik an der Kritik der Kritik hinaus.

Nachdem du auf Sitzungen gesprochen hast, fühlst du dich äußerst unwohl. Hüte dich davor, deine Vermutungen zur Grundlage von Entscheidungen zu machen. Für die Verfügenden ist die schöngeistige Literatur nicht Richtschnur, sondern Mohnsaft. Gib, o Herr, daß es mir gelingen möge, Opium für das Volk einzudämpfen. Reifere Chinesen können sich, durch Einatmen über der Wasserpfeife, ein bißchen edlen Rauch genehmigen.

Intellektuelle brauchen sich nicht zu schämen, daß sie sich in der Situation der schriftlichen Reflexion am wohlsten fühlen. Wir sind weder vorbildliche Familienväter noch vorbildliche Beamte. Können wir den größeren Teil unserer Wachphase nicht allein verbringen, sind wir nervös. Was wäre, wenn sich jeder so verhielte? Jeder verhält sich so nicht. Von der Seuche des Betrachtens wird die Mehrheit nicht bedroht.

15.

Einsamkeit ertragen die Menschen nur schwer, und das macht sie noch einsamer. Würden sie die Einsamkeit leichter ertragen, hätten sie auch mehr Menschen um sich. Die anderen scharen sich immer um denjenigen, der auch allein einigermaßen zurechtkommt.

Wenn wir unter einem Ereignis so etwas wie eine Verfolgungsjagd mit dem Auto verstehen, dann war mein Leben nicht allzu ereignisreich. Nur wiederholtes Sich-Erinnern macht es irgendwie interessant. Je intensiver ich es beobachte, desto rätselhafter wird das Objekt meiner Beobachtung.

Der schlagfertige Hansdampf in allen Gassen rennt von einem Gemeinplatz zum anderen. Nicht einmal einen Bruchteil seiner Erlebnisse vermag er erneut zu durchleben, er hastet weiter zum nächsten Erlebnis. Polemisierend reden sie immerfort drein, und noch bevor der andere etwas Interessantes erzählen könnte, widerlegen sie es schon. Diese wetteifernden und flinken Geister wollen unbedingt und immer recht haben, so daß sie fast nie recht haben. Dieses unaufhörliche, stets besserwisserische Berichtigen ist die eigentümlichste Art privater Gewalttätigkeit.

Schreiben ist auch deshalb etwas Gutes, weil wir uns dort aussprechen und in Gesellschaft friedfertig schweigen können. Wir sind keine lehrenden Wissenschaftler, wir strecken uns durch Meditation empor. Im Gegensatz zur Philosophie besitzt die Literatur keine Fachsprache, ihr steht das gesamte Wörterbuch zur Verfügung.

Bei vollem Bewußtsein sprechen wir von der Welt, und unsere Welt sind wir selbst. Von der Welt wissen wir so viel, wie wir uns selbst fragen. Das Werk des Schriftstellers muß seinem Weltbild entsprechen. Nicht daß er die Welt richtig, sondern daß er sie auf seine Weise sieht, wird von ihm erwartet. Wissenschaft und Philosophie verzichten auf Anschaulichkeit, die Literatur aber schwelgt darin. Für sie ist die Welt schrecklich schön – eine lachende Maske auf dem Gesicht des Todes.

16.

Meine gestrigen Antworten sind meine heutigen Fragen. Arbeitslos werde ich in absehbarer Zeit nicht werden. Wer sich wie nahe an der Wahrheit befindet, kann ich nicht wissen, ein jeder hat seinen Sonderweg dorthin. Den Verdacht einer Existenz Gottes, die Vermutung letzter Wahrheiten überträgt ein jeder in seinen besonderen Irrtum.

Ich besitze nichts, nur mein eigenes Leben, und selbst das gehört nicht wirklich mir. An wichtigen Wegscheiden zögere und leide ich, dennoch aber bringe ich in die Entscheidungen mein ganzes Schicksal ein. Solange ich nicht weiß, welchen Weg ich einschlagen soll, schäme ich mich. Fallstudie: Wie wird ein Budapester, der vom Schreiben lebt, mit seiner engeren und weiteren Umgebung fertig? Ich male die kleineren oder größeren Ereignisse eines Privatlebens.

Was ich gemacht habe, ist ebenso charakteristisch wie das, was ich gern gemacht hätte. Kein Verhängnis legt mich fest, für meine Entscheidungen bin ich verantwortlich, und es gibt keine

Wissenschaft, die das Schaudern vor dieser Verantwortlichkeit lindern könnte. Schlecht ist eine Entscheidung, die Mühsal und Hektik nach sich zieht.

Mit den eigenen Urteilen schließe ich mich ein in meine Situationen; ich bin nicht verpflichtet, mein Schicksal mit meinen Gegebenheiten zu verwechseln. Ich lebe im Dämmerzustand, blind spanne ich mich vor den Karren, entweder gewinne ich oder verliere. Am meisten schätze ich die innere Beharrlichkeit der Menschen, daß sie ihre Taten aufeinander abstimmen, selbst wenn sie verlieren, wie in einem guten Text die Sätze, ohne das Vorangegangene zu wiederholen, setzen sie es dennoch fort.

17.

Der Frage des Ortes maß ich immer große Bedeutung bei, mein Weltbild ist ptolemäisch, sofern ich Anspruch darauf erhebe, daß die Imagination einen Mittelpunkt haben soll, wie beispielsweise einen Schreibtisch oder ein Bett, worum sich das ganze Gebäude drehen kann.

Schon als Halbwüchsiger spekulierte ich auf einen Schlupfwinkel im Holzstoß, im Schuppen, in der Maisscheune, im Strohschober, im Schilf, auf dem Friedhof, in einer Fährmannsklause am Flußufer, hatte ich Sehnsucht nach dem zahmen Wild auf der sonnenbeschienenen Lichtung. Im Garten, im Zimmer, wo ich allein sein konnte, war ich glücklich.

Aus der Welt der Frauen zog ich mich zurück in die sichere Höhle, denn das Zusammenleben mit einer Frau geht mit einem unablässigen Schuldbewußtsein einher. Du bist nicht dort, wo sie gerade ist. Du kannst ihr nicht immer deine Aufmerksamkeit schenken. Beachtest du sie zuviel, machst du sie nervös, kümmerst du dich zu wenig um sie, vermißt sie etwas.

Besuche bei ihr würden genügen, dachte ich, ein Zusammenleben wäre zu anstrengend. Doch seit ich erwachsen bin, habe ich immer mit jemandem zusammengelebt. Irgendwie war dieses Einsiedlerdasein nicht wahrhaftig. Wir haben ausgleichende Sehnsüchte, in deiner Phantasie meinst du, ein einsames Ungeheuer zu sein, um dann doch mit deinem Partner Tag für Tag in aller Heiterkeit gemeinsam zu frühstücken.

18.

Wo ist der U-förmige Tisch der Konferenzen und Seminare geblieben? Dem neutralen Ministerpräsidenten beliebten Sie Ratschläge zu erteilen? Etwas tun für mein Land, so wähnte ich, könne ich nur durch Betreiben der europäischen Lösung, doch genügte es nicht, den Argwohn von mir zu weisen, wenn ich allmorgendlich im Rasierspiegel dem irren Blick eines globalen Gurus begegnete. Möge mich die Vorsehung bewahren vor den Sehenden und Erleuchteten!

Müßten wir unsere Insel dem umklammernden Griff nicht noch mehr entziehen? Mit meinem Symmetrismus habe ich viele gute Geister gegen mich aufgebracht, doch mich interessiert die Sprachlehre des Systems und nicht seine Bedeutungslehre. Ich spreche vom Blocksystem, vom Weltdrama Nummer Eins, worin wir allesamt gezwungen sind, als Akteure aufzutreten.

Über so etwas zu schreiben, ist ziemlich leicht; den Platzroman, das Buch der Veränderungen zu schreiben, die flexible Spannweite zwischen präziser Erinnerung und fiktiven Kombinationen zu finden, ist schwieriger.

19.

Die Zeit des Handelns ist der unendliche Tag, der flexibel komprimierbare letzte Tag. Rückgrat des Handelns ist die Wegstrecke selbst, die Wanderschaft mit ihren Stationen. Unser Held hat sich die Aufgabe gestellt, den ganzen Tag auf den Beinen zu sein.

Man könnte den Spaziergang auf dem Ostbahnhof beginnen lassen, von dort aus in die Außenbezirke der Elisabethstadt, wo ich viele tausend Wohnungen aufgesucht habe, ein langer Fußmarsch, eine Jogaübung. Ich begleite meinen Sohn zum Bahnhof, anschließend habe ich frei und gebe mich dem Müßiggang hin. Es ist mir gleich, was mich umgibt, es ist mir gerade recht und fesselt meine Aufmerksamkeit; jeder Hof, jede Fassade ist hochinteressant.

Grillenhafte Wißbegier als Selbstzweck, die Augen wollen sich an jedes Schaufenster, an jede Toreinfahrt erinnern. Täglich fünf bis sechs Stunden schlendre ich durch die Stadt, ich versuche, alle Gedanken auszuschalten, ich vergesse alle Pläne. Lagebeschreibung des Fast-Zuhauseseins. Worin unterscheiden sich die heimischen Märkte und Kneipen von den Märkten und Kneipen der restlichen Welt? Hier stand das Gymnasium, hier mein Billardtisch, hier der Puff, hier wohnte mein Freund und hier der alte Meister, um den ich einen Bogen machte.

Als junger Mensch arbeitete ich hier als Jugendschutzinspektor, hier wickelte ich meine geheimen Rendezvous ab, hier befanden sich die Redaktion, das Judenviertel und das Massengrab.

Vom Ostbahnhof ruft mich das erste Kapitel in die Elisabethstadt, ich nehme mir die Freiheit, ein unmögliches Buch zu schreiben. So umfangreich, daß es niemand zu Ende lesen kann. Im Roman hat alles Platz, das ganze Bewußtsein paßt hinein, das ist meine Grundthese.

20.

Die Handlung spielt sich auf dem Papier ab, in der Zeit der Erzählung. Schauplatz des Romans ist mein Kopf. Hier befindet sich alles, was mein inneres Auge zu sehen vermag. Das Haus des Gesetzes, das Haus der Liebe, das Haus der Geheimnisse und das Haus der Langeweile. Dreiste Illumination und Volksfest auf dem Platz.

Mein Beruf: Budapest-Forscher; Liebesforscher; Freiheitsforscher; Verbrechensforscher; Todesforscher; Gottesforscher; Spaziergänger.

Die Welt ist für mich ein bewegliches Abbild des Unvergänglichen. Die Ewigkeit ist ständig gegenwärtig. Am Anfang der Geschichte steht die Kindheit, im Kind ist bereits angelegt, wie alt es werden wird. Es dauert nicht lange, und schon bist du verkalkt!

Der Held macht sich auf den Weg, um die verborgene Bedeutung des eigenen Lebens zu erfahren. Ein korrektes Leben zu führen, ist für einen osteuropäischen Intellektuellen nicht leicht. Ich experimentiere mit einem phänomenologischen Verfahren: Entscheidungsanalyse. Was ist die Praxis? Unablässiges Abwägen, was jetzt zu tun sei? Ich lasse mich leiten von Prinzipien und Ahnungen – Intuition des Schutzengels.

Ich bin keinerlei Denk- und Handlungstradition verpflichtet. Ich besitze die Freiheit zu denken und hier an jenem zwei Quadratmeter großen Tisch zu Papier zu bringen, was ich will. Schreiben ist das Training der Willensfreiheit. Wir werden Inhalt und Umstände dieser Freiheit untersuchen. Einen Menschen, den wir ziemlich gut kennen, studieren wir in seiner Umwelt.

Nach Möglichkeit nehme ich keinerlei Arbeit in Angriff, die ich nicht allein machen kann. Resignation oder Aktion? Sein oder nicht sein? Soll ich die Initiative ergreifen, oder soll ich mich in die auch als Konzentrationskur zu begreifende innere Emigration zurückziehen? Eigentlich interessieren mich das weltliche Dasein und das Gartenfest, allein unter der Erde kann ich noch lange genug sein.

Gedankenfreiheit heißt auch, daß ich die Freiheit habe, an Gott zu glauben oder nicht zu glauben. Gott leugnen zu dürfen, halte ich für die göttlichste meiner Freiheiten. Die göttliche Beschaffenheit aller Menschen erkennend, brauche ich den vom profanen Universum losgelösten Gottesgedanken nicht.

Ein jeder ist Christus, ein jeder der Messias und der Erlöser, ein jeder kam aus dem Haus von Gottvater, ein jeder begegnete Abraham, noch bevor er geboren worden wäre. Ein jeder kann Sohn oder Tochter von Gottvater sein, ja sogar von der Muttergottes.

Unsere Religionen sind grotesk männlich. Gott ist ebenso weiblich wie männlich. Erbärmlich ist der sittliche Argwohn gegenüber dem Weiblichen, eine beklemmende Mannesparanoia. Auch die Frauen können töten, aber sie können auch gebären, weshalb sie viel seltener töten. Sie haben Achtung vor dem schwachen Leben. Auch vor den Männern.

21.

Von Anfang an haben wir die Geschichte vom Eingriff in die bürgerliche Kindheit nicht verschwiegen, als Beispiel dafür, daß der rechtmäßige Staat von Zeit zu Zeit fähig ist, die Ruhe des zivilen Lebens mit der denkbar größten Rücksichtslosigkeit zu stören, jene Ruhe, die sich nun im Garten um den an anderer Stelle erwähnten Grabsteintisch ausbreitet.

Mit aufgestützten Ellenbogen biete ich ausgewogene Apologien des Vertrautseins und des Fremdseins. Bürgerliches Gebundensein an die Scholle einerseits, freies Umherschweifen von Geist und Körper andererseits. Ein unbeweglicher Mensch erhielt die Genehmigung zu einem ausgedehnten Spaziergang, den er so stark zu verdichten hatte, wie er dazu nur in der Lage war. Die Obrigkeit gestattete mir, von der Vármegye utca in die First Avenue einzubiegen.

Leicht wie die Seligen, teuflisch lahmend schweben wir durch das Labyrinth der Stadt; abends indes müssen wir auf dem illuminierten Hauptplatz erscheinen, im Hotel, wo wir an der Wallfahrt in die Geschichte nicht unbeteiligt sein werden. Eine interessante Einladung, dennoch kann ich nicht umhin zuzugeben, daß ich nicht ohne Unbehagen gemeinsam mit meinen verstorbenen Angehörigen zu Abend speise. Möglicherweise werde ich diesen heutigen Tag durch einen morgigen nicht mehr korrigieren können.

So wie es ist, ist es gut. Hier bist du an deinem Platz. Hier im Pasarét-Viertel ist die Dummheit der Welt nicht sonderlich bedrückend. Zivilisierte Beziehungen, drei bis vier Stunden davon genügen, wenn man über fünfzig ist. Man hat nicht mehr das Bedürfnis, sich vom allzu Menschlichen überfluten zu lassen. Der andere mit seiner ursprünglichen Dummheit ist ein Mensch. Dann wendet sich das Blatt: Am Himmel zeigt sich ein Regenbogen, die Ordnungshüter und auch die Sterbenden lächeln im Bewußtsein des Himmlischen in die Kamera.

Vor vierzig Jahren nahm meine Kindheit ein Ende. An jenem Tag im Januar 1945, als ich aus der Haustür auf die Straße hinaustreten durfte, begann mein Erwachsensein. Auch seither zieht der Alp des Mordens seine dunklen Kreise am Firmament; schwere osteuropäische Krähen auf den gefrorenen Zweigen des Parks. Ein anständiger Jude muß den Geruch des eigenen Bluts in seiner Nähe spüren.

22.

Ich bin ein Anarchopazifist, ein Radikalmystiker, ein konservativer Zyniker. Den Verantwortlichen aller Monarchien und Republiken sei es gesagt, sie sollten mich im Auge behalten! Ich leide an einer Staatsphobie. Ich bin ein Umstürzler. Wer Anhänger der Stadt ist, der ist kein Anhänger von Schranken. Ich sah einen Hasen den Grenzpfahl vollpinkeln.

23.

Wir erweitern den Begriff der Literatur, damit hineinpaßt, was bisher nicht hineingepaßt hat. Wenn ein großer Teil des persönlichen Wissens keinen Platz darin hat, dann ist mit dem Begriff der Literatur etwas nicht in Ordnung. Wenn die Konventionen des Romans alt geworden sind, so müssen wir sie auf barbarische Weise erneuern.

Die Geschichte kann auch ein Theoriegebäude der Selbstdarstellung sein. Du solltest die Genese, den Erfahrungshintergrund, die verborgenen Motivationen, die Unbilden und die Gegebenheiten deiner Philosophie erkunden.

Ich habe mich entschlossen, alle meine mehr oder weniger als fertig empfundenen Texte erst einmal in Manuskriptform über die Kanäle freundschaftlicher Beziehungen ungekürzt und in begrenzter Auflagenhöhe zu veröffentlichen und sie zu einem späteren Zeitpunkt dann dem Verleger eines Staatsverlags anzubieten.

Antizensurprojekt im Reich der Zensur, dies eine Beschreibung des Experiments. Bücher im Selbstversuch, zur Beurteilung bieten sich mehrere Parameter an, beispielsweise: Wieviele Jahre nach der Manuskriptabgabe erscheint das Buch? Oder: Wieviel Prozent der Sätze dürfen in der offiziellen Ausgabe nicht erscheinen? Sollten nur ein bis zwei Prozent auf der Strecke bleiben, so können wir gewiß das glückliche Gelingen begießen.

Was der Zensur zum Opfer fällt, gelangt früher oder später zurück auf seinen Platz. An erster Stelle steht die ungekürzte vervielfältigte Textausgabe; sie ist die Grundlage möglicher Kompromisse. Freilich ist nicht auszuschließen, daß der ominöse Zusammenhang unzensierter Textausgaben mit einem Schreckenswort (Samis, das heißt selbst, so beginnt es, und so endet es: dat, das heißt Verlag) die offizielle, die im Druck erschienene und gesetzesfürchtige Ausgabe in weite Ferne, in die Welt der Träume entrückt, weil mehrere den Zeigefinger erheben und meinen: bis hierher und nicht weiter! Eine Doppelausgabe kommt nicht in Frage! Nur eine Einzelausgabe! Entweder Illegalität oder Legalität! Die beiden Dinge dürfen nicht miteinander vermengt werden, achten wir auf die Reinheit der Gattung!

Gäbe es meine Bücher in den Buchhandlungen zu kaufen, so könnte man mich nicht zu einer Unperson machen. Doch just darum geht es, diesem Zustand geistiger Verwesung soll ich überantwortet werden. Ich muß schließlich einsehen, daß ich Strafe verdient habe.

24.

Der Roman ist eine totale Form, die Fabel ist nur einer von vielen Bestandteilen, nimmt aber in der Organisation keine beherrschende Stellung ein. Die Handlung ist nichts anderes als die Entstehungsgeschichte des Buches. Vor der Nase des Lesers bereiten wir den Spießbraten zu. Erziehungsroman, einen Gedanken ohne die eigene Entwicklungsgeschichte gibt es nicht. Wie bist du hierher gelangt? Wie hast du versucht, am

Leben zu bleiben? Ein Mann mittleren Alters neigt dazu, auch die Geschichte seiner Generation als die eigene zu betrachten.

Die Reihenfolge der Sequenzen ist eher räumlich als linear zu sehen. Jede der Seiten kann auch unabhängig voneinander gelesen werden, und eine Art des Buchbindens, die ein Herausnehmen und Umgruppieren der Blätter ermöglichen würde, wäre in keiner Weise beleidigend. Die Struktur der Stadt erfassen wir erst, wenn wir sie durchwandert haben; Romanstadt; niemand kann sie in ihrer Ganzheit im Gedächtnis konservieren, nicht einmal ihr Erbauer, den eine frühe Zerebralsklerose davor bewahrt, ein Lexikon zu sein.

Von Satz zu Satz spricht jemand anderes, auch wenn es dieselbe Stimme ist. Der Meister muß nur darauf achtgeben, daß der Diskurs oszillatorisch bleibt, wie das Elektrokardiogramm der Herzfunktion. Bevor du hier ausgelitten haben wirst, bekommst du einen freien Tag, setz dich in den Garten, und gib dich dem Nichtstun hin. Weißt du, worin sich dieser Tag von den anderen unterscheidet? Darin, daß du heute vielleicht davongehst. Flüchtige Besucher huschen zwischen den Reihen der Weinstöcke hervor, und in langen Übergangsmänteln gleiten sie auf einem silbrig glänzenden Segelboot davon.

Was geschieht mit einem Menschen, den seine Angehörigen, Ermordete oder Selbstmörder, davon in Kenntnis setzen, daß es jetzt ratsam sei, sich zusammenzunehmen, weil nicht auszuschließen sei, daß der Vorabend seiner Abreise sein letzter Abend werden könnte?

Unser Held ist überrascht; seit einem halben Jahrhundert hält er sich in Osteuropa auf, und wohl seit vierzig Jahren hatte er nicht einmal eine Grippe. Trotz aller Stürze kam er immer wieder auf die Beine. Die Vergebung seiner Zeitgenossen wird er nur postum erlangen.

25.

Warum sollte ich mich schämen dafür, was ich gestern getan habe? Warum sollte ich meine Hanswurstiaden nicht wieder anschauen? Ich bearbeite den schamlosen Rohstoff, löse ihn aus seinem zeitlichen Zusammenhang, aus seinen persönlichen Verzweigungen heraus. Ja, ich schreibe alte Texte um, Inspiration in zweiter Instanz, ich stehe kopf. Ein königlicher Weg führt mich gewiß nicht zum Wesentlichen, ich bin ein Handwerker. Der Roman ist nicht die Abwicklung einer erzähltechnischen Aufgabe und auch kein Rätsellösen; geben wir den Themen, was der Themen ist, widmen wir ihnen ein Kapitel. Ich hatte schon immer Schwierigkeiten damit, daß ich in meinem nächsten Buch keinen Platz fand.

Der Stadtplan wandelt sich tagtäglich. Wichtiges Dogma dieses Verfahrens ist die Selbständigkeit der Einzelteile. Jeder Satz ist eine besondere Einheit, jeder Absatz ist eine besondere Einheit, jeder für sich sollte eine eigene Mitteilung besitzen. Als würde eine große Kugel aus vielen kleinen zusammengewürfelt, die magnetisch aneinander haften, als bestünde eine innere Zusammengehörigkeit, dennoch aber ist jede Kugel für sich ertastbar. Auch die Bestandteile des Haufens sind selbständige geordnete Haufen.

Jeder lesenswerte Roman ist ein bohrendes Fragen nach der Wahrheit, die von vornherein in Frage gestellt wird. Erklärung des Autors zur Beziehung von Subjekt und Objekt: Auswahlverfahren, der Stil selbst. Auch ich war durchdrungen von methodischem Argwohn, dies war meine Schule. Nach einer Serie schwammiger Masken ist der Idiot ein sicherer Halt. Zu allem, wozu mich meine Auftraggeber ermuntert hätten, wäre ich fähig gewesen. Ich entschloß mich, über die Literatur des Verzichts hinauszugehen.

26.

Nach der Dekonstruktion die Rekonstruktion. Saison der Rückeroberung. Wir möblieren die ausgeplünderte Wohnung. An die Stelle des Gesichts gelangte ein Ziegel, das Gesicht muß erneut geformt werden.

Was bleibt, wenn absolut nichts sicher ist? Was ist wirklich?

Nach der Revolution war ich auf eine Sicherheit versessen, von wo aus ich nicht mehr tiefer würde fallen können. Müll-Katalog. Enttrümmerungsbrigaden machen Bestandsaufnahme. Ein etwa einundzwanzigjähriger junger Mensch könnte zu der Annahme neigen, seine Ahnen und Zeitgenossen seien allesamt Einfaltspinsel.

Das Tätigsein ist allzu sehr in die Nähe des Tötens geraten, als daß mich die Idee des Nicht-Tätigseins nicht in ihren Bann zöge. Freilich gebe ich bereitwillig zu, daß diese Idee nicht typisch westlich ist. In der Kultur der Tätigen lautet die Frage, wie etwas zu tun sei. Meine Frage heißt, wie etwas nicht zu tun sei.

Pathetisch auserwählte Taten steigen aus der Ikonographie herab auf den Trödelmarkt, die Büsten der Helden bröckeln ab. Die Kritik ging bis auf die Knochen und verbrannte die Knochen. Aus dem tätigen Willen der Macht ist Menschenasche geworden. Änigmatische Kollaboration meiner vergasten Schulkameraden. Eines ist sicher, sie waren keine Realpolitiker.

27.

Strateologisches Kartenspiel, Patience, ich lege das Blatt von fünfzig Jahren aus, wie einen Stadtplan. Burleske Szene, mir gelingt es nicht, die Zeitbombe aus meiner Hosentasche hervorzuzerren, ich höre das Ticken der Höllenmaschine.

Nichts, was ich von uns wissen könnte, das keine Literatur wäre. Gleichwohl nehmen wir unseren bescheidenen Platz im akademischen Universum ein. Im Klassifikationslager numerierte Baracken. In Konfrontation zur wissenschaftlichen Lebenslenkung geben wir Rechenschaft von der Fehlbarkeit des Handelns.

Vormundschaftsjurist, Stadtplaner, Revolutionär; in meinen Büchern stellte ich das Ich, im Besitz der Macht, dem Schwachen gegenüber, den Gefallenen, den Stadtbewohnern, den Bürgern. Das Amüsante hieran ist, daß ich nie irgendwelche Macht besessen habe. Ich konzentrierte mich lediglich auf das Beobachten und Beschreiben, Subjekt der Macht war ich nie oder, sagen wir, nur in ganz geringem Umfang. Aus ganzer Kraft lebte ich der Überzeugung, daß Mannsein nicht heißt, Schläge austeilen, sondern einstecken können.

Schließlich war ich ein Pseudonarr, mir waren die Masken ausgegangen, ich wüßte nicht, was anderes ich tun sollte, als zu schreiben, obwohl dies zwar eine nicht ganz saubere, dennoch aber verzeihliche Art der Reflexion ist. Betreiben wir es hingebungsvoll, kann es sogar abenteuerlich sein.

Einziger dauerhafter Aufruhr ist die Emanzipation der Anschauung vom Handeln. Selten spürt der Mensch, ob er sich auf dem richtigen Weg befindet, und meistens vertrödelt er seine Jahre mit lächerlichen Ängsten. Es gibt keine Anweisungen, wie zu verfahren wäre. Nichts, was zu vermitteln wäre.

28.

Alle meine Bücher drehen sich um das Töten. Strategische Standpunkte zur Gewalt und zum Tod. Was bleibt übrig vom Menschen? Woran können wir uns klammern? Wenn alles vernichtet werden kann, gibt es dann etwas, das nicht zu vernichten ist? Wer nicht weiß, daß das Phänomen die Verspottung des Wesens ist und umgekehrt, der ist kein Mitteleuropäer.

Kann man von jemandem, der so viele Klischees konsumiert wie meine Mitbürger überall auf der Welt, ein rätselhaftes Porträt zeichnen? Bei einem gründlichen Abriß ist das Menschenmaterial nurmehr Objekt, wie ein Kehrichthaufen oder eine Leiche.

Man kann nicht ungestraft Soziologe sein, die Stereotypiekollagen, die im unvergleichlichen Charakter kodierbare Einheit, können nicht unbemerkt bleiben. Durch die Fensterritzen pfeift der Wind, ich sitze hier, ein numerierter Gefangener, ein verbuchter Leichnam, um aufgearbeitet zu werden.

Doch ist diese Nichtexistenz des Menschlichen nicht gerade im Interesse der Lagerleitung? Von woher betrachtest du die

Sache? Vom Standpunkt, daß ein jeder ein Freund ist? Oder vom Standpunkt, daß ein jeder ein Verräter ist?

Idiotisches Kind, schizophrener Junge und Bruder, keine allzu ritterliche Rollenverteilung. Während wir das sprechende Ich mitten im Spiel verlassen, wird es ein ungebührliches Übergewicht haben. Verlaß dich und schlüpf in die Ungeheuer.

29.

Mit einem Bein stand ich im Ich, mit einem außerhalb davon, weichliche Hinfälligkeit war immer das andere. Das Armenviertel mit seinen üppig wuchernden Flüchen, die Stadt, in die mich der Planer hineinsetzt.

Das Subjekt ergötzt sich, hat die Massenszenen, den Markt und die Freudenfeste schrecklich gern, im Bordell wirft es zu jedem Mädchen einen Blick hinein, doch auch in der Folterkammer verweilt es, freilich aus der Distanz der Darstellung.

Aus dem Wirrwarr hervorgehobenes und geklärtes Handeln, den Windungen irgendeines ethischen Dilemmas angepaßt, war mir fremd. Statt experimenteller Beweisführung war mir eher der Sturm des Handelns eine Lehre, doch auch diese in einer Handlungspause, in einer Phase der Besinnung unter die Lupe nehmend, damit meine Helden die Möglichkeit haben, in makelloser Formulierung über sich nachzudenken.

Immer gibt es eine Ruheloge, von wo aus sie das eigene Theater beobachten, Schreibtisch bei der Vormundschaftsbehörde, Bank in der Nervenheilanstalt, Grabsteintisch; der Lärm der Geschehnisse wird heraufbeschworen, irgendwo sitzen die Akteure, und die Geschichte rast auf sie zu, wie ein Kino-Schnellzug.

Nach den vielen handelnden Figuren schließlich suchte ich eine, die bewußt nicht-handelte, die so ist, wie auch ich selbst zu sein versuche. Amüsant, wieviel Staub man um sich herum durch leises Hämmern auf der Schreibmaschine aufwirbeln kann.

Ergo bibamus, laßt uns also trinken und plumpe Verallgemeinerungen vermeiden. Der Vater gab uns die Freiheit, den letzten Tag zu gestalten; wir können die Ereignisse ganz nach Belieben auswählen. Absolut nichts ist wirklich, mit Ausnahme der Literatur.

Im Angesicht Gottes

1.

Ich bin Jude, ich bin anders als die anderen. Wenn ich mich zu meinem Judentum bekenne, so bekenne ich mich eher zu meinem Anderssein als zur Gemeinschaft mit einem Volk, dessen Religion der Monotheismus ist. Assimiliert werden, aufgenommen werden, eins werden mit den anderen, das ist es, was wir gern gesehen hätten. Es ist nicht gelungen. Es hat nicht gelingen können. Eine Außenseiterstellung kann man nicht vollkommen verlieren, sie gehört zu unserem Wesen.

Wir hatten eine vage Vorstellung von einem Zuhause, das wir finden wollten, und vergaßen darüber, dem Außenstehenden in uns die gebührende Achtung zu widmen. Hinter unserem Rükken sahen sich die anderen bedeutungsvoll lächelnd an. Zwar spürten wir dies in unserem Nacken, blickten aber nicht zurück. Wer sich gar zu heftig aufdrängen will, muß damit rechnen, abgelehnt zu werden. Ein eigenartiges urbanes Volk weilte zu Gast bei Feudalherren und Bauern. Sowohl die Juden als auch die Christen fuhren gut dabei, die Juden allerdings besser. Warum sollte es die Mehrheit mögen, wenn sich eine Minderheit auffallend gut durchsetzt? Sie waren nicht großherzig genug, um das Eigenartige lieben zu können. Wir waren nicht großherzig genug, um ihnen auf dem Weg der Liebe ohne Beklommenheit entgegenzugehen. Für Ängstliche ist es nicht leicht, sich mit Ängstlichen anzufreunden.

Er sei kein Jude, sondern nur jüdischer Abstammung, sagt ein Jude in christlicher Gesellschaft. Wie ein Franzose russischer Abstammung oder ein Ungar deutscher Abstammung. Er sei nicht religiös, fährt er fort, er spreche nicht hebräisch oder jiddisch, er gehöre nicht dem Judaismus an, von den anderen Ungarn wolle er sich nicht unterscheiden. Hinter seinem Rükken wird er als Jude bezeichnet. Und sei es auch nur der Einfachheit halber. Warum sollte man sich seinem Irrglauben anpassen? Das kann er von niemandem erwarten. Besticht er sie oder schüchtert sie ein, werden sie es ihm nicht ins Gesicht sagen, daß er Jude, daß er anders ist, aber das denken sie, und wenn er sie nicht hören kann, sprechen sie es aus.

Wir haben versäumt, auf der Grundlage unseres Andersseins die Beziehungen zu unseren Mitbürgern zu regeln. Anderssein ist nichts Unangenehmes und nichts Schändliches. Es sei denn, wir bilden uns ein, jeder anständige Mensch müsse von Kopf bis Fuß zu einer nationalen Gemeinschaft gehören. Die mitteleuropäischen Juden mußten – oder es war eine Tradition – nacheinander zu allzu vielen staatlich-nationalen Gemeinschaften gehören; die eifrige Zugehörigkeit machte sie ganz verwirrt. Eine jede Gemeinschaft wollte sie ganz und gar vereinnahmen, und wenn sie nicht geschluckt werden konnten, wurden sie ausgespien.

Will jemand unbedingt Patriot sein, so ist es besser, wenn er ein Vaterland hat. Die meisten Menschen wollen sich von den anderen nicht unterscheiden. Auch die Masse der Juden ähnelt gern der Mehrheit. Wenn die Juden um den Preis, daß sie schön ungarisch sprechen und ihren Namen magyarisieren, daß sie sich kleiden und wohnen wie die anderen Ungarn, daß in der Orgelsynagoge in ungarischer Sprache gepredigt wird, daß sie gute Bürger und gute Soldaten ihres Staats werden, wenn die Juden um diesen Preis ihre Stigmatisierung loswerden können, warum sollten sie dann dieses Opfer nicht bringen, um nicht mehr drangsaliert zu werden? Schließlich wurden sie dennoch gepeinigt. Die Assimilierungsanstrengungen waren vergeblich.

2.

Habe ich Angst, mich von den anderen zu unterscheiden, so ist es ein Mißgeschick, Jude zu sein. Macht mir das Anderssein absolut nichts aus, kann ich mich trotz eventueller Mißliebigkeit auch zu meiner jüdischen Existenz bekennen. Wir waren Opfer eines Irrtums, indem wir vor dem Anderssein auf der Hut waren, verloren wir uns selbst. Die Strafe des Herrn suchte uns heim; wehrlos und ohne Alternative fügten wir uns den Verordnungen, durch die wir Schritt für Schritt aus der Gemeinschaft der Lebenden herausgedrängt wurden.

Die Budapester Juden zeigten verächtlich auf die karpatoukrainischen Juden, sie hätten schon einen gewaltigen Schritt auf dem Weg zur Assimilierung getan, sie seien nicht so wie diese. Warum aber mußten sie dann Demütigungen hinnehmen? In den jüngeren Mittelschichtfamilien schämte man sich des orthodoxen Großvaters. Sie schämten sich seines Namens, seiner Aussprache und daß er bei jedem Händewaschen eine Broche, einen Segensspruch, murmelte. Wer sich verleugnet, wird schwach. Die Außenseiterstellung kann nicht und darf auch nicht verlorengehen. Wir haben uns lächerlich gemacht: Indem wir die Nähe zum Volk suchten, das die Mehrheit stellte, drängten wir uns den Hausherren auf. Antisemitismus ist eine stupide Gesinnung, dennoch muß er irgendeinen Grund haben. Schuld daran sind nicht nur die Antisemiten, sondern auch wir selbst.

Auch sie hatten es nicht einfach. In Mittel- und Osteuropa gab es mehr ethnische Gemeinschaften als Staaten. Nationale Kränkungen und Haßgefühle, kleine Nationen mit Folklore und romantischen Denkmälern. Gern hätten sie sich freigemacht von dem unbehaglichen Gefühl der Zu-spät-Gekommenen, der armen Verwandten. Alle wollten sie einen Staat haben. Und wir griffen uns an den Kopf, zuvor hatten wir noch in dem einen Staat gelebt, und nun befanden wir uns plötzlich in einem anderen, obwohl wir unser Dorf nicht einmal verlassen hatten. Unruhige Gemeinschaften, gar zu gern wären sie groß gewesen. In einem solchen Zustand ist die Empfindlichkeit übergroß.

Wenn der Liberalismus hier nicht Realität geworden war, wie sollte es dann dessen Geist hier gegeben haben? Introvertierte Völker. Weder nach Osten noch nach Westen wollten sie blicken, sie seien sich selbst genug. Auch die Ungarn hätten sich gern für etwas Wunderbares gehalten. Mit entsprechender Aufmerksamkeit lassen sich die hervorragenden Eigenschaften eines jeden Volkes entdecken. Schade nur, daß sie den eigenen Beteuerungen keinen Glauben schenkten. Die Mehrheit der Juden kam von jenseits der Grenzen, die Aufnahmeländer hatten keine Angst davor, was jenseits der Grenzen lag.

Wer den Radikalismus im Blut hat, der ist allein und braucht nicht einmal einen Gedanken daran zu verschwenden, daß diese Einsamkeit abnorm sein könnte. Eine Gemeinschaft halten wir nicht deshalb für die unsere, weil wir Belohnung von ihr zu erwarten hätten. Viel gaben wir uns damit ab, was andere von uns denken, über uns selbst aber, über unseren Versuch, mit den anderen zusammenzuleben, machten wir uns ziemlich wenig Gedanken. Bei der Verbürgerlichung hätten wir konservativer vorgehen, hätten wir uns mehr Zeit lassen müssen. Wir gaben uns Mühe, hatten es eilig und dachten nicht genügend darüber nach, wohin wir eilten.

3.

Als Strafe dafür, daß sie sich vor den lokalen Staatsgötzen zu tief verneigt hatten, gerieten die Juden in die Situation des Ausgeliefertseins und der Hilflosigkeit. Die Achtung vor dem Gesetz und die Loyalität müssen an bestimmte Bedingungen geknüpft werden. Schwören wir der Verheißung des Verschiedenseins ab, begehen wir ein Verbrechen gegen uns selbst. In Westberlin kann ich ungestörter als in Budapest Ungar und Jude sein, ein Deutscher bin ich so oder so nicht, ich bin anders. Das Verschiedensein muß man mit zunehmender Gelassenheit zur Kenntnis nehmen. Von dieser Unterscheidung habe ich viel gelernt, meine Wachsamkeit habe ich ihr zu verdanken.

Die Deportation meiner Angehörigen von Ungarn nach Auschwitz geschah aufgrund von Gesetzen, die zuvor im Parlament verabschiedet worden waren. Instinktiv bringe ich den Staaten Argwohn entgegen, und auch die Legalität vermag mich nicht zu beruhigen. Die jüdische Elite Europas entmannte sich vor dem Zweiten Weltkrieg selbst.

Alle meine Verwandten in aufsteigender Linie waren Juden. Sämtliche meiner Vorfahren – das ließ sich bis zum achtzehnten

Jahrhundert zurückverfolgen – lebten in Ungarn, im Komitat Bihar. Nach meiner Geburt wurde ich beschnitten, mein jüdischer Name lautet Isaak ben Josef. Die Barmizwa, die Jünglingsweihe, erhielt ich nicht mehr. Meine Religion habe ich niemals gewechselt, stumm bete ich zu dem einzigen Gott in ungarischer Sprache, oder ich denke einfach an ihn, ohne die Gedanken in Worte zu fassen.

Ich will mich nicht assimilieren, ich will mich nicht dissimilieren, ich bin Ungar und Jude. Beides ist wahr. Ich will niemanden verändern und will mich auch selbst nicht auf jemandes Verlangen verändern. Mit meiner Umgebung versuche ich in Eintracht zu leben. Wenn mich jemand nicht mag, weil ich Jude bin, so ist das seine Sache. Will mich irgendwer deshalb töten, werde ich eine Waffe in die Hand nehmen und davon Gebrauch machen. Sowohl gegenüber den Ungarn als auch gegenüber den Juden bin ich befangen. Ich erkläre mich mit ihnen solidarisch. Ihre Untaten machen mich ungehalten. Die Gemeinschaft der fünfzehn Millionen Ungarn und der fünfzehn Millionen Juden steht mir näher als andere Völker.

Die Judengesetze des ungarischen Staats stellten die Staatsbürgerrechte von mehreren Dutzend meiner Verwandten derart in Zweifel, daß ihnen nicht einmal das Lebensrecht blieb. Die Mehrheit der ungarischen Staatsbürger beobachtete diese Entwicklung mit Gleichgültigkeit, eine Minderheit billigte dieses Vorgehen, und nur eine verschwindend geringe Anzahl lehnte sich dagegen emotional und durch Taten auf. Das Engagement für die Menschenrechte unserer Nächsten bewegt sich im Karpatenbecken auf einer ziemlich primitiven Stufe. Gerate ich nicht selbst in Bedrängnis, ist es günstiger, sich dezent zurückzuziehen. Reden ist Silber, Schweigen ist Gold. Solange die Gemeinschaft so denkt, wird sie schwach bleiben, und man wird fast alles mit ihr machen können. Personen und Freundeskreise können mehr für sich tun, als sie zu tun gewillt sind, dies ist meine Erfahrung.

4.

Die nicht-offiziellen Affekte in den osteuropäischen Ländern sind eher nationalistisch als liberal geprägt. Gegen das ungute Gefühl, daß die Menschenrechte der in den Nachbarstaaten lebenden Ungarn eingeschränkt werden, kann für mich der Haß auf die Nachbarvölker keine Medizin sein. Um die nationalen Kränkungen der Ungarn zu lindern, bedarf es einer ostmitteleuropäischen, einer donauländischen Demokratie.

Die Erneuerung nationaler Strategien, die Erneuerung der Kulturtradition patriotischen Prahlens und Schmollens und die bloße Rettung der Werte sind zu wenig. Je staatlicher, je osteuropäischer wir sind, desto nationalistischer geben wir uns. Ein sonderbarer geistiger Zustand, jene Gemeinschaftssentimentalität, die uns dazu bewegt, alles aus dem Blickwinkel der Nation und des Nationalstaats zu betrachten. Wir wollen unsere Abkapselung und halten sie für richtig, und wir haben Schuldgefühle, weil wir mehr sind als unser Nationalcharakter.

Nicht die Persönlichkeit des anderen Menschen, sondern dessen Gruppenzugehörigkeit ist für die Gemeinschaftsmoral ausschlaggebend. Manchmal, während einer Reise, im Taumel einer unerwarteten Emphase, wenn sich diese psychische Verkrampfung löst, erleben wir das Anderssein geradezu als anziehend. Das sich isolierende, abgrenzende Nationalbewußtsein weist ähnliche Strukturen auf wie das Klassenbewußtsein: Prahle damit, was du bist und was du hast! Die anderen sind dir lediglich ein Gegenstand der Geringschätzung. Ein beachtlicher Teil der schöngeistigen Literatur unseres Jahrhunderts badete sich im nationalen Hochmut und im Standesdünkel.

Welches ist die Ideologie, die die menschliche Persönlichkeit für einen Selbstzweck hält und deren komplexe Besonderheit für höherwertiger als die Gruppencharakteristika? Ich meine nicht, daß Sich-Ähneln fruchtbarer wäre als Sich-Unterscheiden. Ohne Antisemitismus wären die Juden dümmer geblieben. Wem die greifbaren Werte weggenommen werden, der zieht sich in die Welt der geistigen Werte zurück. Diese disziplinierte

Transzendenz trainiert den Verstand.

Von meiner Kindheit an entwickelten sich die Dinge so, daß ich in allen Gemeinschaften nur unter Vorbehalt anwesend war. Mich kann nicht einmal begeistern, daß ich als Mensch geboren worden bin. Warum sollte ich mich für meine persönlichen Daten begeistern? Vielleicht wäre es besser gewesen, später geboren zu werden, anderswo oder überhaupt nicht? Von Menschen, die sich keine interessantere Gesellschaft als die eigene vorstellen können, ziehe ich mich zurück.

Wir sind intelligent und gewalttätig, meist stellen wir unsere Intelligenz in den Dienst unserer Aggressionen. Jede Kollektivideologie ist identisch mit irgendeinem Argumentationsarsenal der Gruppenaggression. Das Postulat des Nationalismus: »Entscheide, was du bist, und anders darfst du nicht sein!« basiert auf einem abstrakten Gedankenspiel. Ein unmögliches Verlangen, es negiert die Vielschichtigkeit der menschlichen Wirklichkeit. Die menschliche Wirklichkeit ist pluralistisch. Warum sollten wir sie uns monolithisch wünschen? Gemäß nationalistischem Wunsch müßte ich ein Spiegel des Nationalstaats sein. Ein solcher Spiegel bin ich nicht. Mit dem Staat habe ich nichts zu schaffen, ich habe mit dem Papier zu tun.

5.

Ein Konvertit bin ich nicht; als mir der eine das Leben und der andere den Erfolg garantiert hätten, wollte ich weder zum Katholizismus noch zum Kommunismus übertreten. Ein Mann der Mehrheit, den die andersartige Minderheit stört und der deren Assimilierung betreibt, war ich in keiner Gemeinschaft. Diese aggressive Mehrheitsmentalität halte ich für die klassische Form gesellschaftlicher Idiotie. Die gesellschaftliche Idiotie ist die gigantischste Energie der Weltgeschichte. Der Teufel ist kein Bösewicht, sondern ein Idiot.

Ich verstehe, daß sich die kleinen Leute durch die zahlenmäßige Größe ihres Landes auch selbst größer vorkommen. Es kam schon vor, daß ich mit Bürgern bevölkerungsstarker Nationen sprach, die Tatsache, daß sie so viele waren, erfüllte sie mit Selbstzufriedenheit. Die Isländer sind mir unter allen mir bisher bekannten Nationen am sympathischsten; zweihunderttausend sind es wohl nur insgesamt, seit achthundert Jahren sind sie bereits schriftkundig, und sie leben in einer Demokratie.

Auch in mir spüre ich den Eigensinn, der den Juden zur Last gelegt wird. Die Selbständigkeit nicht aufgeben! Selbst wenn du nichts mehr hast. Selbst im Sträflingsanzug nicht. Ich ahne, daß die Aufseher in den Konzentrationslagern die Häftlinge einzig wegen ihres Blicks ermordet haben.

Ohne Demokratie herrscht Diskriminierung, und als Reaktion darauf erscheint bei den nachteilig Unterschiedenen das Bewußtsein des Auserwähltseins. In einer Demokratie ist das Bewußtsein jüdischen Auserwähltseins zwischen der anderen hundertfachen aristokratischen Minderheitenarroganz eine ziemlich lächerliche Grille. Einen Juden, der stolz ist auf die Thora, den Talmud und die Kabbala, obwohl er sie gar nicht kennt, finde ich komisch. Oder den Franzosen, der sich im Namen von Racine und Baudelaire, die er nicht gelesen hat, gegenüber den anderen Europäern als etwas Besonderes vorkommt. In New York wird das Anderssein der Juden ebenso wahrgenommen wie das Anderssein der Italiener und Chinesen, mit einigem Humor. Solange sie über uns lächeln, werden sie uns nicht ermorden.

Die Bemühung der Minderheit, etwas anderes scheinen zu wollen, als sie tatsächlich ist, empfinde ich als einen unglückseligen Eifer. Gemessen an der menschlichen Einsichtskraft sind sowohl der jüdische als auch der ungarische Nationalismus ein ziemlich beschränkter Standpunkt. Wer es zum Gegenstand seines sehnlichsten Verlangens macht, daß andere Menschen zum selben staatlichen Gemeinwesen gehören sollen, wie er selbst, der verehrt auch den Staatsmenschen als solchen am meisten. Man kann auch der qualitativen Vielfalt im Menschen seine Hochachtung bezeugen. Es ließen sich auch sublime Formen des Zusammenlebens entwickeln. Wir können die Schwierigkeit des menschlichen Phänomens in Betracht ziehen. Zwei

Sprachen sprechen ist besser als nur eine. Will man freilich leicht und schnell zu einer Ideologie gelangen, so ist der Haß am ökonomischsten. Wer nicht den Mut hat zu sagen, daß jeder sein Feind sei, der sucht sich eine kleinere Gruppe, die zu hassen minder riskant ist. Am bequemsten ist es, eine Minderheitengruppe zu hassen.

6.

Enthusiastisch zur Mehrheit zu gehören ist meist eine vorteilhafte Passion, die sich auf die Karriere beschleunigend auswirkt. Zu eruptiver und verschwenderischer Feindseligkeit indessen sind meist die Bewaffneten fähig, die sich dessen sicher sind, daß der andere nicht zurückschlagen kann. Unter der verabscheuten Minderheit im Namen der angewiderten Mehrheit ein Pogrom inszenieren – süße wahnsinnige Befriedigung. Jenen gewissen Säugling an der Mauer zerschmettern, jenes gewisse unschuldige Mädchen vergewaltigen, jenen gewissen Greis am Bart durch den Schlamm zerren – Taten, die nur zum Volksfest des Pogroms ungestraft bleiben und durch die Gesinnung der Mehrheit moralisch belohnt werden können.

Die allgemeine Klugheit rät, den anderen nicht zu hassen, wenn er stärker ist, wegen Duckmäuserei hat man noch niemandem den Kopf abgeschlagen. Die Verschmelzung von staatlichem und mehrheitlichem Haß begünstigt seltsamerweise das Fortkommen dessen, der sich ein bißchen auf das Hassen versteht und natürlich immer in der richtigen Richtung. Mir ist noch keine Gemeinschaft begegnet, die von mir nicht einige feindselige Gefühle gegen andere Gemeinschaften erwartet hätte. Früher oder später schlug mir in den verschiedensten Gemeinschaften der intime Fußgeruch eines Militärzelts in die Nase, ein sich rekelndes, grobschlächtiges Gemüt, eine dümmliche Selbstsicherheit, etwas ganz Besonderes zu sein. Es gibt kaum etwas Schrecklicheres als diesen kollektiven Humor.

In der ersten Person Singular können wir nicht sonderlich gewalttätig sein, weil man uns verstößt oder den Stempel des

Verbrechers aufdrückt. Artikulieren wir jedoch unsere aggressiven Affekte in der ersten Person Plural, können wir sogar damit rechnen, daß uns ein Denkmal errichtet wird. Für das intime Gemeinschaftsbewußtsein ist eine Art abgestandenen und nach Schweiß riechenden Drangs nach Verwässerung bezeichnend. Menschen mit feuchten Augen tauschen Vertraulichkeiten aus. Gern umarmen sie sich, wie Betrunkene, was sie keineswegs daran hindert, in der nächsten Sekunde tödlich beleidigt zu sein. Mit einem solchen Menschen, der an Minderwertigkeitskomplexen leidet, gemeinsam in einem Zimmer, warte ich darauf, wann aus ihm die Sentimentalität des Grobians hervorbrechen wird. In Gesellschaft von kühlen, rücksichtsvollen, sportlichen, vertrauenswürdigen und ironischen Menschen denke ich mit Hochachtung an die Zivilisation.

Vor internationalen Kontakten muß man keine Angst haben, wir müssen uns nicht einspinnen, es ist nicht angebracht, zweideutige Fakten patriotisch zu beleuchten. Die halbkommunistische, halbnationalistische und halboppositionelle Bewußtseinsmischung mit ihren bedeutungsschweren Parabeln läßt demjenigen, der seinen Kopf damit füllt, nicht allzu viel geistiges Licht. Das Bessere anderswo zu suchen, verspricht keinen Erfolg. Mehr oder weniger ist es natürlich, daß die Dinge nicht gut stehen. Das Bestehende muß ich vom Nullpunkt ausgehend messen. Ich bin in dieser Welt geboren worden, daran kann ich nichts ändern. Es ist schön angenehm, daß man mich in Ruhe läßt.

7.

Als Jude in der Diaspora bekenne ich mich zur jüdischen Identität, ich sympathisiere mit dem Zionismus und dem Staat Israel. Doch bin ich nicht Jude über alles. Ich glaube, daß die intellektuelle Kraft der jüdischen Diaspora aus der komplizierten Zusammensetzung ihrer Qualitäten stammt. Die Juden lebten in Räumen, in denen sich die Kulturen kreuzten, was ihnen einen ziemlich klaren Blick für die Relativität der menschlichen

Dinge gewährte. Sie wußten noch etwas anderes als das Volk des Aufnahmelands, doch was dieses wußte, das erschloß sich ihnen nicht wirklich. Vorbehaltlos zu identifizieren vermag ich mich mit keiner nationalen Gemeinschaft, weder mit der ungarischen noch mit der israelischen.

Seit einem halben Jahrhundert lebe ich in Ungarn, meine Kultur wird mehr durch die ungarische als durch die jüdische bestimmt. Mir ist es lieber, durch mein Denken geprägt zu werden als durch irgendeine angeborene Eigenschaft. Ich will mich nicht durch die befangene Übereinkunft einer völkisch-ethnischen Gemeinschaft beherrschen lassen.

Als Jude bleibe ich bis zu meinem Tod eine Frage, auf die ich nie eine befriedigende Antwort finden werde. Ich werde mit meinen Paradoxa leben. In jeder Stadt, auch in der meinen, treffe ich einige Menschen, die sich gern mit mir anfreunden, wahrscheinlich gibt es auch solche, die mich unsympathisch finden. Dieser Umstand bedrückt mich nicht, weil ich mit ihnen nicht verkehre. Wenn er nicht dort sei, könne man ihn seinetwegen auch aufhängen, sagte unser alter Philosoph.

Seit dem Zweiten Weltkrieg war der Antisemitismus in Ungarn keine offizielle Einstellung und für die Volksmehrheit nicht charakteristisch. Bei einem eventuellen aggressiven Auftreten würde ich auswandern. Ich nehme zur Kenntnis, daß die Juden auffallen, ihr Profil markant ist, daß sie zugleich Interesse erwecken und Befremden auslösen. Wen ich liebe, interessiert mich mehr, als wer mich liebt. Wenn ich »wir« sage, denke ich vor allem an meine Freunde in Budapest und überall auf der Welt. An etwas weniger Bestimmbares, als es eine nationale-völkische Gemeinschaft ist. Der Allmächtige möge mich vor der Sentimentalität jüdischer und ungarischer Eigenliebe bewahren.

Lernende Väter lebten in lernenden Söhnen weiter. Über zweitausend Jahre fungierte der Tempel der Juden als Unterrichtsraum. Schon immer gab es unter ihnen mehr Schrift- und Gesetzeskundige als in ihrer nichtjüdischen Umgebung. Angesichts der komischen Kluft, in der sich der hausierende Jude mit seinem Bündel durch die Straßen bewegte, nahm es nicht wunder, daß er vom Bauern und Edelmann beargwöhnt wurde. Und erst recht natürlich vom Zunftbürger. Zu guter Letzt würde sich der Jude hier noch zwischen den Stadtmauern gesundstoßen wollen. Beschränkungen wurden ihnen auferlegt, man schützte sich vor ihnen, und als die Beschränkungen schließlich aufgehoben wurden, als man sie aus dem Ghetto herausließ und als die Emanzipation rechtlich manifest wurde, blühten die jüdischen Gemeinschaften auf. Natürlich gab es Leute, die sie in das Ghetto zurückpferchen wollten. Doch dies versprach keine perfekte Lösung.

8.

Auf den Gebieten, auf denen sich der Erfolg abstrakt messen ließ, machten die jüdischen Jungen und Mädchen gute Fortschritte. Es war nicht mehr als natürlich, daß das Volk des Gesetzes in der Schule gut lernen würde. Zurück führte der Weg ins Ghetto, vorwärts in die Hauptstädte, dort versammelten wir uns und waren manch einem ein Dorn im Auge. Wer viel von sich hören läßt, muß damit rechnen, daß man ihn nicht leiden kann. Nicht alle beherrschten die Tugend der Bescheidenheit, doch dann wurden die Bescheidenen ebenso ermordet wie die Unbescheidenen.

Die Juden sind eine auch heute nicht beliebte Minderheit. Die Vernichtung der Mehrheit brachte den Überlebenden nicht die ersehnte Ruhe. Die Davongekommenen waren etwas Bedrükkendes. Aus dem Tod zurückzukommen ist eine Ungehörigkeit. Unbehaglich, wenn die Zeugen aus dem Massengrab hervortappen. Wer mag schon an seine beschämenden Untaten oder auch nur an seine Versäumnisse und Gleichgültigkeit erinnert werden? Es ist nicht angenehm, an die Beschämung zurückdenken zu müssen.

Die versunkene Welt der Erinnerungen der donauländischen Juden bekam ich mit auf den Weg, einst wollte ich loskommen davon, jetzt arbeite ich sie allmählich auf. Unmöglich, daß sich die Juden nicht unterscheiden sollten, und unmöglich, daß sie deshalb von den Christen nicht unterschieden werden sollten. Ein schier unlösbares Dilemma. Obwohl die meisten Zwangslagen des Lebens unlösbar sind, läßt sich dennoch damit leben. Warum sollte ich eine durch und durch gelöste Figur sein wollen? Das wäre schrecklich.

Jeder ist wunderbar, jedes Volk ist wunderbar. Könnten sich die Völker doch friedlich selbst lieben! Dann wären sie auch zueinander freundlicher. Vielleicht war es nicht einmal so schlimm, daß die Völker während ihrer bürgerlichen Entwicklung, an der Spitze die Deutschen, sich allzusehr liebten und im Überschwang der Eigenliebe die Juden ermordeten, schlimm war vielmehr, daß sie sich nicht selbstsicher und gelassen genug zu lieben vermochten. Insgeheim wollten sie anderen ähneln, den eigenen Prahlereien schenkten sie keinen Glauben. Auch mit uns hätten sie sich besser verstanden, wären sie sich selbst wohlgesinnt gewesen. Soweit waren sie noch nicht, sie waren Nachahmer und abhängig von mythischen Mustern. Sie wollten sich entwickeln, stark wollten sie sein, der Welt wollten sie ihre Stärke beweisen. Protzen wollten sie mit dem, was sie besaßen.

9.

Aus nationalistischer Sicht ist mein Ungartum selbst dann zweifelhaft, wenn schon mein Ururgroßvater in demselben Dorf des Komitats Bihar geboren worden ist. Daß ich Jude bin, hat noch nie jemand angezweifelt. Höchstens sagte man, ich sei ein schlechter Jude, weil ich meinen religiösen Pflichten nicht nachkomme. Daß ich Ungar bin, ist indes schon oft in Frage gestellt worden. Möglicherweise bin ich nicht einmal Semit, sondern lediglich ein Nachfahre der Chasanen, und meine Ahnen kamen gemeinsam mit den ungarischen Stämmen ins Karpatenbecken. Zeitweilig, wenn es keinen anderen Ausweg gab, mochten sie über die Karpaten geflohen sein. In Budapest erlebte ich das jüdisch-christliche Paradoxon. In Jerusalem würde ich gern das jüdisch-islamische Paradoxon verstehen. Mehrfach machte ich die Erfahrung, daß derjenige, der Angst hat vor dem Verstand der Juden, dazu neigt, ihnen teuflische Absichten zuzuschreiben und ihre überdurchschnittliche, jedoch nicht sonderlich vertrauenswürdige Solidarität für gefährlich zu halten. Gelegentlich verspürt die fromme Mehrheit Lust, die teuflische Minderheit zu töten.

Durchschittlich begabte Menschen machten in unserem Jahrhundert die Erfahrung, daß sie um so höher klettern konnten, je nationaler sie sich gaben. Womit kann man den Konkurrenten verleumden? Daß er kein guter Patriot sei. 1944 wurden auch die redlichen noblen Antisemiten als Vaterlandsverräter disqualifiziert, und nur der Pöbel blieb Sieger im patriotischen Konzert. Kein Land, in dem nicht der Pöbel im patriotischen Geschrei die Oberhand gewönne. In dieser Regel bildet auch der Staat Israel keine Ausnahme. Wenn das Rad in Schwung kommt und der Patriotismus dröhnt, werden die großen Patrioten von den noch größeren Patrioten in immer kürzeren Zeitabständen abgelöst.

Staatstreue zahlt sich aus, Bürgertreue nicht. Arme Staatsgetreue, immer müssen sie anderen ihre Treue beweisen. Zuerst war zu hören, die Juden müßten aus dem öffentlichen Leben verschwinden! Und der nächste Schritt war dann, daß sie aus dem Leben zu verschwinden hätten. Eine Stadt nach der anderen verkündete die Freudenbotschaft, daß die Entjudung abgeschlossen sei. Ohne Juden war die Provinz schrecklich sauber geworden. Das zurückgelassene Mobiliar fand neue Herren, schmutzig waren nur die Juden, das jüdische Vermögen keineswegs.

Einzig die Deutschen besaßen die Fähigkeit, den paranoiden Gedanken der Judenausrottung so vollkommen und mit derartiger Umsicht in die Tat umzusetzen. Kein einziges anderes Volk hätte uns derart ausrotten können. Nur ein so gründliches wie die Deutschen war dazu in der Lage. Andere Völker hätten die Judenausrottung schlampiger gehandhabt. Noch bevor die Deutschen in den Kreislauf des Internationalismus eingedrungen wären, rächten sie sich an uns in einem epileptischen Anfall ihres Nationalismus dafür, daß sie den deutschen Spießbürger in sich überwinden mußten. Auf dem Weg zum Weltbürgertum rotteten sie uns, ihr Urbild, aus.

Sie vermuteten, daß wir die Juden anderer Länder selbst dann nicht haßten, wenn sie einem feindlichen Militärbündnis angehörten. Wir waren ein internationalistisches Volk, und vielleicht sind wir es noch immer, auch wenn wir diese Eigenschaft nicht hervorheben und die lokale Befangenheit mit lebhaftem Interesse teilen.

10.

Die Juden sind ein Volk, das als Nation im Staat Israel lebt und als nationale Gruppe überall auf der Welt. Auch die Chinesen leben in der Welt verstreut, allerdings existierte das Mutterland immer als Staatsgefüge, außerdem ist das Verhältnis von Auswanderern und Nicht-Auswanderern ein anderes. Natürlich sind die in Amerika lebenden Chinesen zugleich Amerikaner. Die Existenz der jüdischen Nation pausierte zweitausend Jahre lang, erneuerte sich aber im zwanzigsten Jahrhundert auf biblischer Erde. Das Volk selbst hatte nicht pausiert.

Der Zionismus ist eine logische Antwort. Wenn du unbedingt ein Vaterland brauchst, so geh nach Jerusalem, seien wir eine Nation, Israel, Klein-Amerika der aus hundert Ländern eintreffenden Juden. Wenn jeder eine Nation sein will, nicht nur eine Minderheit, dann brauchen auch wir nach zweitausendjähriger Diaspora und Isolierung einen eigenen Staat, um uns verteidigen zu können, und sei es mit der Waffe.

Ende des neunzehnten Jahrhunderts war es für die liberalen Juden nicht vorstellbar, daß das Volksfest der Pogrome auf höherem technischen Niveau wiederholt werden könnte. Die Zionisten dachten daran, daß man sie erneut überfallen könnte. Andere würden sie nicht schützen, wenn sie selbst nicht in der Lage seien, sich zu verteidigen, so meinten sie. Und so kam es, einigen gelang die Emigration, einige wurden versteckt, aber viel mehr Juden hätten den Nationalsozialismus überleben können, hätte es einen Staat gegeben, der zu ihrer Aufnahme bereit gewesen wäre. Hitler hätte den größeren Teil auf Schiffe verladen.

Verantwortlich für die Vergasung der Juden sind in erster Linie diejenigen, die die Vergasung vorgenommen haben. In zweiter Linie dafür verantwortlich sind diejenigen, die die Juden an die Deutschen ausgeliefert haben. In dritter Linie verantwortlich sind diejenigen, die ihnen kein Asyl gewährt haben. Die Logik der Zionisten war ziemlich einfach. Wenn man sie hier nicht mochte, dann würden sie von hier weggehen. Sie würden sich gemäß der Tradition der Heiligen Schrift eine Heimat schaffen, damit sich kein einziger Jude als geduldeter Fremdling mit zweifelhaften Rechten würde fühlen müssen.

Die Zionisten waren der Lügen der Assimilanten überdrüssig und erkannten in den Augen ihrer Umgebung, daß sie Fremde waren. So hofften sie, am Fuß der Klagemauer zu Hause zu sein. Vorrangige Pflicht des Menschen ist es, das eigene Leben und das seiner Familie, das Leben der Seinen, zu verteidigen. Jede andere Antwort ist Ausflucht. Nur gemeinsam können die Juden ihr Leben garantieren. Vergebens versuchst du, so sagten die Zionisten nach dem Krieg, an das schlechte Gewissen des Antisemiten zu appellieren. Du kannst dich auf Jesus berufen oder auf die Demokratie, es nutzt nichts. Haß ist wie ein Stein. Wenn du nicht gebraucht wirst, mußt du gehen.

Die Zionisten bezogen ihre Rechtfertigung zur Realisierung einer Utopie aus der tiefsten Vergangenheit. Eine radikale Idee, eine jüdische Angelegenheit. Wenn das, was sie machen, keinen metaphysischen Köder enthält, dann sind die Juden an der Sache weniger interessiert. Lebenszweck ist das Überleben, und weil das absolut nicht einfach ist, ist das Leben an sich für die Juden eine teleologische Aufgabe. Ob ein Jude nun Zionist ist oder nicht, er kann sich dem Gefühl nicht verschließen, daß der Staat Israel auch mit ihm zusammenhängt. Auch er gerät in ein merkwürdiges Licht.

11.

Es gibt ein Land, in das du gehen kannst, wenn alle Stricke reißen. Es gibt ein Stück Erde, wo du sogleich vollberechtigter Staatsbürger werden kannst. Es gibt ein jüdisches Land, in dem das Problem seines national-völkischen Seins abgemildert ist. Das verheißene Land ist verwirklicht worden, es hat Institutionen, Politiker und Konflikte, es ist menschlich und unzugänglich, in vielem ähnelt es den Staaten der anderen Völker, aber du kannst dort sagen, was dir beliebt.

So gut konnte die Sache natürlich nicht gelingen. Das Land war besiedelt, nicht sehr dicht, aber dichter werdend. Den christlichen Antisemitismus hinter sich lassend, findet sich der europäische Jude plötzlich im Brennpunkt des größtenteils semitischen arabisch-islamischen Antijudaismus oder, besser gesagt, Antizionismus. Zusammengezwängt mit den Ostjuden zu einem Volk in einem nahöstlichen Land, das vierzig Jahre nach dem Krieg, nach dem Tod von sechs Millionen Juden in der Gemeinschaft der Nationen fast ebenso einhellig abgelehnt wird wie einst in der Diaspora.

Man muß sich damit abfinden, daß es keine wirkliche Lösung gibt. Nur eine Wahl zwischen einem großen und einem noch größeren Übel. Wie enttäuschend der jüdische Staat auch sein mag, Israel ist vermutlich noch immer die natürlichste Wahl, wo die Juden mit sich selbst konfrontiert werden. Mit dem, was entstanden ist. Es ist besser, mit der eigenstaatlichen Entwicklung konfrontiert zu werden als mit einem Phantombild. Im arabisch-israelischen Konflikt bin ich nicht unparteiisch, doch müßte ich darüber abstimmen, ob Israel die Palästinensische Befreiungsfront anerkennen sollte oder nicht, würde ich mein Ja geben.

Ich versuche, in mir den Standpunkt des Lokalpatrioten, des Patrioten, des Kontinental- und des Weltbürgers miteinander in Einklang zu bringen. Wenn Kosmopolitismus heißt, daß mich die Geschicke der ganzen Welt mehr interessieren als die einer Nation, dann sage ich ja, ich bin Kosmopolit. Ich lasse nicht zu, daß mich die ungarischen und jüdischen Angelegenheiten derart benebeln und mir dadurch der Blick für andere Dinge versperrt wird. Im allgemeinen bezeichnet man die Juden hierzulande als Kosmopoliten, in meinem Fall möchte ich diese Abstempelung billigen.

Warum bin ich kein Zionist, wenn ich mich zur jüdischen Identität bekenne? Ich bekenne mich dazu als Diaspora-Jude, der vorübergehend sogar nach Jerusalem ziehen könnte, den größten Teil seiner Zeit jedoch lieber ungarisch sprechend unter seinen Budapester Freunden verbringen will. Ich glaube, es gibt eine moderne jüdische Kultur in verschiedenen Sprachen, in verschiedenen Nationalkulturen, eine jüdische Kultur, die sich auf einen gemeinsamen Nenner bringen läßt, eine internationale jüdische Kultur, nicht gebunden an die hebräische und jiddische Sprache, eher weltlich als religiös, nur über spirituelle Kanäle mit der jüdischen Tradition verbunden. Die Werke der oftmals erwähnten jüdischen Schriftsteller, Denker und Wissenschaftler lassen sich auch als Identitätsreflexionen interpretieren, als Antworten auf die Herausforderung des Judentums, als stilisierte Selbstporträts.

12.

Als was sich ein amerikanischer, ein argentinischer, ein französischer, ein polnischer, ein russischer oder ein ungarischer Jude vorrangig betrachtet, als Jude, Amerikaner, Argentinier oder als etwas anderes, die Entscheidung dieser Frage sollte ausschließlich von ihm abhängen. Vermutlich wird die Seelenwaage in den verschiedenen Perioden seines Lebens, ja vielleicht sogar von Fall zu Fall schwanken. Jeder ist das, als was er sich fühlt. Ich bin niemandes Richter, der darüber befindet, ob jemand genügend albanisch oder belgisch ist. Ob jemand weise oder töricht ist, das kann ich schon eher beurteilen.

Es interessiert mich nicht allzusehr, ob ich in den Augen anderer mich angemessen ungarisch oder jüdisch gebe. Als in der Schule von Klassenkollektiven und Lerngemeinschaften gepredigt wurde, schweifte meine Aufmerksamkeit in die Ferne. Ich habe den Eindruck, daß außerhalb Israels in vielen Ländern die jüdische Mentalität des Nicht-Assimilanten auch weiterhin besteht, was nicht gleichbedeutend ist mit Selbstisolation, nicht mit orthodoxem oder zionistischem Judentum. Sobald ich mich an den Schreibtisch setze, bin ich einem jeden treffende und offene Worte schuldig. Nicht nur für die Ungarn und nicht nur für die Juden schreibe ich, meine Bücher wenden sich an all die, die sie lesen.

Ich bin Ungar, und ich bin Jude, das hat sich nun einmal so ergeben. Mir fällt es nicht im Traum ein, den einen Teil von mir für wahr und den anderen für nicht-wahr zu halten. Ich will mich nicht in Einzelteile zerlegen, auch könnte ich es nicht. Vom Fernen Osten aus gesehen bin ich wahrscheinlich jüdisch-christlich. Wenn ich die Bibel gelesen habe, warum sollte ich mich dann nicht mit der ganzen jüdischen Tradition vertraut machen? Ich bin der Sohn eines Berettyóújfaluer Kaufmanns, Ungar, Jude, Europäer, an vielen Orten auf der Welt fühle ich mich wohl, zu Hause aber bin ich in Budapest.

Ich will nicht erzwingen, etwas anderes zu sein als das, was ich bin. Ich bemühe mich, im anderen den Menschen und nicht seine Gruppenzugehörigkeit zu sehen. Wenn ich nicht gerade trübsinnig bin, empfinde ich sein kulturelles Anderssein als anziehend. Einen anderen aufgrund seiner nationalen Zugehörigkeit zu identifizieren, ist eine ebenso aggressive Oberflächlichkeit, wie ihn mit seiner Klassenzugehörigkeit gleichzusetzen.

Unter Radikalen war ich gemäßigt, unter Gemäßigten radikal, unter Ungarn Weltbürger, in der großen Welt Ungar, unter Bürgern marginal, unter Marginalen Bürger. Ärgern wollte ich die anderen nicht, vielmehr verteidigte ich jenes andere, das ich außerdem bin, das mich mit ihnen verbindet. Meine bedingten Gemeinschaften gründeten sich auf strenge Personenwahl. Auch anderen würde ich empfehlen, jene größere Provinz, die in jedem Gemeinschaftsbewußtsein, ja sogar in der Liebe fehlt, zu schützen.

Ich weiß, die Politik ist der Kampf des Wir-Bewußtseins. Die Gemeinschaften definieren sich blutig oder unblutig gegeneinander. Auf längere Zeit wäre ich unfähig, nur eine meiner Qualitäten hervorzuheben. Eine Partei, deren Disziplin ich mich nicht entziehen wollte, ist für mich nicht vorstellbar. Als es noch Parteien gab, fand ich in ihren Schriften durchaus vernünftige Äußerungen.

13.

Unter Linken erscheint mir die Fragestellung der Rechten, unter Rechten die der Linken berechtigt. Das militante Gemeinschaftsbewußtsein verbannt einen beachtlichen Teil der menschlichen Wirklichkeit. Wo es Verbannung gibt, stehe ich auf der Seite der Verbannten. Ein Schriftsteller kann sich das erlauben, ein Politiker nicht. Dieser muß den Mehrheitsstandpunkt einnehmen oder zumindest so tun als ob.

Sobald der Diskurs politisch geführt wird, schwebt dem Sprechenden ein Konsens mit der redlichen moralischen Mehrheit vor. Die politische Rede muß sich nicht nur auf das *Wir* der Mehrheit berufen, sondern muß auch die Minderheit des Bösen mißbilligen. Dieses Böse kann für Radikale oder Konservative stehen, wenn es ein WIR gibt, muß es auch ein SIE geben, das wir schief ansehen können. Von irgendwo sondern wir sie aus. Eine Menge, nicht Personen, en bloc. Zum Wir-Bewußtsein gehört die Diskriminierung.

Das Höherstehende im Menschen identifiziere ich mit dem Unbestimmten. Mann? Warum nicht Frau? Erwachsen? Warum nicht Kind? Weiß? Warum nicht farbig? Europäer? Warum nicht Ozeanier? Jude? Warum nicht Buddhist? Schriftsteller? Warum nicht Koch? Daß ich bin, was ich bin, ist weder eine Schande noch eine Ehre. Die Eiche kann keine Buche sein. Soll sie damit prahlen, daß sie keine Buche ist? Die Entdeckung, daß wir uns auch mit demjenigen verstehen, der sich stark von uns unterscheidet, tut gut. Eine Geliebte, deren Sprache ich kaum verstehe, ein chinesischer Philosoph des Altertums, der

Handschlag eines australischen Hafenarbeiters in einer Kneipe am Meer, das Lächeln eines alten schwarzen Saxophonisten – am besten an uns ist das, was über uns hinausgeht und zu anderen Menschen gelangt. Das Verstehen mit und ohne Worte, das über die Grenzen dringt. Die besten Sätze der Volkslieder und der Philosophie verbreiten sich über die ganze Welt. Der größere Teil meiner Mitteilungen gilt wenigen Menschen, vielleicht nur einem. Hast du gut geschlafen? Schmeckt es? Wann kommst du nach Hause? Soll mein Denken nur auf den Freundeskreis, nur auf die Familie beschränkt bleiben? Soll ich mein Denken strikt auf Budapest begrenzen? Budapester bin ich ohnehin schon genug. Auch in anderen Städten rücke ich immer mit meinen Budapester Geschichten heraus. Selbst wenn ich wollte, könnte ich nicht über meinen Schatten springen. Selbst auf die abenteuerlichen Streifzüge schleppe ich meine Sippe, meine Nachbarn mit. Der in die Lüfte geworfene Stein soll stolz darauf sein, wie hoch er fliegt, und nicht darauf, daß er zur Erde zurückfällt.

14.

Die Besonderheit der Juden besteht in ihrem Bund mit Gott. Das Schicksal Jesu ist eine persönliche Darstellung des jüdischen Schicksals. Wer das Empfinden hat, dem Vater näher zu stehen als andere und sich dazu auch vor anderen bekennt, wird kein leichtes Leben haben. In der Zeit Jesu wurden zehntausend Juden gekreuzigt, weil sie behaupteten, besser als die anderen zu wissen, was der Allmächtige wolle. Etwas besser zu wissen als die anderen und diese im Namen einer höheren Gewalt zu schelten, ist eine jüdische Gewohnheit. Bescheiden sind wir nicht, jeder von uns neigt zu dem Glauben, wir wüßten alles besser als die anderen. Auch Jesus von Nazareth ermuntert uns in dem einen Satz zur Demut, und im nächsten behauptet er dann, aus dem Haus des Vaters zu kommen. Wollte er vielleicht lediglich sagen, daß wir alle Kinder Gottes seien? Deshalb beschäftigte mich nie der Gedanke des Glaubenswechsels, weil ich nicht nachempfinden, nicht glauben konnte, daß Jesus von Nazareth, dieser geniale junge Mann, sich vom Gottessohn zum Gott zurückverwandelt habe. Mich vermochte nur die Idee des einzigen Gottes zu fesseln, die Idee der Vermittler in Menschengestalt nicht. Diese Vorstellung empfinde ich als allzu menschlich, also als unzulänglich und eitel. Es ärgert mich, wenn sich die Vermittler als nicht von dieser Welt, als etwas Übermenschliches ausgeben.

Je schlimmer sie verfolgt wurden, desto halsstarriger hielten die Juden am Gedanken des Einzigen Gottes fest, den darzustellen in menschlicher oder tierischer Gestalt Götzenanbetung ist. Prinzipiell ist die menschliche Vorstellungskraft nicht in der Lage, Gott zu erfassen. Der Bund zwischen Gott und dem Menschen ist das Gesetz, die Schrift, was mehr ist als der Mensch, aber weniger als der Allmächtige.

Wir brauchen einen Vater, Kinder sind wir selbst. Er soll keinen Namen haben, und wir fürchten ihn schon derart, daß wir uns nicht erkühnen, ihn uns in irgendeiner Gestalt vorzustellen. Aber nur Ihn, nur Ihn! Die Menschen müssen wir nicht fürchten, nicht vergöttlichen. Vor dem Standbild des Kaisers verneigen wir uns nicht.

Der Jude in mir wähnt, daß der Weg des Christenmenschen zum göttlichen Rätsel durch das Bild des zum Gott erhobenen Jesus Christus versperrt wird. Der wissenschaftliche Rationalismus kann die Hypothese von der Existenz Gottes nicht erschüttern. Das Dogma vom göttlichen Wesen, von der unbefleckten Empfängnis und von der leiblichen Auferstehung des Jesus von Nazareth stellt unseren zweifelnden Verstand auf eine größere Kraftprobe. Hier bedarf es tatsächlich der Blindheit des Glaubens.

Ich glaube, weil es absurd ist – dieser Satz des Tertullian gilt den Christen, die Juden hätten ihm keinen Platz unter ihren Weisheiten eingeräumt. Ich kann auch mit meinem Verstand an den Allmächtigen glauben, an einen für uns nicht faßlichen und in der Welt wirkenden Geist, an jemanden, der über das Menschliche hinausgeht. An die Gottheit Jesu kann ich verstandesmäßig nicht glauben.

15.

Der einzige Gott ist evident, die Christologie nicht. Wäre Jesus nur ein weiser Märtyrer wie Rabbi Akiba, wäre er erleuchtet wie Buddha oder Gandhi, wäre er ein Heros der menschlichen Autonomie, hätten seine jüdischen Biographen in der Zeit der gottähnlichen Kaiser nicht allzu große Zugeständnisse an den populären Polytheismus des Römischen Reichs gemacht, dann hätte die neuzeitliche Kultur zumindest nicht abgesondert vom Christentum das weltliche Wissen ausgebaut, dann würde nicht nur zwischen Judaismus und Christentum, sondern auch zwischen Islam und Christentum keine Nichtkommunikation herrschen.

Es wäre eine schöne Harmonie gewesen, sowohl Jesus als auch Mohamed anzunehmen, jeden weisen Menschen als Propheten und nicht die weltliche und die geistliche Literatur voneinander zu trennen. So aber ist es geschehen. Daraus indessen, daß die Geschichte unveränderlich ist, folgt nicht unbedingt auch ihre Verehrungswürdigkeit.

Das Bild Jesu hat dem Monotheismus einen siegreichen Weg gesichert. Bei Minderheiten und im Judentum wird der Massenerfolg im allgemeinen nicht als höchstes Maß der Wahrheit akzeptiert. Was den Weg des jüdischen Gottes zu den an mehrere Götter glaubenden Römern erleichterte – die Geschichte des Sohnes –, erschwert den Weg der Religion zum Verstand der christlichen Männer von heute.

So ergab es sich, daß die europäischen Christen die Vaterlands-Religion seit der Aufklärung inbrünstiger erlebten als die universelle menschliche Wahrheit. Die Kirchen unterwarfen sich dem Nationalismus. Eine internationale und über großen Einfluß verfügende geistige Autorität existiert nicht. Die Machthaber fühlen sich durch die geistigen Werte weniger beengt. Eine internationale kulturelle Infrastruktur gibt es, nicht aber eine internationale kulturelle Suprastruktur. Gemeinsame Werte der gesamten Menschheit gibt es nicht. Die Kirche und die tonangebenden Elemente in Sachen Religion bemühen sich nicht um einen spirituellen Konsens. Ihre Orthodoxien und Dogmen haben Vorrang. Ihre Schranken und Grenzen sind ihnen wichtiger als die transzendenten Inhalte.

Das führt vielleicht allzu weit. Ich weiß nicht einmal, ob ich all dies als Jude denke. Schließlich bin ich nicht einmal koscher, die Mutter meiner Kinder ist Christin, und der Rabbi hat mich aus Rache durchfallen lassen, nachdem ich mir vor der Synagoge in der Dohány utca aus einem Witzblatt oder einem Taschentuch ein Barett gefaltet hatte; um nämlich eine Zensur in Religion zu bekommen, mußten wir am Freitagnachmittag dorthin pilgern. Ich unterschrieb den Vorschlag zur Verstaatlichung der Schulen, und als Fünfzehnjähriger billigte ich, daß der Religionsunterricht auf freiwilliger Basis stattfinden solle. Weder dem Rabbi, noch dem Pfarrer, noch dem Parteisekretär gestehe ich moralische Macht über mich zu. Jedoch der Bibel. Es gab keine Periode in meinem Leben, in der ich nicht die Bibel gelesen hätte.

16.

Ich lese die Bibel wie ein Buch, wie einen großen Roman. Die Jesusgeschichte ist der Epilog, der große Schlußsatz; die Apostelgeschichte mindert den Wert des Werks. Weniger Wunder wären mehr gewesen. Die Drohung, daß Heulen und Zähneknirschen sein werde, wenn man ihm nicht glaube, ordne ich demselben Moment zu wie die moralischen Zweideutigkeiten des ganzen Buchs, Adams Verrat, Abrahams Finessen und Moses Rasen. Das macht den Roman gut, das macht ihn realistisch, im volkstümlichen und metaphysischen Sinne gleichermaßen.

Am wenigsten bin ich wohl damit zufrieden, daß ich durch Jesu Kreuzestod erlöst werden könnte. Ich will nicht erlöst sein. Ich brauche keinen Erlöser. Man sagt zwar, daß er einst kommen werde. Allerdings glaube ich eher, daß schon viele gekommen sind. Nicht immer haben wir sie bemerkt. Jeder ist sein eigener Erlöser. Ich kann nicht akzeptieren, daß mich eine andere Person von der Last meiner Sünden lossprechen können sollte. Ich mag jene jüdische Annahme, daß Himmel und Hölle ein und dasselbe seien. Ewig kannst du dir ansehen, was du getan hast. Himmel und Hölle, je nachdem, wie du gelebt hast.

Ich bestehe auf dem metaphysischen Erwachsensein, daß jeder Mensch seinem Gott von Angesicht zu Angesicht gegenüberstehen soll. Stolz soll er IHM in die Augen sehen oder das Gesicht vor SEINER HERRLICHKEIT verbergen, doch niemand soll sich hinter dem Rücken eines Wesens in Menschengestalt verkriechen. Der Mensch kann bis zur allerletzten Grenze der menschlichen Zeit gehen. Das ist ein ziemlich großer Raum, gemessen an der göttlichen Dimension allerdings eine Gefängniszelle.

Die persönliche Erleuchtung der größten Heiligen und Weisen, dieser buddhistische Gedanke, war mir von Anfang an am sympathischsten. Ich hatte das Empfinden, daß an einer solchen Inspiration, die aus einer anderen Dimension kommt, auch ein Kind teilhaben könnte. Wir können rätselhafte Kontakte haben zu uns überragenden Intelligenzen, doch mißfällt mir der Gedanke, die göttliche Eingebung durch einen kirchlichen oder staatlichen Posten quasi zu garantieren. Daß eine historische Figur Gott sei, ist eine mit dem Wesen des Monotheismus unvereinbare Behauptung. Gott ist in viel geheimnisvollerer Weise unendlich, als daß der endliche Lebenslauf eines Menschen mehr über ihn sagen könnte als eine Spiegelscherbe über den Tag.

17.

Moses stört mich in meinem Glauben nicht, mit seinen Fehlern und seiner Aggressivität ist er sogar sehr menschlich. Unter uns ist er derjenige, der den kühnsten Traum von uns geträumt hat. Er hat uns zum Protovolk des Monotheismus gemacht. Nie aber bestand ein Zweifel darüber, daß Moses zu uns, zu den Menschen, gehörte. Sein GOTT lebt nicht nur verborgen im alten Menschen, im Stein, in den Blumen, sondern ist uns das ganze Leben hindurch ein ständiger Weggefährte. Die Träumenden, die Propheten hören SEINE Stimme in ihrem Gewissen.

Dieser Unnennbare kommt, droht, verspricht, besänftigt, von mir persönlich und von dir will ER etwas. Von sich selbst allerdings verrät ER nicht viel: ICH bin, der ICH bin.

Wichtigste Eigenschaft des jüdischen Gottes ist seine Identität. Durch den Bund gibt Gott dem Menschen das Gebot, sowohl als Person als auch als Gemeinschaft der zu sein, der er sei. Was will der Jude? Sich selbst behaupten wie jedes andere Volk, sich mehren und lernen. Was sonst wäre das Lernen als die Meisterung des Todes? Wir wollen leben, aber nicht um jeden Preis. Nur um den Preis, daß wir uns nicht selbst verderben. Lieber solltest du sterben, als ein Verräter zu sein, sagte mir mein müde gewordener, alter Religionslehrer, sein Rücken war gekrümmt, er hatte viele Töchter und ein sehr kleines Gehalt.

Je schwerer ihr Schicksal war, desto fester klammerten sich die Juden an ihr für wahr gehaltenes Gottesbild. Durch dieses Festhalten verrannten sie sich auch in die Idee der Auserwähltheit. Ohne Arbeit bist du nicht auserwählt, zumindest die Vertragsbedingungen müssen wir Menschen erfüllen. An SEINER Vertragserfüllung machten die Rabbis in den Todeslagern Zweifel geltend. Manche sagten, Gott sei nicht der Verbündete einer Generation oder eines Menschen. Wenn er wortbrüchig werde, oder wie er sein Wort verstehe, das sei seine Sache. Gottes Versäumnis rechtfertige nicht das unsere.

Aus einem bestimmten Blickwinkel sind wir eigentlich mit diesem einseitigen und axiomatischen Festhalten an der Vertragsidee gut gefahren. Die einseitige Treue ist keine schlechte Selbsterhaltungsstrategie; dazu gesellen sich ein arbeitsames Leben und die Bewahrung der Begabungen. Aus einem anderen Blickwinkel ist die einseitige Treue eine schlechte Strategie. Denn wo immer die Juden ein Zeichen ihres Eingeweihtseins gaben, vom Finanzwesen bis hin zur Musik, stießen sie bei den anderen auf Mißtrauen. Neugier, Argwohn, Neid, sexuelle Anziehung, Sehnsucht nach Beherrschung und Unterjochung. Wer weiß schon, was alles auf den uralten und ewig neuen Antijudaismus, auf den sich die jüdischen Verdienste keineswegs mildernd auswirken, abfärbt?

18.

In den Aufwallungen des Judenhasses vergaßen die Christen vorsätzlich, daß Jesus, die Jünger, die Apostel, die ersten Christen allesamt Juden waren, nicht minder als die Mitglieder des Sanhedrin, des jüdischen Gerichtshofs, nicht minder als die Spötter unterm Kreuz. Alljährlich zu Ostern wurden wir Juden, die wir die erbittertsten Gottesgläubigen sind, als Gottesmörder gebrandmarkt. Um uns entsprechend den Nürnberger Gesetzen als Angehörige einer nichtarischen Rasse töten zu können, bedurfte es der Hintergrundaura des Gottesmordes.

Weder sie haben offen genug mit uns noch wir mit ihnen gesprochen. In der Tat ist das christlich-jüdische Verhältnis nicht nur eine ethnisch-rassische und nicht nur eine sozial-kulturelle, sondern auch eine metaphysisch-theologische Frage. Es ist verständlich, wenn sich der arme Barettrabbi aus dem Ghetto für den Glaubensstreit nicht begeistern mochte, man hätte ihn deshalb verbrennen können. Sowohl die Geistlichkeit als auch die Glaubenslehre haben sich gegenüber der christenfeindlichen Ideologie des »Dritten Reichs« und gegenüber der zum Staatsgesetz erhobenen Judenverfolgung als bedauerlich kraftlos erwiesen.

Wenn die elementare jüdisch-christliche Idee der Solidarität mit dem Nächsten versagt, dann befinden sich auch die Führer selbst in einem Irrglauben. Wenn ein Bischof das Judengesetz zur Annahme unterbreitet, dann haben die christlichen Kirchen ausreichend Grund, sich einer tiefgreifenden geistigen Selbstprüfung zu unterziehen.

Im Winter 1944 hätten wir uns in Budapest auch in christlichen Häusern verstecken können, als scheinsiebenbürgische Scheinflüchtlinge mit falschen Papieren. Wir hätten uns das Risiko des Judenverstecks kaufen können, taten es aber nicht. Meine schöne junge Tante, verantwortlich für ein eigenes und vier Kinder aus der Verwandtschaft, sagte, sie könne sich niemandem zu ewigem Dank verpflichten, um ein Versteck vor dem drohenden Tod in Anspruch zu nehmen. Warum sollte man sie töten wollen? Stolz und ratlos sah sie mich an. Tatsächlich, warum sollte man sie töten wollen, fragte meine Tante.

Auch meine Gedanken kreisten ständig um diese Frage. Wie konnte es soweit gekommen sein mit uns? Wir waren die Opfer eines großen Irrtums, und jetzt zahlten wir dafür. Wir hätten wissen müssen, daß es nicht gelingen konnte, mit den anderen wirklich eins zu sein. Auch ich wünschte mir wenigstens den Anschein der Ähnlichkeit. Wir hatten fremden Göttern gedient, und dafür bestrafte der Herr uns jetzt. Er schwächte unseren Arm, wir waren unbewaffnet. Wir machten uns lächerlich vor dem Tod. Hätte es in Budapest einen ähnlichen Ghettoaufstand gegeben wie in Warschau, sicher hätte ich daran teilgenommen.

19.

In meinem Dorf gab es mehr als zweihundert jüdische Kinder. Eine Volks- und eine Talmudschule, nach einem Jahr waren noch sieben am Leben. Eine augenfällige Abnahme. Vor dem Krieg lebten dort tausend Juden, heute einer, der Bäcker. In meinen Augen war jene Entwicklung des Denkens und der Politik, in deren Konsequenz meine Schulkameraden in die Gaskammern geschickt wurden, in keiner Weise annehmbar.

Sowohl der deutsche Nationalsozialismus als auch der russische kommunistische Sozialismus konzentrierten Menschen in Lagern und ermordeten sie massenhaft. Jede Mentalität, die sich zum Komplizen des Lagerbaus macht, muß angeprangert werden. Von Ethik können wir nur in der absoluten Verneinung der Lagerwelt sprechen.

In meiner Kindheit hielt ich den Partisanenkrieg für richtig und begründet. Ich wäre gern schon größer gewesen, um ein Gewehr in die Hand nehmen zu können. Besser später als nie. Nur Partisan hätte ich werden wollen, Soldat nie. Auch später dachte ich, irgendwie muß jemand, der am Guerillakampf teilnimmt, recht haben. Sonst würde er sein Leben nicht freiwillig hingeben. Nur so. Ich war stolz auf jene jüdischen Jungen, die zur Waffe greifen konnten. Auf meine beiden Onkel, die eine

Partisanenabteilung organisiert hatten oder sich einer Truppe angeschlossen hatten.

Ich schämte mich, daß wir Juden in Ungarn nicht kämpften. Daß wir ihnen unsere Haut kampflos überließen. Daß wir uns ohne Widerstand zusammentreiben ließen. Als Elfjähriger schwor ich mir, falls sich das wiederholen sollte, würde auch ich eine Waffe haben. Wenn es nicht anders möglich wäre, würde ich jemanden erdolchen, um mir sein Gewehr anzueignen. Würde man mich abholen wollen, so stellte ich es mir mit meinen elf Jahren vor, wollte ich lieber an der Korridortür auf dem Boden liegend feuern, bis man auch mich abschösse, doch ich würde mich nicht einfach abführen lassen.

Ich würde mich nicht in einen Raum stoßen lassen, wo alles ohnehin egal wäre, wo ich in ihrer Hand sein würde. Wo sie durch die Decke das Gas einströmen lassen könnten, ich nur unglücklich und überlistet nach Luft ringen könnte, von innen vergebens gegen die Tür schlagend, wie ich mir ungezählte Male vorstellte. Immer wieder sah ich meine Kusinen vor mir, wie sie am Ersticken waren. Ich stellte mir ihr Gesicht vor, ihren weit aufgerissenen Mund. Wenn ich dieses Bild vor mir sehe, beiße ich die Zähne zusammen. Unfaßlich, unfaßlich.

20.

Die Erleuchteten, die Heiligen und die Weisen halte ich für glaubwürdige Forscher und Lehrer der Gottesidee. Ich strenge mich nicht an, in ihnen übermenschliche Wesen zu erblicken. Zwischen dem Wissenden und dem Unwissenden gibt es eine menschliche Rangordnung. Ersterer ist eher der, der er ist; letzterer ist weniger der, der er ist. Der wahre Wissende spricht nicht als Hüter der Bundeshütte, nicht als glaubwürdiger Eingeweihter der Lehre. Im Gegenteil, er stellt das Wissen in Frage, um darin voranzukommen.

Der Prophet hat keinerlei andere Legitimation als das, was er sagt. Er ist eine Art Schriftsteller. Spricht er schlecht, wird man ihn vergessen. Falsche Propheten sind schlechte Schriftsteller.

Heilig ist die Heilige Schrift deshalb, weil sie die wüsten Anekdoten menschlichen Geschehens mit dem transzendenten Wissen verknüpft, das, mit der Geschichte konfrontiert, aus ihr heraus entwickelt wird.

Für die Juden bedeutet das Leben etwas mehr als bloßen Fortbestand, sie erkennen ihre Aufgabe in der Heiligung des Lebens, allerdings nicht im Interesse eines Jenseits. Es gibt kein Allgemeines, das über jenes Allgemeine hinausginge, der zu sein, der du bist. Seid vollkommen, wie euer himmlischer Vater, sagte Jesus. Dies sagte er im Bewußtsein dessen, daß wir ganz und gar unvollkommen sind. Auch die Sünde ist ein Bestandteil von uns. Die jüdischen Mystiker akzeptierten sowohl den Sünder als auch den Idioten als Träger göttlicher Vernunft.

In der Synagoge las ich den heiligen Text, den ich nicht verstand. Mein Vater, der Kohen, wurde an das Vorlesepult des heiligen Buches zur Thoralesung gerufen, er trug die in einer Samthülle steckende Pergamentrolle, auf der handschriftlich die fünf Bücher Mose zu lesen waren. Wenn mein Vater mit der Rolle auf den Armen zu mir gelangte, legte auch ich den Finger auf den Mund und berührte die Quasten der Samthülle. Auf der Estrade sang der Kantor, und dort stand auch der Rabbi und schwieg. Die Gemeinde hatte ihn wegen seines Wissens gewählt, doch eine Herde hatte er nicht. Der Rabbi war ein Lehrer, aber kein Hirt. Andächtige Jugend, tuschelnde alte Leute, umherlaufende kleine Kinder; heilig waren wir nur entsprechend unserer begrenzten Möglichkeiten. Der eine schloß Geschäfte ab, der andere tauschte Glasmurmeln, und wieder ein anderer erzählte Witze.

Das Laubwerk meiner Erinnerungen ist nicht jüdisch, die Wurzeln dagegen schon. Ich kann mich verstellen, ich kann leugnen, daß ich Jude bin, ich kann meine Glaubensgenossen beschimpfen. Das macht nichts, Jude bleibe ich trotzdem. Wir können die Sprache aller anderen Völker benutzen, wir können Bürger gleich welchen Staates sein, wir können den Glauben wechseln, wir können uns assimilieren, wir können unsere Kultur mit anderen Kulturfamilien in Verbindung bringen, du kannst Christ sein, Moslem, Buddhist, Kommunist, das ändert nichts. Es wird kommen die Stunde, da du weißt, daß du Versteck spielst.

21.

In den Werken der jüdischen Autoren gibt es etwas Gemeinsames, selbst wenn sie nicht vom Judentum sprechen. Mit rauher Unmittelbarkeit suchen sie das Allgemeinste, nachdem sie das zu Vermittelnde umgepflügt haben. Daß sich der Mann mit seiner Frau zärtlich vereinigen soll, dazu wird er vom Talmud, von der Thora, also letztendlich vom Allmächtigen – gelobt sei sein Name – ermuntert. Aus seinem Elend, aus den Wechselfällen seines Lebens flüchtet sich der Jude in das äußerste Allgemeine, dort bekommt er Boden unter die Füße, und von dort blickt er aufsässig zurück. Leidenschaftlich wiegt sich sein Geist in der Dialektik des Konkreten und des Abstrakten.

Nach Auschwitz war das Vergessen dessen, daß wir Juden sind, nurmehr ein Schock, ein Stupor, eine Stummheit und Bewegungslosigkeit. Wenn du das Wesentliche kennst, kannst du auf den Ritus verzichten. Wenn du dich selbst als etwas anderes annimmst, kannst du auch die anderen als etwas anderes annehmen, dann erkennst du die Heiligkeit individueller Vermittlungen. Nur wenn du in dir den Juden annimmst, nur dann kannst du in der Tiefe deiner Seele den Ungarn annehmen, den Mitteleuropäer, den Erdbewohner. Wer als Jude geboren wird, der soll Jude bleiben, doch er soll das Christentum begreifen, wer als Christ geboren wird, der soll Christ bleiben, doch er soll sich mit dem Judentum vertraut machen. Verstehen ist mehr als Konversion.

Wirkliche Achtung hat der Jude weder vor dem Adligen, noch vor dem Reichen, noch vor dem Beamten, nur der Gesetzeskundige gilt ihm etwas. Allerdings trifft es zu, daß es unter so vielen kluge Reden führenden Gesetzesauslegern gar nicht so einfach ist, den Weisen zu erkennen. Auf dem Weg zum Intellektuellenstatus ist das Geld nur eine Zwischenstation. Das Kind des

Kaufmanns würde gern Wissenschaftler werden, das Kind des Gelehrten will kein Kaufmann sein. Der oberste Platz an der Tafel gebührt demjenigen mit dem größten Wissen.

Auch der Kommunismus kam mit den Juden nur in seiner internationalen Phase gut aus; sobald er nationalstaatlich geworden war, wurden die Juden verdrängt. Im Kommunismus wollte der Jude vom Geld loskommen und begab sich zurück zum Buch. Aus einem Buch abgeleitete Lebensordnung, vom Gesetz abgeleitete Wirklichkeit. Das war schon immer ihr Problem, durch das Gesetz wollten sie sanktionieren oder verbieten, was ohnehin vorhanden war.

In den beiden vergangenen Jahrhunderten wollten die Juden aus der Abgeschiedenheit der Tradition ausbrechen, und sie stürzten sich in die Untersuchung der allgemeinsten Prinzipien. Vom Ghetto zogen sie in den Begriff der Menschheit um, den Begriff des Volks übersprangen sie. Es wäre komisch gewesen, hätten sie sich gegenseitig gehaßt, weil der eine Jude Franzose und der andere Deutscher war. Brav schickten sie sich an, sich gegenseitig gemäß ihrer Staatsbürgerschaft zu hassen, aber so richtig vermochten sie sich in die Befangenheiten ihrer Territorialgemeinschaften nicht hineinzuversetzen.

Der Kaufmann und der Wanderrabbi überschreiten die Grenzen. Die ortsgebundenen Völker mißtrauen dem ewigen Juden. Das Volk des Buches findet seinen Platz am ehesten in der intellektuellen Arbeit. Ökumenische Vermittler zwischen Religionen und Kulturen, Repräsentanten des geistigen Warenverkehrs, neugierige Schüler, interdisziplinäre Köpfe.

22.

Im Staat Israel durchdringt der zum Volk gewordene Judaismus die Wirklichkeit und übernimmt die Vermittlung, trotz aller Groteske und Absurdität. Das Judentum ist in Israel ein Volk unter anderen, eigentümlich an ihm allerdings ist, daß drei Viertel seiner Bevölkerung im Ausland leben. Wenn wir nicht gerade verfolgt wurden, ging es uns in der Diaspora eigentlich ganz gut. Wir wollten nicht immer an einem Ort sitzen bleiben, wir sind ein Volk von Vagabunden. Wie sonst sollten wir Dolmetscher der Völkerverständigung sein, wenn wir fortwährend zu Hause säßen?

Die Juden in der Welt, in der Diaspora haben für die kulturelle Integration der Menschheit ziemlich viel getan. Agenten der Planetarisierung, nötigt sie ihre paradoxe Existenz zum Verständnis für die anderen. Die Geschichte von Adam, Abraham, Moses und den Propheten hat durch ihre Ausläufer im Christentum und im Islam ziemlich weit gewirkt. Tatsache ist, daß die Juden diese Weltreligionen mit deren höchstem Versprechen, dem Himmel, für volkstümlich und naiv halten, für Gottesbändigung und für eine nicht ausreichend transzendente Vorstellung. Sie haben versäumt, Jesus und Mohamed als Propheten und Lehrer anzuerkennen. Das war ein Fehler.

Das Volk der Schrift, der Zeichen und Ersatzsymbole wurde Wortführer der universalen Bestrebungen. Weltmarkt, internationale Wissenschaft, Weltrevolution, solche Begriffe gefallen ihnen. Durch Verweltlichung treten die Juden von der Tradition der ethnischen Gemeinschaft in die Kultur der gesamten Menschheit über. Von hier aus kann man nicht mehr zurückschlüpfen in die Intimität rabbinischer Tradition. Der Staat Israel ist eine notwendige Voraussetzung für die jüdische Existenz, jedoch nicht deren Erfüllung.

Von Gott muß ich absolut nichts glauben. Auch dem Text der Schrift nicht mehr als einem literarischen Werk. Ich muß mich keinem einzigen Dogma unterwerfen. Wir haben keinen menschenähnlichen Gott, wir haben keinen eindeutig interpretierbaren Text, keine hierarchisch-dogmatische Kirche. Kein in ein und demselben Raum lebendes zahlreiches Volk. Das Christentum und der Islam erfuhren eine große historische Ausdehnung. Ihr Verhältnis zur jüdischen Herkunft war folglich nicht ungestört.

Die Juden missionieren nicht. Isolieren sie sich mitten unter einem fremden Volk als ethnische Gemeinschaft, fordert die sie umgebende Mehrheit zeitweise ein Pogrom. Dann will man ihre Frauen vergewaltigen, ihre Güter wegnehmen, sie in Lager oder ins Meer treiben. Ohne zu versäumen, ihre Bücher auf den Scheiterhaufen zu werfen. Dann erwecken sie triebhafte Aggression. Antisemitismus und Antizionismus sind fast so etwas wie ein sexueller Affekt. Vom christlichen Europa gingen die Juden in den moslemischen Nahen Osten. Seelisch können sie sich in Israel absondern wie in einem nationalstaatlichen Ghetto, klüger aber scheint es zu sein, sich die arabische Kultur anzueignen. Zu vermitteln zwischen Islam und Christentum. Zu beginnen den Trialog.

23.

Im achtzehnten und neunzehnten Jahrhundert konnten die Juden aus dem Ghetto herauskommen, und sie lernten die leidenschaftliche Weltoffenheit kennen, Güter und Nachrichten von einer Stadt zur anderen, von einem Menschen zum anderen zu transportieren, einzudringen in die Struktur der Materie, der Seele und der Gesellschaft, sich widersprechende Interessen zum Dialog zu bringen, das feindlich gesinnte Unterbewußtsein von Personen und Gemeinschaften zu durchleuchten. Die Juden wollten nicht, daß ihre Kinder Nicht-Juden heirateten. Trotzdem konnten sie es tun. Das fragende Selbstbewußtsein geht auch auf die Nachkommen über.

Wenn die Juden ihr Interesse an der Welt verlieren, werden sie ein kleines Volk sein. Durch Entkrampfung der nationalen Beklommenheit müssen sie zur planetarischen Solidarität gelangen. International entkrampfend zu wirken, vielseitigen kulturell-religiösen Gedankenaustausch zu initiieren, das ist die Herausforderung der Zeit. Morgen kann die »Heilige« Stadt vielleicht dadurch »heilig« werden, daß sie die Rolle eines spirituellen Verkehrsknotenpunktes übernimmt. Voraussetzung dafür ist, daß ihre Seelenstärke durch die nationale Sorge um den Fortbestand nicht allzusehr aufgezehrt wird.

Gottes auserwähltes Volk zu sein, ist eine hochmütige und sich rächende Behauptung, die sagen will, daß sich ein Volk selbst für eine besondere Aufgabe ausersehen hat. In jeder Zeit für eine andere, immer aber in die Zukunft weisende Aufgabe, deren groteske Ausführung die jüdische Geschichte ist. Seit dem Propheten Jeremias geht die jüdische Rolle über einen den Geist verletzenden und hochmütigen Provinzialismus hinaus. Ein schmerzlich exterritoriales und vom Boden loslösbares Volksleben. Immer wieder interpretierten die Propheten, die Denker die jüdische Strategie, wenn nicht anders, dann durch die eigene Lebensstrategie, das eigene Schicksal.

Ich erblicke die sich wandelnde Interpretationstendenz in einem mit dem Monotheismus zusammenhängenden individualistischen Universalismus. Die jüdische Phantasie schwang sich über sämtliche Gottesbilder hinaus in das mit beiden Händen Greifbare und in das vollkommen Unfaßliche. Die jüdische Metaphysik wurde durch die anthropomorphe Gottesidee verhältnismäßig wenig eingeschränkt. Gott ist kein Menschenwerk, entsprechend seiner Bestimmung ist er transhuman und unerkennbar. Die religiöse Meditation, das jüdische Nachsinnen über das Rätsel Gottes, über die absolute Frage strömt oftmals über in ekstatisch-dichterische Antworten und läßt den Geist des priesterlich-rabbinischen Judaismus hinter sich. Das kollektive Wissen nahm, wenn auch verspätet, die prophetisch-mystische Originalität in sich auf.

24.

Marginale Weise, Hillel und Spinoza, Zimmermann und Linsenschleifer, wissend sind sie durch ihr Wissen. Handwerker, Heilkräutersammler, Gastwirte, Kaufleute, Ärzte. Selbsternannte Lehrer fühlten sich berechtigt und berufen, zu Dingen eine Meinung zu äußern, über die ansonsten nur die Doktoren der Theologie maßgeblich hätten sprechen dürfen. Man brauchte keinen gesalbten kirchlichen Rang zu erlangen, um sich berufen zu fühlen, Gott direkt anzusprechen und vor anderen über ihn zu meditieren. Folge mir nicht nach, sondern suche deinen eigenen Weg. Ich bete vor dir, doch nicht an deiner Statt, sagte ein Lehrer.

Früher oder später werden alle wichtigen jüdischen Werke zur jüdischen Literatur gehören. Die Tradition widersteht, ist aber lernfähig. Nach dem Talmud, der Kabbala und den Chassidischen Erzählungen wird darin auch die weltliche, vielleicht gerade atheistische Metaphysik der Juden, Wissenschaft und Dichtung gleichermaßen, einen Platz finden. Eine offene, persönlich verantwortbare und auch heute fortsetzbare Tradition. Kafka und Einstein sind inzwischen nicht minder authentische Autoren als Maimonides. Marx, Spinoza und Jesus werden vom jüdischen Bewußtsein wieder aufgenommen, obwohl die zeitgenössischen Glaubensgemeinden damit nicht einverstanden gewesen wären. Die Wahrheit besitzt keinen Schutzwall. Die Vergangenheit ist keine bevorzugte Zeit.

Die Bedeutung von Auschwitz können wir auch so begreifen, daß Europa die Anwesenheit der Juden nicht ertragen konnte, daß wir irritierten und unerträglich waren. Scham, Schweigen und Selbstzensur waren bei den in Europa gebliebenen Juden die erste Antwort darauf. Die Reaktion der Vergewaltigten. Nicht sprechen darüber, worüber zu sprechen schmerzt oder unmöglich ist. Auch die nichtjüdische Umgebung versuchte zu schweigen.

In Ungarn kann sogar verheimlicht werden, daß als Kulturhaus oder Eisenwarenlager dienende Gebäude einst Synagogen waren. Doch diese absichtliche Vergeßlichkeit kommt alsbald an den Tag. Das bürgerliche Budapest verdankt seine Entstehung zu einem nicht geringen Teil Juden, ebenso wie Wien und Berlin, Prag und Warschau. Ich gehe im Budaer Burgviertel spazieren, die Tárnok utca hieß einmal Judengasse, wir waren auch im Mittelalter hier.

In der Atmosphäre der erwachenden und schließlich tobenden Nationalstaatsreligion wurde die moderne Kultur- und Wirtschaftsrenaissance des ost- und mitteleuropäischen Judentums als große Triebkraft der bürgerlichen Entwicklung dieses Raums nicht gern anerkannt. Beschränkungen wurden die Juden auch deshalb unterworfen, ermordet wurden sie auch deshalb, weil die Halsstarrigkeit, mit der sie Juden bleiben wollten, nicht nur die introvertierte Treue einer Volksgruppe zur eigenen Tradition bedeutete, sondern auch eine Herausforderung für die anderen, die Herausforderung der spirituellen Mobilität gegenüber der materiellen Immobilität.

25.

Es ist an der Zeit, sich die Schwierigkeiten vorzustellen, unter denen in der Umgebung von christlichen Agrarvölkern eine selbstbewußte Identität toleriert werden kann. Die Isolation des jüdischen Staats gegenüber der Gemeinschaft der anderen Staaten läßt einen Blick in die Tiefe der jüdischen Hybris begründet erscheinen. Wir müssen das Drama eines gescheiterten Miteinanders von allen Seiten beleuchten, sonst wird sich das Drama fortsetzen. Die Juden sind viel eher zum Selbsthaß als zur klaren Selbstkritik fähig. Zur jüdischen Selbstzensur gehört eine wehleidige Empfindlichkeit, uns habe man immer Kränkungen zugefügt. Und was haben wir selbst getan – vom Wucher bis zum stalinistischen Terror des Staatssicherheitsdienstes oder bis zu den Vergeltungsschlägen gegen die Palästinenser?

Die osteuropäischen Juden von heute haben kein neues Selbstbildnis, kein spezielles Sendungsbewußtsein, lustlos bekennen sie sich zum Judentum, sie meiden das Thema, um ihre Umgebung nicht zu befremden. Sie tun so, als hätten sie jene anachronistische Eigenschaft, jüdischer Herkunft zu sein, bereits überwunden. Selbst in der Literatur fälschen sie ihre familiäre Erinnerung, obwohl alle anderen sehr wohl wissen, daß sie Juden sind. Sie sind wie kleine Kinder, die meinen, man sehe sie nicht, wenn sie mit beiden Händen das Gesicht verdecken.

Nimm die Hände vom Gesicht, und sieh den anderen in die Augen. Du hast kein Geheimnis, sondern eine Geschichte. Erzähle sie. Die anderen interessieren sich dafür. Wir sind eine Minderheit, und die kann von der Mehrheit vertrieben werden, wie es Ende der sechziger Jahre in Polen geschehen ist. Wenige sind wir geblieben in Mitteleuropa, am meisten noch in Budapest. Neben Paris und Moskau findet sich hier die größte jüdische Gemeinschaft, weniger als hunderttausend Menschen, eine ziemlich alte Population. Wir müssen uns vorstellen. Auch unsere Landsleute ertragen uns leichter, wenn sie genau verstehen, mit wem sie es zu tun haben.

Es ist für uns eine fruchtbare Herausforderung, zwischen den Angehörigen zweier oder dreier Völker einen intensiven wechselseitigen Austausch herbeizuführen. Würde ich versuchen, im Zeichen gleich welcher nationalen Idee meine Schwierigkeiten zu vereinfachen und auf Initiative eines ungarischen oder eines jüdischen Nationalismus die unerwünschte, auszumerzende und verworrene andere Seite meines Wesens, meines Wissens, meiner Erinnerungen zu vergessen, so würde mich diese Lebenslüge vermutlich krank machen. Ich würde noch hinzufügen, daß sich die geistige Selbstverteidigung, die zu bleiben, die wir sind, in biologische Energie umwandelt.

Das ständige Nachdenken darüber, wie sie leben müßten, ist von den Juden nicht zu trennen. Sie sind ein unruhiges Volk. Sie empfinden sich und ihre Umgebung als unvollkommen, durch Rollentausch überleben sie ihre Schicksalsprüfungen. Durch Wanderung sind sie fähig, sich zu erneuern. Sie wissen, daß das Vorhandene gar bald verloren geht, daß das Bestehende bald verjährt und daß jede Veränderung eitel ist. Allerdings wissen sie auch, daß sich das Beständige durch die Veränderung zeigt.

26.

Die Juden sind ein altes Volk. Die politischen und künstlerischen Neuigkeiten ziehen sie an, sie haben eine Antenne dafür, wofür es hier an der Zeit ist und was bereits überholt ist. Die Zehn Gebote sind nicht überholt. Die Form des Zeitlosen ist das Zeitgemäße.

Wir verschmelzen nicht mit Gott, sondern sprechen Ihn an. Wir fürchten Ihn mehr als den Tod. Und bei jeder Mahlzeit sind wir Ihm dankbar, daß wir noch essen und trinken können.

Manchmal versuchen wir, den Herrn zu täuschen, und vertrauen darauf, daß der Alte nicht alles bemerkt. Spüren wir jedoch seine strenge Mißbilligung, bemühen wir uns, Ihn zu versöhnen. Gott ist für sich, und die Juden sind für sich. Eine Vereinigung gibt es nicht. Nicht einmal der Prophet ist wesensgleich mit ihm. Er vernimmt das Wort des Herrn in sich, er vermittelt zwischen Gott und dem Volk. Auf der Seite des Herrn spricht er zum Volk, und auf der Seite des Volks spricht er zum Herrn. Dieses meditierende Ansprechen Gottes ist nicht an die Synagoge gebunden, die kein Tempel, kein Gotteshaus ist, sondern ein Lehrhaus der Glaubensgemeinde.

Wir knien nicht vor Gott. Wahrheit und Falschheit soll er getrost von unserem Gesicht ablesen können. Jeder ist Erlöser der anderen, niemand ist Erlöser der anderen. Es kann sein, daß Gott sich durch uns, durch die Menschen, selbst in Versuchung geführt, gegen sich selbst aufgebäumt hat. Es kann sein, daß wir für Gott ein Puppenspiel sind. Ich nehme an, daß ihm die zynische Puppe mehr Zerstreuung bietet als die andächtige Puppe.

Alles ertragen, alles überleben. Die einzige Entschuldigung des Juden ist die, daß er beharrlicher ist als andere. Du mußt dich nicht aufgeben, selbst wenn man dich von allen Seiten umzingelt. Die Erinnerung an die Niederlagen gibt Kraft, im großen und ganzen weiß der Mensch, womit er rechnen kann. Er weiß, daß es schmerzen wird. Er weiß, daß er alles verlieren kann. Und er weiß, daß er dem materiellen Verlust nicht lange nachtrauern darf. Es kommt vor, daß jemand über den Verlust seines Besitzes sogar lachen kann.

Wie man der Gefahr zu begegnen hat, dafür gibt es keine Regel, nur eine Eingebung. Der eine greift zum Schwert, der andere sieht seinen Mördern nur ins Auge. Mörder wissen nicht, was sie tun. Sie sind primitive Seelen, als Menschen noch nicht ganz fertig. Erwachsen ist der Mensch, wenn er sich selbst behaupten kann, denn es gibt etwas, das mehr ist als sein Leben und stärker als seine Angst.

Nach den Zehn Geboten bedarf es keiner revolutionär neuen

Morallehre; meist kommt hinter der revolutionär neuen Moral irgendeine altmodische Immoralität zum Vorschein. Wie tausendjährige, geheimnisvolle Bäume hegen wir unverändert dieselben Werte. Revolutionär ist eine Erkenntnis dann, wenn sie langlebig ist.

Budapester Tao

1.

Ausgangssituation dieses Romans ist, daß ich ihn schreibe. Einen Schiffbruch erleide ich nicht, ich bin nicht im Gefängnis, und in der Wüste am Verdursten bin ich auch nicht. Warum sollten wir die Literatur in der Literatur verbergen? Du entziehst dich der Bekennerrolle und verschwindest still hinter deinen Erklärungen. Gegen alles andere und gegen jeden anderen habe ich mich für das Schreiben entschieden.

Der Vormittag muß ganz und gar mir gehören, ich empfinde körperliche Schmerzen, wenn der innere Schwung durch ein Klingeln unterbrochen wird. Mein Besucher ergreift die günstige Gelegenheit beim Schopfe und erzählt nach einigen höflichen Fragen von sich. Mit zunehmendem Alter ist sein Mitteilungsbedürfnis größer als seine Neugier. Er hatte schon immer recht, die anderen hatten im allgemeinen unrecht. In Sachen Klarblick, Großmütigkeit und Humor hat mein Besucher nicht seinesgleichen. Noch im Korridor erinnert er sich daran, wie phantastisch er jemandem seine Meinung gesagt hat, der bodenlos niederträchtig sei. Wir beide sind gut. Die anderen sind niederträchtig.

Natürlich politisieren wir auch. Womit sonst könnten wir uns gegenseitig bedrücken, gäbe es keine öffentliche Meinung? Es gibt freundliche Menschen, in deren Augen ein politisches Fieber glänzt. Weiß man im Gespräch eine superernste Allgemeinheit als Unterstützung hinter sich, findet eine Ich-Erweiterung statt. Die Stichelei läßt sich freilich auch als Schutz gegen die Stichelei auffassen.

2.

In einem unfreundlichen Artikel wirft mir der stellvertretende Chefredakteur der Budapester Parteizeitung vor, hinter mir stünde der militärische, wirtschaftliche und politische Apparat des Imperialismus, dann fordert er mich auf, ich solle meine Position klären, und er zitiert meine abschreckenden Sätze. Ich sehe mich um und kann hinter mir keinerlei Apparat entdecken. Es hat den Anschein, als wäre ich in Ungarn geistiger Staatsfeind Nummer Eins. Vor einigen Jahren kam es schon einmal vor, daß man mir die Heimkehr verweigern wollte, das kann sich wiederholen.

Ich könnte meine in Paris lebenden Kinder öfter sehen. Auch die Wanderjahre haben ihren Platz im Leben. Und überhaupt, nichts ist endgültig. Am wenigsten ein Zeitungsartikel, und ein Affekt, der dahintersteckt, am allerwenigsten.

Einen Koffer voller Manuskripte habe ich hierher nach Westberlin geschmuggelt, ich kann mich an die Überarbeitung machen. Noch ein halbes Jahr habe ich hinter den Schwarzkiefern in der Pacelli-Allee. Am besten ist es dort, wo auch du bist. Von zu Hause ein Anruf, man wünscht mir ein glückliches Neues Jahr. Allem Anschein nach war der Artikel gegen mich ein lyrischer Prolog zu Aktionen gegen meine Freunde. Es fand auch eine zweite Hausdurchsuchung in der Wohnung von L. R. statt, wo man an jedem Dienstagabend die hektographierten Publikationen der unabhängigen Presse kaufen konnte. Fünfzig bis sechzig Polizisten sperrten das Haus ab, fünf betraten die Wohnung, zwei blieben vor der Tür stehen. Das Herumstöbern dauerte drei Stunden, alles, was nach Druckerschwärze roch, wurde mitgenommen. Das meiste war bereits bei der vorangegangenen Hausdurchsuchung beschlagnahmt worden, jetzt war nur noch ein Rest vorhanden, die Freunde hatten alles zusammengeklaubt, was in den anderen Wohnungen verstreut existierte. Sie wollten signalisieren, daß sie nicht zurückweichen würden.

Sie seien ein bißchen nervös, sagt die brummende Telefonstimme. Jetzt müßten die Organe den nächsten Schritt tun, sagt er, und man könne nicht wissen, was sie vorhätten. Trotzdem würden Silvester große Feten steigen.

3.

Möglichst große Stille um den Preis eines möglichst kleinen Skandals. Die Gesellschaft ermüden, erschrecken, beschneiden, aber ohne sie einzusperren. Schikanen über Schikanen, bis wir ihrer überdrüssig sind. Diesen rührenden kleinen Laden mitten in der Stadt verschwinden lassen. Eine Wohnung, die von dem noch unverdorbenen und zu rettenden Teil der Jugend zwecks Erwerb oppositioneller Literatur aufgesucht werden kann, darf es nicht geben.

Unter Druck stellt sich heraus, wer auf dem Weg der Illegalität einen Schritt weitergehen wird. Es bleiben immer gleich viele, eine Handvoll Verfluchter. Sie werden die Berufenen sein, und die anderen werden an ihnen zweifeln.

In der Machtzentrale wurde beschlossen, daß die demokratische Opposition als Feind anzusehen sei. Sie dürfe nicht sein, sie müsse aufgerieben werden. Eine legale Reformbewegung sei möglich, aber die nicht genehmigte Presse werde eine Weile Schwierigkeiten bekommen.

Hinter uns steht der Imperialismus, hier im Westen steht hinter den Pazifisten der Kommunismus, allzu findig ist die Blockrhetorik nicht. Alle nichtoffiziellen, autonomen Initiativen verhindern. Vieles ist daheim in Ungarn möglich, aber öffentlich über wesentliche Dinge nachzudenken nicht.

Sollte wieder eine Periode unseres Lebenslaufs abgeschlossen sein, und wir hätten das bisher nicht gemerkt? Lang anhaltende und unsichere Situationen, Hoffnungen, Zweifel und dann ein grober Schlag. Wir überleben ihn, richten uns mühsam auf und hoffen erneut. Wieder lang anhaltende unsichere Situationen. Was die Polen zu Weihnachten 1981, das hätten wir im kleinen zu Weihnachten 1982 bekommen?

4.

So dickhäutig ich auch sein mag, es macht mich betroffen, wenn ich daheim in Ungarn in einer Million Zeitungsexemplaren als

Agent des Feindes bezeichnet werde. Ein einseitiger Dialog. Als Antwort schreibe ich meine fünfzigjährige Geschichte. Etwas anderes kann ich nicht tun, schreibend erinnere ich mich. Meine Philosophie und meine Biographie sind miteinander verschmolzen. Ein Glück, daß mich bei dieser Tätigkeit hier niemand stören kann.

In Budapest fühlte ich mich eingeschlossen. Meine Freiheit kann dort nur eine innere sein, und sobald ich sie zu einer äußeren machen möchte, stoße ich auf erhebliche Hindernisse. Eine Anstellung war in meinem Fall unmöglich, zu meinen unveröffentlichten Büchern gesellen sich weitere, vermutlich ebenfalls unveröffentlichte.

Jene Inseln der Öffentlichkeit, von der unabhängigen Presse errichtet, und jene wenigen jungen Leute, die meine Schriften in ein paar hundert, vielleicht paar tausend Exemplaren verbreiten, weiß ich sehr zu schätzen. Ohne sie wäre alles trostlos. Wenn jene wenigen jungen Leute ausharren, dann ist der kategorische Imperativ in Budapest gerettet.

5.

Die Sentimentalität bindet mich durch eine lange Leine an die Schwelle jenes Backsteinhauses, sagte ich mir im Herbst 1974 in einer Kneipe gegenüber dem Gebäude der Politischen Polizei, von wo ich fünf Minuten zuvor in die Freiheit entlassen worden war. Bevor ich nach Hause schlendere, trinke ich einen Klaren.

Eine halbe Stunde zuvor war mein Vernehmer, ein Oberstleutnant, vom Schreibtisch aufgestanden und hatte mir in offiziellem Ton die höheren Orts gefallene Entscheidung mitgeteilt. Man spreche eine staatsanwaltliche Verwarnung aus, Reisen ins Ausland seien mir untersagt. Wolle ich jedoch mit meiner Familie auswandern, weil ich meine schriftstellerische Tätigkeit mit den geltenden Gesetzen nicht in Einklang bringen könne, werde man der Gewährung meines Antrags kein Hindernis in den Weg stellen.

Mit einem Wort, wenn ich will, kann ich gehen. Ein Scheidungsangebot. Der Staat treibt sein sinniges Spiel mit einem Schriftsteller, er ist ihm böse, so etwas soll es schon gegeben haben. Man muß die politischen Moden nicht überbewerten.

Seither durfte ich reisen, nach Ungarn zurückkehren, man ließ mich wieder ziehen, und ich komme zurück. In der Zwischenzeit aber schreibe ich, was ich denke. Wenn ein Mensch genau weiß, was er will, und darauf beharrt, dann werden sich vermutlich auch die anderen daran gewöhnen.

6.

Zusammen mit Jutka wohne ich in einem Villenviertel in Berlin-Dahlem in einer Dreizimmerwohnung eines zweigeschossigen Hauses. Die gesamte Wohnung, im Winter ein wenig überheizt, ist mit einem sandfarbenen Teppichboden ausgelegt, barfuß auf meinem Bürosessel reite ich vor dem großen braunen Schreibtisch.

Wir schlendern durch die Stadt, an den Seen entlang, durch den Wald, in einem italienischen Restaurant essen wir Muscheln, nach Mitternacht sehen wir uns gute Filme an, bei dem Philosophen und Gebrauchtwarenhändler kleiden wir uns ein, wir besuchen die Zeitgeist-Ausstellung, von deren Fenstern aus wir auf die Mauer und auf die Trümmerreste der Gestapo-Folterkammern blicken können.

Auf dem Kunstmarkt herrschen jetzt die Wilden. Die abstrakten Avantgardisten sind gerade nach Ungarn gelangt. Was für ein Gefühl, aus der Mode gekommen zu sein. Nicht nur der Staatsstil, auch die Mode ist ein Gefängnis, allerdings schlüpft der Mensch hier freiwillig hinein. Während der Modestern seine Gorillas selbst bezahlt, werden die Gorillas der Avantgardisten bei uns daheim vom Nationalhaushalt ausgehalten.

Die ganze Wand vor mir Fenster, draußen die hohen Schwarzkiefern mit ihren kahlen Stämmen, alles ist ein bißchen tiefblau und silbrig glänzend, die Töne sind sterblich, doch in der Luft wird ein jugendlicher, internationaler, alternativer Ozon spürbar.

Jeden Vormittag stellt sich Konzentration ein, mir geht es gut. Wir leben von meinem Stipendium, auch meine Kinder kann ich unterstützen, wir sind gesund, abgesehen von Jutkas vorübergehenden Erkältungen.

7.

Der heimatlichen Enge bin ich etwas entrückt. Thema meiner Kritik ist nicht der ungarische Staat, sondern das Blocksystem, dessen ziemlich geschickt manövrierende Teileinheit dieser kleine Staat ist. Er tut, wozu er in der Lage ist, er schlägt sich durch und umschifft die widrigen Klippen, selbst in der Brutalität ist er maßhaltend, konservativ und vorsichtig. In der Ausübung der Herrschaftstechniken versteht er seine Sache eigentlich. Neuerungen bezwecken nur die Vermeidung einer Katastrophe, trotzdem lauert die Krise ständig im Hintergrund. Gelegentlich bringt er die Reformbewegung in Schwung, dann erschrickt er und erstarrt in Reglosigkeit. Beobachtet und entkrampft sich wieder. Hochmut ist ihm fremd, er ist eher ein Staat des kleinen Mannes. In meinem Verhältnis zu ihm bin ich weder ein sich anpassender legalistischer Intellektueller noch ein oppositioneller Streiter. Ich bin ein Beobachter, vielleicht ein allzu beharrlicher.

In dem von einer Mauer umgebenen Westberlin befinde ich mich fast in der gleichen Lage wie in Budapest. Inseln der Illusion, sind sie von anderen abhängig. Städte sind sie, in der die Niederlage physische Wirklichkeit geworden ist.

8.

Ich bin kein anarchistischer, romantischer, klagender Protestierender gegen die mir aufgezwungene Ordnung. Die wichtigsten Fragen sind ziemlich ernst. Mein Denken ist religiös geprägt, allerdings nicht nur im Geist der Bibel. Eindeutig sympathisch sind mir weder Jehowa noch Jesus.

Die Religionen verstehen sich nicht auf die Liebe zum Sein.

Die Religionen wollen den Tod überbrücken. Die Religionen wollen nicht zur Kenntnis nehmen, daß es zwischen Subjekt und Objekt, zwischen dem Ich und der Welt keine unio mystica gibt.

Mich interessiert das Mysterium des Seins und nicht des Trostes. Ich brauche eine Religion, deren Ausgangspunkt der Tod ist. Wir hier auf der Erde haben Ausgang vom Nichts, vergnügen wir uns, solange wir nicht zurück müssen in die Todeskaserne.

9.

Eine bessere Lebensstrategie als das Budapester Tao bietet sich auch deshalb nicht an, weil dieses am ehesten der Natur der Zeit und deren korrigierenden Eingebungen Rechnung trägt. Auch wenn du unbeweglich bist, kannst du voranschreiten.

Vorwärtsgehen, wo es am schwersten ist, das ist die Ethik der Krieger, eher der Befehlshaber als der gemeinen Soldaten. Ein kluger Mensch, der den Wald durchdringen will, fällt nicht die Bäume, schreckt nicht das Wild auf, reißt nicht das Gestrüpp aus, bemüht sich, die Aufmerksamkeit der Waldbewohner möglichst wenig auf sich zu lenken. Er spürt den Pfad auf, den seine Vorfahren bereits ausgetreten haben.

Dasselbe mit möglichst wenig Leid erreichen. Alle Gegenden der Welt aufsuchen und eigentlich zu Hause bleiben. Der Vogel fliegt über den Stacheldrahtzaun, die Bodenfeuchtigkeit sickert darunter hindurch. Man muß nicht unglücklich sein. Auch die Geisel kann siegen. Um heiter zu sein, brauche ich keine Hoffnung zu haben, es genügt, daß ich noch lebe.

In dem leben, was ist, sagt eine schwangere Frau. Militärmoral, Säuglingspflegemoral, Kräutersuchermoral, laßt uns einen Planeten suchen. Für Worte muß man sich nicht kreuzigen lassen. Auch lügen muß man nicht. Wir müssen klüger sein als sie. Für dich würde ich sterben, nicht aber für etwas Allgemeines.

Wenn du exakt genug formulierst, versteht auch ein Indianer

oder ein Chinese dein Denken. Das ist eher eine philosophische als eine stilistische Frage. Die Aspekte schwangerer Frauen lassen sich in die Sprache jeder Nation übersetzen. Es macht nichts, wenn man mich auch auf der anderen Seite des Globus versteht. Was geht über die Grenzen hinweg?

10.

Sich gegenseitig verstehen ist eine Kunst. Ihr müßt Künstler werden, sonst wird man euch vernichten. Von der Aufklärung bis zum Nationalismus – ein hübscher mentaler Verfall. Die Weltliteratur ist anarchopazifistisch und beugt sich keinem Kaiser. Die Weltliteratur ist Traum und Alptraum der Menschheit von sich selbst. Fortwährende schlaue Majestätsbeleidigung. Unfaßbares Wissen, Ahnung von den weisesten Menschen der verschiedenen Gegenden und Zeiten. Die Weltliteratur geht über alle Staatsphilosophie, über jede kirchliche Religion, über jede sich anpassende und festliche Verbandsrede hinaus. Dieses Ethos kennt keine Definition und kann auch nicht definiert werden. Wir könnten es auch Humanismus nennen.

Die Kriege werden von den wichtigen und verantwortlichen Männern gemacht. Schmierenkomödianten haben noch nie Kriege gemacht. Wirfst du einen Blick in den Schädel der Hauptverantwortlichen, entdeckst du lauter knirschenden, kalkhaltigen ideologischen Schutt. An den Kriegen sind auch die ernsthaften Autoren mitschuldig. Es war ein Verrat, daß die Tatsachenliteratur, der kosmopolitische Humanismus ihren Platz dem militaristischen Nationalismus überlassen haben. Im Fahrstuhl der Vaterlandsliebe sanken die Denker ins Kellergeschoß. Im neunzehnten Jahrhundert nahmen die Scheinheiligen den Platz der Geistreichen des achtzehnten Jahrhunderts ein.

Unter den Intellektuellen ist der Militarismus des Schriftstellers am wenigsten entfaltet, selbst wenn er sich in den Ethnozentrismus seiner Umwelt verwickelt. In seinen Heldengesängen weint er um die Gefallenen, in den Kämpen erblickt er einen Bruder, und angesichts der Qualen der Opfer ist er gerührt.

Literatur ist die Infragestellung eines eindeutigen Ja oder Nein, jeder zürnenden Verallgemeinerung, das Wissen um Gegenbeispiele und Ausnahmen, Literatur ist keinerlei dualistisch-manichäische Erstarrung. Eher Erbarmen, Sympathiebekundung, Komplizenschaft, Liebe, Grauen, Sünde und noch vieles andere, der Gegensatz dummer Gemeinplätze. Die allmächtige Dummheit hat allen Grund dazu, die Schriftsteller zu beargwöhnen.

II.

Die Staatsintelligenz führt mit den Kulturpolitikern einen Dialog. Dissidenten und Polizei sehen sich starr in die Augen. Doch jeder spürt, daß Kulturpolitik und Polizei eigentlich identisch sind.

Will ich in Budapest in einem Staatsverlag verlegt werden, muß ich ein loyaler Staatsschriftsteller werden und auf fast jede Äußerung verzichten, die von der Zensur nicht gebilligt wird.

Auf welchem Boden stehen Sie? Auf dem Boden Ihrer Bürgerrechte oder auf der Heimaterde? Was ist dir wichtiger, deine Redefreiheit oder dein ständiger Wohnsitz? Mit einem entsprechenden Reisepaß könnte ich auch ein ständig im Westen lebender ungarischer Staatsbürger sein. In Budapest müßte ich dann meine Aufenthaltsgenehmigung monatlich erneuern lassen. Bekomme ich den Stempel, darf ich bleiben, bekomme ich ihn nicht, muß ich zurück.

Hier in Westberlin erscheint es mir unmöglich, mit einer kleineren Redefreiheit als meine hiesigen Kollegen auszukommen. Warum sollte ich mich freiwillig für eine Situation entscheiden, die vergleichsweise unwürdig und erniedrigend ist?

Um meine Publikationen frei organisieren zu können, um meine Manuskripte in Sicherheit zu wissen, um mit einem Word processor arbeiten zu können, um jederzeit verreisen zu können, müßte ich meinen ständigen Wohnsitz im Westen haben.

Wenn ich mich trotzdem freiwillig dem Staat ausliefere, so tue ich dies unter dem Gewicht der Trägheit, meiner sentimentalen Faulheit. Durch die bloße Tatsache, daß mein ständiger Wohnsitz Budapest ist, trage ich zur dauerhaften Einschränkung meiner Bewegungs- und Artikulationsfreiheit bei.

12.

Wenn ich keine »Erklärungen abgäbe«, läßt man mir ausrichten, könne mein Buch erscheinen. Halte ein halbes Jahr lang deinen Mund, gib keine Interviews, verschwende deine Zeit nicht mit Journalisten. Sie schreiben ohnehin nicht, was du ihnen sagst, sie machen sowieso einen oberflächlichen Einheitsbrei daraus. Du kannst doch auch selbst schreiben und bist nicht auf Journalisten angewiesen. Schreibe deinen langen Roman, ansonsten hülle dich in Schweigen. Beachte die Spielregeln, schließe mit unserem gemeinsamen Freund einen Kompromiß, geh zum stellvertretenden Minister, du kennst ja die Stufen der Hierarchie, du weißt ja, wann man sich an wen wenden muß. Begib dich in das Labyrinth, suche die Redaktionen auf, laß dich auf Verhandlungen ein.

Deine Stellungnahmen sind sicher schön, allerdings kennen wir sie kaum. Was nutzt dir die Zeitung als Sprachrohr eigentlich, was kann sie dir überhaupt bieten? Willst du verbreiten, was sowieso jeder weiß, mediale Gemeinplätze? Alles darüber hinaus muß den Zoll passieren. Liefre deine Gedanken ab, laß die Direktion entscheiden. Mach den verbotenen Teil von dir meßbar, dann wirst du erfahren, wieviel Prozent tatsächlich verboten sind. Du kannst es jeden Monat statistisch erfassen. Ebenso wie die Arbeitslosigkeit oder die Inflation hätte dann auch die Zensur einen veränderlichen Index, ein Beweis dafür, daß man damit leben kann. Gibt es unter deinen verbotenen Sprüchen welche, die außer dir niemand aussprechen würde?

Viele sind der Überzeugung, daß die Freiheit meßbar sei und daß das legale Büchervertriebssystem bei einem Verlust von höchstens zehn bis zwanzig Prozent gegenüber dem illegalen Vertrieb um so vieles vorteilhafter und natürlicher sei, daß es sich lohne, diese zehn bis zwanzig Prozent beiseitezulegen und ein andermal aus der Schublade hervorzuholen.

13.

Immun werden kann ich gegen jene Infektion nicht gerade, aber ich kann aufarbeiten, daß ich gelegentlich einen gelben Stern tragen mußte, später ein klassenfremdes Element und dann einfach nur ein Feind geworden war. Wäre ein Leben ohne diese Erfahrungen besser gewesen? Ich weiß nicht, es gibt eine Pflicht, die man sich selbst auferlegt. Ich habe mich auf einen Versuch eingelassen. Den will ich fortsetzen.

Der Auctorenorden kann den Ritterorden nicht besiegen, wohl aber in seine Köpfe hineinlangen. Die Beschlüsse sind ihre Sache, der Stil unsere. Der Auctorenorden ist keine einflußlose Minderheit, sofern er über eine eigene Sprache verfügt. Eine pluralistische Demokratie wird es nicht geben, höchstens einen pluralistischen Patriarchalismus. Dezenter werdende Monarchie, sich ausweitende Oligarchie. Spitzenreiter der Technologie werden wir nicht, aber wir können gutes Essen und entsprechende Gebrauchsgegenstände machen. Die Kontrolle können wir zivilisieren, und wir können die Instrumente der verschiedenen Öffentlichkeiten beherrschen lernen. Die Geduld findet eher Verbreitung als die Ungeduld.

Einen Klassenkampf gibt es nicht; nicht die Menschengruppen stehen sich gegenüber, sondern die Mentalitäten, auch diese nicht allzu auffällig. Kleine Schritte auf dem Weg zur Selbständigkeit, melancholischer Neokonservativismus, erwachende ökologische Empfindlichkeit, große Anstrengungen, um nicht zu verarmen, Verbürgerlichung auch in den Gewohnheiten, höflicherer Umgangston, wir bringen unsere Wohnungen, durch alte Möbel verträumt wirkend, in Ordnung.

In unserer Gegend verwunschene Gärten, an denen die Zeit nicht spurlos vorübergegangen ist, nicht allzu schmuck, aber auch nicht richtig verwahrlost, kleine Paradiese für Kinder. Mehrere Freunde wohnen in unserer Gegend, an deren Wohnungstür wir auch ohne vorherigen Anruf klingeln dürfen. Wie war eigentlich die Atmosphäre unserer Gespräche?

Resignierter Eifer, versöhnliches Kichern, intime Kenntnisse, leidenschaftliche Kränkungen, stoisches Gemüt. Eine interessante Grundstruktur der Persönlichkeit. Gott bewahre uns alle vor den heftigen Auftritten des öffentlichen Charakters. Unsere Kinder werden eine geistreichere Haltung haben. Mit mehr Disziplin und Heiterkeit werden sie ihre menschliche Würde instandhalten. Sie werden weniger starr sein. Die Reform der Lebensform ist möglich. Die Reform der Staatsform kommt später.

14.

Wer sind diese Narren, die sich um die Grundprinzipien kümmern? Wer ist jener Mondsüchtige, dem Prinzipien wichtig wären? Wer legt darauf Wert, daß diese Prinzipien in durchdachter, persönlich kontrollierter und dichterisch zusammenhängender Beziehung zueinander stehen? Wem ist es ein persönliches Bedürfnis, ebenso eine eigene Philosophie zu haben wie ein eigenes Zimmer? Wessen Provokation ist zugleich eine Durchleuchtung seiner selbst? Wer versucht, aus Eigeninitiative, zum eigenen Vergnügen, tagtäglich in der verworrenen Ansammlung zeitgenössischer Ideen Ordnung zu schaffen? Wer vermag, mit allen Bewohnern der Erde, auch mit den Bürgern anderer Nationen solidarisch zu sein? Wer ist nicht durch seinen Namen, sein Geld oder seine Macht vornehm, sondern durch seine Weisheit? Wer dient durch seine Erkenntnisse den Meditationen anderer Menschen, also der wichtigsten Tätigkeit anderer Menschen? Wer weiß, daß der Klarblick und die Macht des Menschen zueinander umgekehrt proportional sind? Wer spürt mit zusammengekniffenen Augen die eigenen Beschränktheiten, die territorialen und Stammesbefangenheiten auf? Wer weiß, daß das Bestehende vergänglich ist und deshalb nicht nur Kritik, sondern auch Erbarmen und Verewigung verdient? Steht nicht einem solchen Menschen zu, Intellektueller genannt zu werden?

15.

Gern denke ich daran, meine Werkstatt dort zu errichten, wo die Konzentration der Gedanken am größten ist. Die Erotik meines Gehirns jagt mich über die Erdteile. In New York habe ich nicht den Eindruck, daß sich meine gesellschaftliche Lage von der meiner Kollegen unterscheidet. Ich führe keine marginale Existenz; ich bin normal. Daheim in Ungarn werde ich wieder ein Extremist sein, ein komischer Dissident, und zwischen meine Gesprächspartner und mich wird sich ein Hauch von Kälte einschleichen. Der Aufenthalt an einem Ort, an dem ich vielen neuen Gedanken begegne und nicht jahrzehntelang ein und denselben Klagen, ist ergiebiger.

Von hier aus gesehen interessiert mich die Praxis der Konfrontation mit Schwierigkeiten, die westlich von Wien nicht auftreten, weniger. In Budapest kann ich nicht umhin, mich für die staatlich-kulturell-polizeiliche Zensur zu interessieren; auch wenn ich mir die Ohren zuhalte, höre ich davon. Jeder erzählt seine einschlägigen Abenteuer. Jeder gibt seine pfiffige Strategie zum besten und macht die des anderen mies. Keiner kann sich mit seiner Strategie in vollkommener Sicherheit wiegen. Jeder verbringt seine Zeit mit behutsamen strategischen Erwägungen. Kann ich ein bißchen mehr wagen? Muß ich ein bißchen mehr Angst haben?

Daheim in Ungarn habe ich wieder das Gefühl, nur dann meinen eigenen Weg zu gehen, wenn ich verbotene Pfade beschreite. Mit der demokratisch-giftig-antitotalitären Publizistik gebe ich mich nicht zufrieden. Auch will ich die Herausforderung nicht bagatellisieren, bis zum Hals im Sumpf will ich über den Sumpf keine Witze reißen. Natürlich können wir die Sprache auch zum Verbergen des Gedankens benutzen. Mit heißem Atem flüstert mir der Dämon der Mäßigung zu: Wenn du kein Idiot bist, wenn du nicht dein eigener Feind bist, dann entblöße dich nicht, enthülle dich nicht, artikuliere dich nicht, zeige dich nicht an.

16.

Ich möchte mich an das verdienstvolle Publikum der Haupt- und Residenzstadt wenden, sagte ich 1956 und ging nicht weg. Dann wurde mir klar, daß ich auch als junger Mensch zu Hause in Ungarn eine Art Rentner sein muß, der nur Betrachtungen anstellt und nicht handelt. Was bedeutet einem Schriftsteller wie mir das Handeln? Geistige Initiative, Kollegen um uns versammeln, um gemeinsam über Probleme nachzudenken. In Budapest scheint es nicht möglich zu sein, oder etwa nur für mich nicht?

Sobald ich die Grenze in Richtung Westen passiert habe, bin ich mitten in der Welt, das ist eine Tatsache. Meine Budapester Adresse erlaubt mir lediglich eine Existenz im Land, in der Stadt, in meiner Wohnung, in meinem kleinen Freundeskreis, in meiner kleinen Welt. Doch warum sollte die Welt groß sein?

Es gibt kein moralisches Gebot, das uns ein Leben in enger Umgrenzung aufzwingt. Wir akzeptieren ein solches Leben, in dem wir uns nicht einmal für einen Tag vom Gefühl des Eingeschlossenseins freimachen können. Wir bekennen uns zur Abhängigkeit von den Komitatsbehörden. Wir machen uns keine Illusionen über sie, wir finden uns damit ab, daß sie Macht über uns besitzen, daß wir unter ihnen leben. Warum? Warum unterwerfe ich mich freiwillig dem Zwang der Zensur?

Nicht nur innerhalb der Staatsgrenzen geht die Verbürgerlichung mit einer wachsenden Unabhängigkeit einher. Sie bedeutet auch, daß man die Grenzen passieren kann wie einen Fluß, sie verkörpert auch das Prinzip, daß die Staatsgrenze den Bürger nicht binden kann.

Jene Kulturen, die sich von anderen abkapseln, vor dem Fremden Angst haben und den Nachbarn feindselig begegnen, wirken auf mich primitiv. Die territorial-kriegerischen Identitäten sind deutlich feudal-militante Anachronismen.

Die Persönlichkeit ist kein geringerer Wert als irgendeine Institution. Ein komisches Gesicht ist interessanter als jenes fleischige und dümmliche, dem anzusehen ist, daß es eine Rolle und keine Person ist. Vielleicht sagt es sogar die Wahrheit, doch ich glaube ihm nichts.

Wenn ein Mensch seine eigene Sprache spricht, erhöht er auf geheimnisvolle Weise die Lebenschancen. Was ist deine kleine komische Kerze angesichts der großen Finsternis wert? So zirpt in mir die Kleingläubigkeit. Etwas müßte man den Nachbarn trotzdem sagen! Je verworrener unsere Werte, desto wahrscheinlicher der Krieg. Da die Staatskultur und die Massenkultur alles durcheinandergebracht haben, müssen wir uns erneut die Grundfragen stellen.

17.

Utopia ist jener Ort, an dem es kein Morden gibt. Utopia ist jene Stadt, in der den Witwen und Waisen geholfen wird und sie nicht getreten werden. Wo der Wahrheitssucher für seine Wahrheit nicht gesteinigt, nicht gekreuzigt, nicht auf dem Scheiterhaufen verbrannt, nicht in die unterirdischen Kasematten gestoßen, nicht auf die Eisfelder verbannt, nicht ins Gefängnis, nicht ins Irrenhaus, nicht in die chemische Zwangsjacke gesperrt und auch nicht mit den ausgefeilten Methoden gedankenfeindlicher Hexenverfolgung gequält wird. Und nicht einmal sein Fortkommen wird verhindert.

Utopia ist jener Ort, wo der Dümmere dem Klügeren zuhört und den Weisen taktvolle Aufmerksamkeit entgegengebracht wird, ebenso wie den Müttern. Utopia ist jener Ort, wo sich die große Masse der auctores wohlfühlt, sie besitzen eine Existenzgrundlage und müssen keine Angst haben.

In Utopia verwandelt sich die Macht in eine Selbstherrschaft. Der Paradiesgarten wird von einem Heer sittsamer Gäste überflutet, die zwischenmenschlichen Beziehungen erinnern eher an das Ineinander-Versunkensein zweier Augenpaare als an den Zusammenstoß zweier Autos.

Gartenfest, wo für Gewalttätigkeiten kein Platz ist. Natürlich wissen wir, wie eine gute Gesellschaft aussehen müßte! Ebenso wie ein gutes geselliges Beisammensein. Abweichende Meinungen steigern in einer guten Gesellschaft lediglich das Interesse an der Person unseres Gesprächspartners. Moralische Empörung gegen Andersdenkende durch verwunderte Mißfallensbekundungen ist in Utopia verboten.

In guter Gesellschaft wollen wir einander gefallen. Warum sollte jemand, der uns umwirbt, grob sein müssen? Auch hier zeigt sich, wer der Stärkere ist, die anderen fühlen sich zu ihm hingezogen. Utopia ähnelt den Menschen, von denen wir angezogen werden.

Gestern abend war Utopia hier zu Besuch. In der Gestalt von vier interessanten Kindern und deren Eltern; ich glaube, wir haben ein gutes Abendessen gekocht. Mit vielen unseresgleichen am großen Tisch sitzen, auf der gebügelten weißen Tischdecke Rotwein, das ist Utopia.

Ich habe schon enorm viele Utopien erlebt. Wer meint, Utopie finde nur in der fernen Zukunft statt und nicht auch in der Vergangenheit, der weiß nicht, wovon er spricht. Ich denke an jene Augenblicke, da die Menschen gut miteinander auskommen, da der Löwe dem Lamm nichts zuleide tut.

Es gab eine Zeit, da wir nicht besetzt waren. Es existieren genügend Beispiele für die Demokratie. Angesichts der Diktatur ist die Demokratie eine Utopie. Zur Nicht-Demokratie gehören Betrug, Lügen, Verleumdung, Gewalt, Unterwürfigkeit, Verschweigen und Verdummung. Die Demokratie ist sowohl ein politisches als auch philosophisches System wie eine Kultur, die ihrem Wesen nach Qualität und Persönlichkeit besitzt.

Natürlich ist der Streit zwischen Flamen und Wallonen im Vergleich zum Krieg zwischen Persern und Irakern, der bereits eine Million Tote gefordert hat, eine Utopie. Die hervorragenden Werke, die nicht naturfeindlichen Technologien, die Verfassungen und Rechtssysteme, in denen die Selbstherrschaft der Gesellschaften zum Ausdruck kommen, die schönen Abende in trauter Gemeinsamkeit sind sämtlich Fußspuren der Utopie in unserem Leben.

18.

Wenn Person und Menschheit letzte sinnliche Gewißheiten sind, dann bedingen die beiden einander. Dann kann der einzelne Mensch auch als Mitglied der menschlichen Gemeinschaft denken. Letztlich können vier Milliarden Menschen nicht gemeinsam reden.

Ein Intellektueller ist ein Mensch, der sich auf dem imaginären Feld des Papiers von niemandem vertreten lassen möchte. Niemand soll ihn beim Denken vertreten, weder das Oberhaupt der Kirche noch das Staatsoberhaupt. Weder diktatorisch noch demokratisch, weder charismatisch noch zufällig. Ich habe kein Recht, die Last des Denkens auf jemanden abzuwälzen.

Auch der Dichter kann seine Stimme in Pluralis majestatis erheben, doch hinter seinen Worten steht nur er allein, niemand sonst, keinerlei Macht. In den lichtesten Räumen seines Bewußtseins ist ein jeder Dichter. Für jedermann steht an jedem Morgen erneut die Aufgabe, sich Gedanken über die Welt zu machen.

Die Philosophie des Friedens artikuliert sich nicht in der akademischen Fachsprache, nicht einmal in der Literatur, sondern im Verhalten der Personen. Friedfertiges Verhalten selbst ist der Frieden. Nicht die Wortführer werden den Weltfrieden machen, sondern die Personen.

Wir können sympathisieren mit dem, was weder uns noch unser Land betrifft, die Fähigkeit unseres Mitgefühls läßt sich erweitern. Der Mensch fängt da an, wo er mit anderen Menschen und auch mit anderen Wesen solidarisch sein kann.

Wir könnten der Philosophie der Menschheit den guten alten Namen Humanismus geben, wenn wir darunter auch die Achtung vor den Wäldern und Walen verstehen. Da die Menschheit ihre Mitlebewesen grundlos ausrottet, entscheide ich mich doch lieber für das Wort Planetarismus.

Nach dem Kampf des Menschen mit der Natur sind wir zum Programm der Versöhnung mit der Natur gekommen, zur Disziplinierung des abscheulichen kollektiven Ich. Der edle

Mensch identifiziert sich nicht, ist aber friedfertig; der gemeine Mensch identifiziert sich, ist aber nicht friedfertig, sagte Konfuzius.

19.

Die nicht zum Schweigen zu bringenden Interessen und Ideologien dürfen die Inspiration der Verständigung nicht hinwegspülen, dies ist eine übermenschliche Forderung, aber die einzig wirklich menschliche. Vielleicht ist auch das Denken in irdischen Maßstäben lediglich ein provinzielles Sich-Abkapseln.

Man kann den Humanismus und die Strateologie miteinander verknüpfen, beide spornen zum Klarsehen an. Im Ringen der beiden die Akteure beobachten. Wohl wissend, daß es keine ausgezeichnete, sondern nur eine ausgewählte Strategie gibt. Wir machen einen Zug, was daraus entsteht, wird sich zeigen.

Wir müssen so spielen, als wären wir auch die Betrachter des Spiels, unser vermeintliches Recht darf uns nicht blenden, und wir müssen uns bewußt sein, daß sämtliche Akteure eine möglichst große Rolle spielen wollen. Jeder entwickelt einen gewissen Eifer, um seine Position zu stärken oder wenigstens zu konservieren. Auch das Um-sich-Schlagen, das Davonlaufen und Märtyrertum können eine zielgerichtete Art der Selbstverteidigung sein.

Das Gezanke der Kinder, die Liebe, die Wirtschaft, alles kann man strateologisch betrachten. Der Kampf kann im Spiel zur Vervollkommnung gelangen; im verhängnisvollsten Kampf muß kein Blut fließen, nicht einmal Worte müssen gewechselt werden, es genügen Blicke. Die Partie ist um so eleganter, je geringer der Spielerverlust ist, je mehr das Auf und Ab des Spiels durch die einfühlsame Einsicht der Kräfteverhältnisse reguliert wird. Die höchste Stufe im Wettkampf der Strategien ist erreicht, wenn sie sich dem Reich der Kunst nähern.

20.

Diese Sicht der Dinge befindet sich mit der Staatsgesellschaft vor allem in einem ästhetischen Konflikt. Welches Gehabe um die finanziellen Mittel, welch ein Theater um die Reisegenehmigung, was für Idiome: heilige Grenzen unseres Vaterlands. Nichts kann so trostlos, verstaubt und ausgeblichen sein wie eine behördlich isolierte Nationalkultur. Die Skepsis gegenüber den Staaten läßt sich nicht unterdrücken. Selbst wenn sie demokratisch sind, erscheinen sie als Inkarnationen unserer eher schlechten Eigenschaften; sie sind wichtigtuerisch, Geheimniskrämer, schwerfällig, neigen zur Fettsucht und sind humorlos. Aber wenn sie demokratisch sind, gebärden sie sich jedenfalls viel zivilisierter als die von sich eingenommenen Obrigkeitsstaaten, die sich als Selbstzweck und nicht als Dienstleistung begreifen, die Bürger dagegen als Mittel.

Der autoritäre Staat besitzt keine eingebaute Selbstkontrolle, keine bürgerlichen Gewissensbisse, und dem Bürger verübelt er, wenn der sich die Hinrichtungen merkt.

Der Staat kann nicht nichtsein, auf revolutionärem Weg ist er nicht zu beseitigen. Bestenfalls erhalten die Ämter neue Namen, und die Beamten werden ausgetauscht. Danach wird die Fachkompetenz wahrscheinlich ab- und die Anmaßung zunehmen.

Wenn es nun schon einmal einen Staat gibt, dann soll er möglichst zivil, rücksichtsvoll und korrekt sein. Dann soll er einem guterzogenem Menschen ähneln. Er soll nicht spionieren, nicht lauschen, nicht drohen, nicht sein Unwesen treiben und vor allem nicht morden. Was die Regierung tut, interessiert mich nicht sonderlich, wenn sie mich in meiner Existenz, in meiner Arbeit nicht allzu sehr behindert. Vom Staat erwarte ich korrekte Dienstleistungen, mehr nicht.

21.

Ein Jahr lang spann ich in Westberlin die heimatlichen Geschichten weiter, schrieb meine alten Texte um, den Inhalt der herausgeschmuggelten Koffer, blind griff ich hinein und nahm einige Blätter heraus, überlegend, was man davon weglassen, was man hinzufügen könnte.

Ich haderte mit der Heimat, ich widersprach ihr, dem familiären Teil der Menschheit, den ich einmal überschwenglich, ein andermal zögernd als Familie akzeptiere.

Und an einer bunten Straßenecke überkommt mich plötzlich die Ahnung von einer Menschheitsfamilie. Das ist eine körperliche Inspiration, ich spüre die Ähnlichkeit und die Zusammengehörigkeit mit den Wildfremden. Emphase – Mystik. Einmal ist sie vorhanden, ein andermal nicht. Gnade.

In unserer Niedergeschlagenheit greift Menschenverdruß um sich. Unausstehliches Pack, man könnte aus dem Haus rennen und es verfluchen. Doch wenn es in dir hell wird, reckst du dich, holst tief Luft, winkst ab, lachst vergnügt, schlenderst zurück ins Haus und lehnst dich an den Türpfosten.

Wenn ich an meine Bekannten daheim in Ungarn dachte, kamen mir fast alle interessant, verrückt und warmherzig vor. Einzeln mag ich sie, zusammen nicht? Wenn in Gesellschaft von West und Ost die Rede war (denn die Mythologisierung dieses Unterschieds kommt im Westen immer mehr in Mode), konnte ich meine Freunde auch mit einem Stern des Ostens auf der Stirn sehen, als Fotoalbum des sozialistischen Realismus.

Obwohl diese Sicht amüsant ist und einen billigen geistigen Erfolg verspricht, bleibt sie an der Oberfläche haften; ein getrübter Blick, der nur das zu sehen vermag, was man ihm sagt.

Ich empfinde das Fehlen einer ost-westlichen Weltanschauung. Für mich liegt es auf der Hand, daß der Westen den Osten braucht und der Osten den Westen, um ein Ganzes sein zu können. Von Budapest aus betrachtet, wundere ich mich nur darüber, warum diese Dinge kein Gemeinplatz sind.

Der Westen hat seine Ostromantik: von dort kommen die Eroberer, die Völkerwanderer, die Hunnen Attilas, die Skythen, die Ungarn, die Tataren, die Türken, von dort kommen die Juden, die Gastarbeiter, von dort kommen die Wilden, die

Wanderer, die Nomaden, die Verdächtigen, die Aufrührer, von dort kommen die, vor denen man Angst haben muß. Nach denen man in einem stillen Winkel seines Herzens auch Verlangen haben kann. Von Osten kommt der Morgen. Von dort kommen die Bolschewiken, von dort kommen die Dissidenten. Von Osten kommt Dostojewskij, die große, abgrundtiefe Seele.

Was ist in Ungarn los? Vorbereitung, Abwarten, vorsichtige Ausweitung, kluges Sich-Einbringen, Ferienmachen, Aufbruchstimmung, Hedonismus, lockere Sitten.

Die wahrnehmbaren Freiheiten nehmen wir wahr, und den heute noch nicht wahrnehmbaren gewähren wir Aufschub, ohne jedoch darauf zu verzichten, schon seit zweihundert Jahren warten wir auf sie, wir haben Zeit. Experimenteller Realismus.

22.

Von Australien über das Karpatenbecken bis hin nach Amerika bilden die Ungarn einen kulturellen Weltbund, dessen Basis nicht das gemeinsame Territorium, nicht der Nationalstaat ist, sondern die Sprache, die Erinnerung, die Literatur. Die Kulturnation ist keiner Staatsmacht untergeordnet – interkontinentale Schattengesellschaft, Netzwerk kleiner Gemeinschaften.

Ungar ist, wer sich als solcher fühlt und dazu bekennt, unabhängig von seinem Reisepaß. Diese Selbstbestimmung kann ihm niemand auf der Welt streitig machen. Jeder ist der, als der er sich fühlt und begreift. Auch die Kinder der emigrierten Ungarn sind Ungarn, wenn sie sich als solche zu erkennen geben, selbst wenn sie schlecht ungarisch sprechen. Prinzipiell ist eine moralische Instanz, die über der Selbstbestimmung stünde, nicht möglich. Wer welche Staatsbürgerschaft besitzt, kann uns hier nicht interessieren, das ist nicht charakteristisch. Dies müssen die Ungarn seit Trianon besonders gut wissen. Die Nachfahren einer Nation der Streifzüge dürfen ihre umherstreifenden Landsleute nicht verstoßen.

Wer von sich behauptet, Ungar zu sein, kann sich zugleich als

Serbe oder Slowake ausgeben, als Deutscher oder Rumäne, als Zigeuner oder Jude, als Kanadier oder Franzose. Eigentlich ist die Selbstbestimmung eine Selbstbeschreibung, eine Fallstudie über uns, eine genealogisch-kulturgeschichtliche Autobiographie. Die Wiedergabe eines Buches in wenigen Worten. Die Ahnen der meisten Menschen im Karpatenbecken weisen ethnisch einen beachtlichen Farbreichtum auf. Das macht ihre Schönheit aus. Das läßt sie Europäer sein.

Europäisch wird ein Volk dadurch, daß es in sich diesen ethnokulturellen Farbreichtum erkennt und daß es sich selbstsicher öffnet und in ein physisch-psychisches Studium der Vielfalt vertieft, statt sich ethnozentrisch zu isolieren und einer erschrockenen Regression zu verfallen.

Aus dem informalen und imaginären Weltnetzwerk der Ungarn kann niemand ausgeschlossen werden. Diese Kulturgesellschaft ist das Wesen der Nation, nicht die politische Gemeinschaft. Wenn wir eine politische Gemeinschaft sind, dann wird die Nation durch die politische Klasse symbolisiert. Wenn wir eine Kulturgemeinschaft sind, dann wird die Nation durch die Intelligenz symbolisiert.

23.

Wir Intellektuelle sind Reflexionisten. Reflexion, das ist unser Zauberwort. Rückbesinnung auf Vorhandenes, nachdenken, berücksichtigen, verstehen, bewußt leben, Ethik der Erkenntnis, Charisma des Lernens, Zweifel, Recht und Pflicht zum schonungslosen Ausfragen, vernichtende und verliebte Ironie.

Selbstspiegelung und Selbsterkenntnis entspringen weniger der Selbstgefälligkeit als vielmehr dem Wunsch nach Klarblick. Nur aus mir heraus verstehe ich dich, in mir finde ich dich, baue dich auf, vergegenwärtige ich dich. Reflexion ist Selbstdarstellung des Bewußtseins, des öffentlichen und des privaten Bewußtseins, von der Anekdote bis zur Musik. Reflexion und Meditation mit ihrem verschwenderischen Formenreichtum sind eigentlich Synonyme.

24.

Es ist eine Dekadenz des Denkens, wenn ein Autor, welcher Autorität auch immer, intellektuelle Dienste leistet. Ich identifiziere mich weder mit den Werten der staatlichen noch der bürgerlichen Mittelklasse. Von Geburt an begleitet mich in Ungarn Diskriminierung, es besteht einige Hoffnung, daß sie nach meinem Ableben nachlassen wird. Wenn weder die Macht- noch die aufrührerische Elite mit mir einverstanden ist, dann ist es mir gelungen, mich der Politik zu entziehen. Es wäre sehr bedauerlich, wenn mich die Kirche anstelle des Staats vereinnahmte. Die Juden sind groß geworden durch den Glauben an einen einzigen persönlichen Gott, die Griechen durch den Glauben an mehrere Götter, die Europäer sind zugleich Monotheisten und Polytheisten. Wir sind Europäer, sprechen viele Sprachen und haben verschiedene Wertsysteme. Ich brauche keine erste Person Plural, durch die irgend jemand verstoßen wird. Aus der Perspektive des Stinkmarders kann man die Nation, die Klasse, die Rasse, das Ethnikum, die Kultur, die Subkultur nur hassen. Wenn sich eine Nation für groß hält, so ist das ebenso peinlich, als wenn ein Mensch meint, bedeutend zu sein.

25.

Kleine befreundete Gruppen von sich gegenseitig auswählenden Personen bilden die Grundeinheiten der Nation. Gleich welche Fahne auf den öffentlichen Gebäuden flattert, gleich welche Sprache im Fernsehen und auf der Straße gesprochen wird, wo einige Ungarn zusammenkommen, wo sie sich zu Hause fühlen und sich gegenseitig helfen, dort ist das Ungartum. Viele solcher Städte gibt es auf der Welt. Ein Nationalbegriff, der nicht aus den Erfahrungen der ungarischen Diaspora lernt, ist unhaltbar.

Diese transpolitische Organisation entspricht der Wirklichkeit. Die politischen Definitionen sind Chimären. Die empirische Wirklichkeit der Kulturgesellschaft wird nicht durch Glaubensbekenntnisse geschaffen, sondern durch die tatsächlichen Zusammenkünfte, Begegnungen, ungezwungenen Plaudereien, Komplizenschaften, Geheimbünde, Kolonien, Inselgruppen, Netzwerke, Freundeskreise und Mythologien der Ungarn, die den ganzen Globus überziehen. Ich treffe meine alten Klassenkameraden, sie leben auf allen Erdteilen, sie kommen zu Besuch nach Hause, nach Ungarn. Das ist die Wirklichkeit.

Es versteht sich von selbst, diese transpolitische Organisation überlebt die Systemveränderungen, die politischen Kurswechsel und Erschütterungen, die Grenzverschiebungen oder die Wohnortveränderung der Personen. Wir sind eine andere Gemeinschaft als die Schafe, die sich aneinander schmiegen. Freundeskreise, diese auf das ganze Volk sich erstreckende Freimaurerei, lassen sich nirgendwo verbieten.

Irgendwie sind wir überall illegal und translegal. Zu meiner Ungarn-Mythologie gehört nicht nur die zahlenmäßig starke Gemeinschaft der ungarischen Professoren, sondern auch der gute Name der ungarischen Teufelskerle, denen es eine Zeitlang gelungen war, die Korsen vom Place Pigalle zu vertreiben.

26.

Es gibt keine Kirchenoberhäupter und Staatsoberhäupter. Zum Teufel mit unserem Servilismus! Wir haben eine Mythologie, wir haben Lieblinge, wir haben lustige Käuze, wir haben berüchtigte Räuber, wir haben aufgehende und untergehende Sterne. Das ist ein demokratischer Polytheismus, wir sind Heiden.

Wir werden bürgerlich, doch verkriechen wir uns nicht in unsere atomsicheren Familienbunker und vergessen draußen die Großmutter und die Freunde. Ein Ungar kommt niemals allein, läßt ein österreich-ungarischer Schriftsteller verlauten, und genau so ist es auch. Sie kommen in Kompanien, in immer wieder anders zusammengesetzten kleinen Gruppen, die sich gegenseitig leidenschaftlich verachten. Anders gibt es keinen Zusammenhalt, sie artikulieren sich. Das ist ein nicht gerade bürgerlich-westliches Moment an uns.

Das Gewebe der Geselligkeiten, das ist die Realität der ungarischen Gesellschaft. Wirre Klatschgeschichten, Verkettungen von Beleidigungen, Porträts, die wir schmähen, anbeten und um die wir trauern. Dieses Ungestüm, dieses Sich-Verfeinden, dieses Sich-Versöhnen oder dieser lebenslange Zwist. Aus den mannigfachen Konfigurationen der Gesprächszellen setzt sich das von allen Seiten bestrittene und gerade dadurch miteinander harmonierende Selbstporträt einer Stadt oder eines Landes zusammen.

Die gemeinsame Reflexion ist eine stabilere Grundlage als die gemeinsame Produktion oder die Liebe. Es reicht, wenn sich so viele Menschen treffen, wie an einem Tisch Platz haben. So entsteht Heimat, an weißen Tischen, beim festlichen und ungezwungenen Gastmahl. In der Tradition fällt dem fragenden Kind eine wichtige Rolle zu.

Es macht auch nichts, wenn die Kollegen am Arbeitsplatz zugleich Freunde sind. Dann werden sie sich nicht gegenseitig bespitzeln. Dies ist das Gegengift für die Rekrutierung von Spitzeln. Die Schattengesellschaft der Freunde kann mit ihrem Einfluß die Welt der Institutionen durchdringen.

Wir könnten auch sagen, das Wesen unserer Utopie besteht darin, daß wir den anderen nicht anschmieren, ihm kein Bein stellen, uns nicht gegenseitig erledigen und den anderen nicht im Stich lassen. Ganovenehre.

Die Menschen verschiedener Nationalitäten, Standpunkte, Ansichten, Religionen und Interessen müssen die Fähigkeit erwerben, miteinander zu sprechen, das ist das wichtigste. Gemeinsames Bewußtseinstraining, Gehirnballett, Wortrausch, dann unentbehrliche Schweigeübungen.

27.

Der Reflexionskreis ist keine verschwörerische Sekte. Wesentlich ist, daß wir uns irgendwie öffentlich äußern wollen. Die Neugierigen mögen sich hereinbemühen. Wenn du einen Bericht schreiben willst, so kannst du dein Tonbandgerät getrost auf den Tisch legen, die Unterhaltung wird ungestört weitergehen.

Beteilige dich an geistigen Straftaten. Der Reflexionist ist der Abenteurer der Verständigung. Ein Drogi der Betrachtung und ein Ungeheuer des Interessiertseins. Eigentlich könnten wir auch sagen, ein neugieriger Mensch. Lukács meinte, verhältnismäßig frisch sei er deshalb bis ins hohe Alter geblieben, weil er neugierig gewesen sei.

Der Reflexionist spricht im eigenen Namen, gemeinsam mit den anderen, dennoch als Außenstehender. Die Ideologie der Intelligenz ist die Reflexion, die Ideologie des Verstehens. Wissenschaft und Ethik begegnen sich im Begriff des Verstehens.

28.

Im Ausland erscheint mir die Politik mehr als ein Puppenspiel, ich fühle mich freier, lokale Interessen binden mich nicht, die Präsenz des Staats überwuchert nicht alles, und auch meine Feder neigt nicht dazu, in den Chor der Wortführer der heimatlichen Mehrheit einzustimmen. Da ich daheim in Ungarn dazu neige, statt im Namen des Pseudo-Wir im Namen des echten Wir in Predigermanier meine Stimme ertönen zu lassen, brauche ich von Zeit zu Zeit die geographische und psychische Distanz, um nicht ein so erbitterter und verstockter Budapester zu sein, der in Los Angeles von einem Fenster aus auf den Stillen Ozean blickt und mit einem Seufzer erklärt, die Donau sei aber doch etwas anderes.

Durch meinen Lebenslauf bin ich bemüht, mich mit vielen Räumen zu verweben und mir auf dem Globus eine persönliche Weltheimat zu stricken. Wenn ich Ich sage, ist mein Bewußtsein auch räumlich, ich verstehe unter diesem Wort jene Städte, in denen ich mich aufgehalten habe.

In meiner Kindheit war es ein beglückender Augenblick, wenn ich mit dem Fahrrad die Dorfgrenze hinter mir ließ und in das Nachbardorf fuhr. Als ich begriff, daß man auch dort leben könne, erfaßte mich ein eigenartiges Staunen. Gar zu gern vagabundiere ich in fremden Städten umher, irgendwo brauche ich nur ein heizbares und helles Zimmer, ein Bett und einen Tisch. Ich packe den Krempel des Arbeitskoffers aus, meine Werkzeuge, ich stelle die Werkstatt auf und blicke zum Fenster hinaus, auch von hier aus kann man die Welt betrachten. Jenen schwindelerregenden Jubel, daß die ganze Welt eigentlich eine einzige Stadt sei, habe ich schon erlebt.

Der Reisende ist unterwegs zu seiner Freiheit. Ich meine nicht, daß die Erweiterung eine Loslösung ist, genau umgekehrt. Weltbürger im Kantschen Sinne möchte ich sein, der eine Weltanschauung hat. Überall glaube ich, daß es im dritten Jahrtausend keine Großsprecherei sein wird, von einer planetaren Gesellschaft zu sprechen.

29.

Die menschliche Gewalttätigkeit, jener Charakterfehler, ist, so erkenne ich, in den Staaten ideologisch sanktioniert, je etatistischer, desto zügelloser. Je größer die Macht, desto verhängnisvoller der Weg zum religiösen, ideologischen oder nationalistischen Wahnsinn.

Wenn ein großer Hund bellt, kläfft ein kleiner höchstens zaghaft. Die ewige und unverbrüchliche Freundschaft zwischen Groß und Klein heißt, daß wir die Interessen des anderen im Verhältnis unserer Stärke zu achten haben. Ich bin der Sohn eines kleinen Hundes, eines kleinen Landes. Schon immer mußte ich die Erfahrung machen, daß der Kleine den Großen mehr achtet als der Große den Kleinen. Auch die kleinen Leute großer Staaten neigen zu törichter Aufgeblasenheit.

Der große Bruder ist Moralist, der kleine Bruder Zyniker. Ich bin nicht interessiert daran, daß mein Land Schutzbefohlener irgendeiner Riesenmacht wird; ich bin ein verstockter Neutralist. Mein Gefühl sagt mir, daß Budapest betäubend blockfeindlich ist.

30.

Aus unseren Niederlagen haben wir gelernt, daß sich jede umweltfeindliche Strategie selbst rächt. Wir sind uns darüber im klaren, daß alle Reiche zerfallen oder in einen Zusammenschluß verwandelt werden, unabhängig davon, ob sie groß oder klein sind. Die Idee Mitteleuropas macht nicht das Verblassen der Besonderheit der mitteleuropäischen Nationen erforderlich, sondern eher die wechselseitige Anerkennung dieser Besonderheiten. Auch der Nationalismus kann anständig und schändlich sein, klug und dumm, ehrlich und verlogen, wie jeder Mensch.

Mitteleuropäisch ist eine Anschauung, die sich gern eine blühende Vielfalt der kulturethnischen Elemente vorstellt. Im allgemeinen gefallen den mitteleuropäisch denkenden Menschen die territorialen und nationalen Autonomien. Europa verdankt seinen Reichtum diesen ethnisch-territorialen Besonderheiten.

Auch als Urbanist sympathisiere ich mit den Stadtstaaten, den lokalen Selbstverwaltungen, mit der inneren Demokratie und der Selbstbestimmung der Regionen, der Agglomerationen und der kleinen Siedlungseinheiten. Wir müssen für die unbehinderte Kommunikation der gleichsprachigen Kulturen eintreten. Wir müssen das Nationalbewußtsein wollen, das sich aus Personen und Inselgruppen kleiner Gemeinschaften zusammensetzt und sich als kreatives Wesen empfindet. Wir müssen das nationale Subjekt, das an sich arbeitet und aus dem Geschehenen lernt, wollen. Wir müssen den Gefangenen seiner Umstände, der mit leidenschaftlicher Gelassenheit und Ausdauer an seiner allmählichen Befreiung arbeitet, wollen.

31.

Wir müssen uns nicht den Zweideutigkeiten des Polittourismus zuwenden, um an Ort und Stelle zu sein, wenn die Geschichte einen Stoß versetzt bekommt. Die vielen Zuckungen haben unsere Werte durcheinandergebracht. Wir träumen nicht mehr von den versunkenen Mythen goldener Zeiten und beschwören nicht mehr den alten Ruhm aus dem Nebel der Vergangenheit. Wir haben begriffen, daß die zu intellektueller Alleinherrschaft gelangenden sprachlichen Nationalismen unseres Raums das tatsächliche territoriale Gemeinschaftsbewußtsein in engere Grenzen gezwängt haben. Wir mußten zur Kenntnis nehmen, daß unsere Großstädte seit dem Ersten Weltkrieg geistig zu Kleinstädten geworden sind. Wir träumen nicht vom versunkenen Reich, sondern von der freiwilligen, souveränen, demokratisch-sozialistischen Konföderation der mitteleuropäischen Völker. Die Vision vom kreativen Pluralismus, diese Idee ist in Mitteleuropa revolutionär.

Wir könnten vereinigte Staaten Mitteleuropas gebrauchen, vorläufig klein geschrieben, einen gemeinsamen Markt, der im großen und ganzen über eine ähnliche Ausgangsposition verfügt, ohne militärische Präsenz der Großmächte, was der Versöhnung der Völker, die eine gemeinsame historische Vergangenheit besitzen, einen Rahmen gibt, und dieser Staatenverbund würde die persönliche und gesellschaftliche Selbstentfaltung als höchsten Wert ansehen.

Wir alle müssen unsere Nationalismen überprüfen, denn sie resultieren aus blutiger Gedankenlosigkeit. Verantwortlich dafür, daß in unseren Kulturen sowohl das Persönliche als auch das Universale fehlen, ist die Übertreibung des nationalen Gedankens. Der patriotische Spießbürger empörte sich gegen den Bürger, der krakeelende Staatsbürger gegen den stillen Weltbürger.

32.

Wie einleuchtend das ist, wenn man das historische Bilderbuch Berlins betrachtet, die Fassaden der eklektisch martialischen Reichsgebäude brauchten die nationalen Heldenstatuen, den auf Säulen stehenden Generalfeldmarschall, sie brauchten in den Geschichtsbüchern die romantisch-feudalen Metaphern von Herrenvolk und Untertanenvolk, die auch der Schwerindustrie zugute kamen, vor allem aber der Reichsbürokratie.

Paraderomantik, Kult von Befehl und Gehorsam, obligatorische Verehrung der nationalen Klassiker, an die Stelle christlicher und humanistischer Metaphysik rückte die Metaphysik des Nationalstaats. Unser Führer ist göttlich, unser Feind teuflisch. In den Folterkammern der Geheimpolizei jammern Dämonen. Für diesen Reichsgrößenwahn hat das deutsche Volk außerordentlich schmerzlich zahlen müssen. Unangenehm, daß der Frosch erst platzen muß, um die Nachteile des Aufgeblasenseins zu begreifen.

Es führt zu nichts gutem, wenn die Staatsbürger vor nichts anderem Achtung zeigen als vor militärischen Orden, Begräbnissen mit militärischen Ehren und vor der Heldenverehrung. Wer so militant ist, muß viel Alkohol konsumieren. Wenn er nicht so viel Alkohol konsumieren darf, wird er anfangen nachzudenken.

33.

Das zwanzigste Jahrhundert hat uns jene Verkommenheit beschert, daß wir den uns gegenüberstehenden Mitmenschen mit fast rassischem Dünkel verachten und als Wurm betrachten. Es bedarf einer ideologischen Verblendung, daß wir nicht mehr in der Lage sind, die menschliche Würde unseres Gegners zu achten. In der Natur des Nationalismus, wie jeder Gruppenideologie, verbirgt sich die Neigung zur Paranoia, zu Argwohn und Haß. Das führt dazu, daß normale Menschen zwischen den Nationen andere moralische Normen für annehmbar halten, als sie ihnen in den zwischenmenschlichen Beziehungen selbstverständlich sind.

34.

Im Namen des Vaterlands haben die Menschen die schrecklichsten Verbrechen begangen. Im Namen des Vaterlandes erlauben sich die Menschen die größten Schweinereien. Im Namen verschiedenster religiöser, gesellschaftlicher und nationaler Gemeinschaften wurden vor sentimentaler Propaganda stinkende Texte publiziert, die dem tückischen Haß gegen eine andere Konfession, eine andere Klasse und eine andere Nation moralische Erhabenheit verliehen.

Aus der Vereinigung von Religionen, Ideologien und Nationalismen mit der bewaffneten Staatsgewalt resultierte eine Unmenge von Unterdrückung und Blutbädern. Ein gemeinsamer Zug von Religion, Ideologie und Nationalismus besteht darin, daß sie auf Kosten der anderen primär eine menschliche Gruppe vertreten. Sie neigen zur Ausgestaltung des Zerrbildes vom äußeren und inneren Feind, sentimental halten sie sich selbst für großartig, die sie derselben Religion, Klasse oder Nation, und für wertlos, abscheulich und nichtswürdig diejenigen Menschen, die einer anderen Religion, Klasse und Nation angehören.

35.

Wir Ungarn befinden uns in der sonderbaren Lage, daß unsere Freiheit die Freiheit von wenigstens fünf anderen Ländern voraussetzt, da außerhalb von Ungarn in vier Nachbarländern in größerer Zahl Ungarn leben. Da eine Modifizierung unserer unglückseligen Staatsgrenzen nicht zu erwarten ist, liegt das Bekenntnis zur Idee einer mitteleuropäischen demokratischen Autonomie in unserem nationalen Interesse. Damit die Ungarn würdig leben können, müssen wir die Würde und das Glück der Nachbarvölker wollen.

Ich sähe es gern, wenn die ungarische nationale Strategie mutig und weise wäre, um mehr Erfolgschancen zu haben. Ein Nationalismus, der die Kommunikation zwischen den Nachbarvölkern fördert, wäre eine spirituelle Erweiterung. Unsere Nationalismen haben nur im mitteleuropäischen Rahmen einen Sinn. Innerhalb der mitteleuropäischen Idee bedeutet der Nationalismus autonome Gleichberechtigung der Völker. Die Ungarn, für die die ganze Staatlichkeit höchst problematisch ist und die zusammen mit den benachbarten Nicht-Ungarn gleichberechtigte Freiheit wollen, sind an offenen Grenzen interessiert. Die Ungarn sind darauf angewiesen, ihren Verstand zu gebrauchen.

36.

Gibt es noch einen Traum von Mitteleuropa? Ja. Es bedarf hierzu einiger Bildung, historischer Einsicht und philosophischer Unvoreingenommenheit. Die Massenkulturen sind national. Der mitteleuropäische Traum ist kein massenkulturelles Phänomen, er ist vielmehr romantisch und subversiv.

Schon der Begriff Mitteleuropa spannt sich über die Blockgrenzen hinweg und zweifelt sie an. Es gibt ein östliches und ein westliches Mitteleuropa, seine Zusammengehörigkeit hat tiefere Wurzeln als das historisch gesehen oberflächliche Phänomen der Teilung. Mitteleuropa als Aufgabe bleibt auch weiterhin bestehen, tausend Jahre alte Aufgaben verschwinden nicht einfach spurlos.

Wie lernen die miteinander vermischten Völker ein faires Zusammenleben? Gegeben ist die Vielfalt. Wenn wir einen Sinn für die Realität haben, dann müssen wir auch einen Sinn für unsere Verschiedenartigkeit entwickeln. Ein übergreifendes Sich-Einrichten in der mitteleuropäischen Kultur ist für uns eine natürliche Erweiterung.

Je besser wir uns gegenseitig kennen, je besser wir unsere Nachbarn kennen, desto mehr sind wir Mitteleuropäer. Nicht unbedingt durch Geburt, sondern eher durch einen Lernprozeß. Wer seine Nachbarn nicht kennenlernen will, schwächt sich kulturell. Am stärksten ist, wer den weitestgehenden Zugang zum anderen hat. Ungarisches (tschechisches, polnisches, österreichisches, deutsches usw.) Reich? Entweder das Reich der Dummheit oder das Reich der Verständigung.

Wir sind meist ins Ausland gegangen, um zu studieren, in unserem Interesse für alles Fremde übertrafen wir uns gegenseitig, denn wir glaubten tatsächlich, daß wir unterentwickelt seien. Wer so sei wie wir, könne nicht interessant sein. Ein besseres gegenseitiges Kennen- und Verstehenlernen setzt voraus, daß wir uns freimachen von unseren Minderwertigkeitskomplexen. Heute schämen wir uns noch ein wenig für den anderen. Wie die armen Verwandten. Solange wir uns nicht gegenseitig entdecken, bleiben wir provinziell.

Mehr oder weniger sind wir alle Abkömmlinge mitteleuropäischer Verschmelzungsprozesse. Als wir uns verbündeten und voneinander lernten, waren wir stark. Unser mitteleuropäisches Wesen deutet sich in den Parallelen und Unterschieden der in unseren Kulturen wirksamen Lebensstrategien an.

Kinder von kleinen und mittelgroßen Völkern, mögen wir einhundert bis zweihundert Millionen sein – Mitteleuropäer. Schon viele sind es, die sich dafür halten. Ich könnte mir vorstellen, daß diese Kennzeichnung in Mode kommen wird. Wir brauchen diesen konzentrischen Kreis einer Erweiterung unseres persönlichen Selbstbewußtseins.

37.

In unseren Kulturen vermischen sich verschiedene zeitliche Schichten. Unsere bäuerliche Tradition gehört noch nicht unwiderruflich der Vergangenheit an, etwas von der alten Vertrautheit und Eigenheit ist geblieben. Wir haben das grüne Europa noch nicht ganz beseitigt. In Ungarn läßt sich noch vieles retten, was im Westen schon verloren und wodurch das Leben trostloser geworden ist. Wir sind noch von Landschaften umgeben, derentwegen der Tourist weite Reisen unternimmt. Wir haben kein Verlangen danach, unsere Geschichte so schnell loszuwerden.

Wer eine Vergangenheit hat, neigt mehr zur Sentimentalität als andere. Die technologische Avantgarde ist nicht sentimental. Nicht nur das moderne Vernichtungspotential, auch der Entwicklungsstand der Computerisierung kann kein bestimmender Parameter für das nationale Selbstwertgefühl sein. In meiner Vergangenheit bin ich wahrhaftiger ich selbst als in meinen Zukunftsbestrebungen. Wir sind keine eindimensionalen Gesellschaften. Wir haben noch keine rationale Übersichtlichkeit, wir sind nicht identisch mit unseren Institutionen, wir sind nicht langweilig-problemlos identisch mit unserem Schein.

Kakaniens größte Energie verbarg sich in seinem Gemischtsein. Elf Völker kamen miteinander aus. Sie bildeten einen Gemeinsamen Mitteleuropäischen Markt. An den alten Kaiser hatten wir uns schon irgendwie gewöhnt, wir hatten keine allzu große Angst vor ihm. Die bürgerliche Entwicklung während des Zerfalls der Monarchie ist uns vertraut. Schließlich gelang es dem Hof dennoch, das Reich auf dem Weg zur bürgerlichen Gesellschaft in den Krieg zu verwickeln, und das Volk jubelte, weil die höfisch-militärisch-kriegerisch-patriotischen Werte ihre Blüten trieben.

Das gedruckte Wort war um die Jahrhundertwende ziemlich bunt, selbst kleine Provinzblätter durften die Regierung beschimpfen, ereignisreiche Saison des Unternehmertums in der Hochkultur. Die geistige Entwicklung des Bürgertums wurde durch die staatliche Zensur weniger behindert als später. Die nationalen Nachfolgestaaten sind nicht normaler als das buntscheckige mitteleuropäische Reich. Auf jeden Fall sind sie kleinlicher, nicht nur kleiner.

Wir sind miteinander verschmolzen und auseinander hervorgegangen, wir sind wechselseitige Assimilationen, Dissimilationen und Kombinationen individueller Zugehörigkeit. Unsere Nationalismen neigen dazu, sich gegen fremde Einflüsse ängstlich abzuschirmen, woraus letztlich nichts anderes resultiert als borniertes Beschränktsein der nationalstaatlichen Bürokratien und der nationalstaatlichen Kulturen.

38.

Die nationalstaatliche Lösung nach dem Ersten Weltkrieg beruht nicht auf inhaltlichen Überlegungen, unsere ethnischen Verhältnisse stellten sich grob und einseitig dar. Der Friede ist daran zerbrochen. Der staatliche Rahmen und die ethnische Wirklichkeit deckten sich nicht. Diese Tatsache trug zum Ausbruch des Zweiten Weltkriegs bei.

Vielleicht ist es gar nicht möglich, auf unserem Kontinent eine politische Landkarte zu erstellen, die der ethnischen Landkarte entspricht. Dies könnte uns auf den Gedanken bringen, die staatlichen Rahmen als gegeben hinzunehmen und die ethnische Wirklichkeit als kulturelle Wirklichkeit anzusehen, die es im historischen Kontext des gesamten mitteleuropäischen Raums zu betrachten gilt.

Wir sind heute nicht so gebildet wie viele afrikanische Stammesangehörige, die vier bis fünf Sprachen beherrschen müssen, um zu den Nachbarstämmen Kontakte unterhalten zu können. Warum sollte sich der Stammesbewohner in den eigenen Stamm einsperren? Uns gegenseitig nicht zur Kenntnis zu nehmen, können wir uns einfach nicht erlauben.

Die Völker Mitteleuropas wechselten einander ab in dem Versuch, den Raum zu beherrschen und zu integrieren. Unter dem Druck der Bedrohung von außen gelang es den Dynastien und Fürsten des jeweiligen Volks, Mitteleuropa vorübergehend zusammenzuschmieden. Alles Völker, deren nationale Selbständigkeit, Zugehörigkeit, Einheit und staatliche Souveränität fast während ihrer gesamten Geschichte fragwürdig waren und sind.

Zu Mitteleuropa gehört eigentlich auch das deutsche Volk, das mehrere Male vergebens versuchte, die umliegenden Völker zu unterwerfen, während die eigene Selbstbestimmung chronisch krankte. Dieser Größenwahn des Deutschen Reichs führte dazu, daß es heute kein Mitteleuropa gibt und sich die Kontakte zwischen unseren Völkern vermutlich auf einer niedrigeren Stufe bewegen als vor hundert Jahren.

In unserer Gegend ist der homogene Nationalstaat die Ausnahme und als Norm nicht brauchbar. Zu unserer heterogenen Wirklichkeit passen keine homogenen Vorstellungen und Formen. Wir sind nicht einsprachig, verschiedene Wertsysteme und Denkweisen bestehen nebeneinander.

Die mitteleuropäische Idee bedeutet die blühende Vielfalt der einzelnen Bestandteile, das Selbstbewußtsein der Diversität. In unseren politischen Gesprächen erwähnen wir oft die Schweiz als Paradigma für ein würdiges Zusammenleben der Völker. Und die gleiche Bedeutung kommt auch dem Transsilvanismus zu, dies ein Hinweis auf Siebenbürgen, auf die kleine Ostschweiz des siebzehnten Jahrhunderts, die ihre Unabhängigkeit bewahrte, indem die Völker und Konfessionen zu einem Ausgleich gelangten.

39.

Die politischen Denker in unserem Raum haben im vergangenen Jahrhundert den klassischen französischen Nationalismus einfach übernommen, den Anspruch der logischen kartesianischen Entsprechung von Nation und Nationalstaat. Das ingenieurhafte Ideal, wonach jede Nation in einem abgegrenzten Nationalstaat leben können muß, läßt sich auf unseren Raum nicht anwenden, weil die verschiedenen Volks- und Sprachfamilien sich territorial überlappen. Gleich zu wem ein Gebiet gehört, es wird darin immer eine Minderheit geben, der man alle Rechte gewähren muß. Nicht nur die persönlichen Bürgerrechte, auch die Bürgerrechte, die der Gruppe zustehen.

Im Zusammenhang mit jeder Minderheit läßt sich sagen, die Forderung an sie, sich zu integrieren, ist recht und billig, die von der Mehrheit erhobene Forderung an sie, sich zu assimilieren, ist unrecht und unbillig. Anpassung oder Verschmelzung? Zusammenarbeiten mit dem Volk, das die Mehrheit stellt, unter Aufrechterhaltung der Sonderstellung oder Aufgabe der historischen Besonderheit um einer angstbeklommenen Assimilierung willen? Die zivile Gesellschaft fordert Integration, das heißt Gesetzestreue, die Gesellschaft des Obrigkeitsstaats fordert vom Schwächeren in der Machtstruktur, sich durch Assimilation zu unterwerfen.

Mitteleuropäer sein heißt unseren Nationalismus, unseren nationalen Egoismus erziehen und einschränken, denn nichtsein kann er ebensowenig, wie auch der persönliche Egoismus unverwechselbarer, jedoch zivilisierbarer Bestandteil unseres Wesens ist. Wir brauchen prinzipielle und rechtliche Vereinbarungen, damit sich unser Nationalismus in zunehmendem Maße zu einem vernünftigen Euronationalismus hin entwickelt.

Prinzip des Euronationalismus sind die Autonomie, die Gleichberechtigung und die demokratische Föderation der Völker Europas. Möglicherweise können die Nationalismen unseres mitteleuropäischen Raums in diesem begrifflichen Rahmen zu sich selbst finden. Das Selbstbewußtsein der sprachlich-ethnischen Gemeinschaften ist eine elementare Vorbedingung. Der gebildete Nationalist sucht für das eigene Volk in der europäischen Familie einen gebührenden Platz.

Dasjenige Volk unter uns, das am meisten für die eigene Würde und für die Freundschaft zu den Nachbarn tut, wirkt am ehesten integrierend und wird am ehesten ein mitteleuropäisches Volk werden. Die Beziehungen des Untergeordnetseins müssen überall durch Beziehungen zwischen gleichberechtigten Völkern und Personen abgelöst werden. Freunde können wir nur dann sein, wenn wir im Namen unserer tausendjährigen gemeinsamen Geschichte die fünfzig Jahre zurückliegenden Beleidigungen gegenseitig verzeihen. Freunde können wir nur dann sein, wenn wir die Minderheit nicht für ein Hindernis der Einheit halten und wenn wir sie nicht unbedingt assimilieren wollen.

40.

In ihrer sonderbaren Individualität ist die national-ethnisch-politisch-kulturell-religiöse Minderheit ein verehrungswürdiger Eigenwert. Ist eine Politik vorstellbar, in der wir mehr Gewicht legen auf das Qualitative und auf das Individuelle, statt auf das Quantitative und auf das Kollektive? Es reift ein neuer Kollektivismus überschaubarer und persönlich geprägter Gemeinschaften heran, für die eine dezente Toleranz und interessierte Kombination der Identitäten bezeichnend sind. Können wir durch gegenseitiges Interesse am anderen die Bedeutung der Staatsgrenzen einschränken? Können wir über Grenzen hinweg Freundschaften schließen? Können wir in unserem Leben das

Übergewicht der militärischen Verhältnisse vermindern? Die Gelehrigkeit ist äußerst verlockend. Kampf oder Verlockung? Einer kleinen Nation anzugehören ist verbunden mit der Verpflichtung intensiveren Lernens.

Können wir uns organisch über das Nationale hinweg ausdehnen, bis zum nächstliegenden Kreisring, bis nach Mitteleuropa? Der Weg nach Europa, der Weg zur Welt führt über Mitteleuropa, Mitteleuropa ist eine erwachende Wirklichkeit. Nicht nur eine Tragödie, sondern auch eine Epik, die in angemessener Zeit die Tragödien lösen wird. Eine gemeinsame Vergangenheit, offen für die Zukunft, auch wenn die Gegenwart nicht sonderlich beglückend ist.

Auch wir könnten vernünftige Politik betreiben, in der gleichen Weise wie heute Österreich, wenn wir eine von den Großmächten garantierte neutrale Verfassung hätten. Die Blockdisziplin entspricht militärischer Mentalität, der Neutralismus ziviler Mentalität.

Mitteleuropäer ist der, dessen staatliche Existenz irgendwie künstlich ist und sich nicht ganz mit seinem Realitätsempfinden deckt. Wenn sich die mitteleuropäischen Städte voneinander entfernt haben, so ist das ein künstlicher Zustand. Solange man von Budapest aus nicht ohne Genehmigung für einen Abend in die Wiener Oper herüberkommen kann, solange leben wir nicht in Friedenszeiten.

Mitteleuropäer ist der, den die Teilung unseres Erdteils verletzt, berührt, behindert, beunruhigt und beengt. In den vergangenen Jahrhunderten haben wir unsere Aufgabe erfüllt, wir haben den Osten und den Westen voneinander getrennt und beide einander nähergebracht. Gäbe es ein selbstbewußtes Mitteleuropa, dann könnte von dort die Inspiration zu einer europäischen Friedensregelung kommen.

Mitteleuropäer ist, wer die Teilung Europas weder für natürlich noch für endgültig hält. Möglicherweise könnte die Europäisierung Europas durch die Mitteleuropäisierung Mitteleuropas erst richtig vorankommen. Aus unserer Lage ergibt sich eine Philosophie, die Philosophie der paradoxen Mitte, die eigentlich auch das Wesen einer vorstellbaren europäischen Weltanschauung sein könnte.

41.

Wir sind ein Projekt, ein kulturelles Bündnis, ein literarischer Ritterorden, wir sind Rekordler der Ambivalenzen, professionelle Problememacher. Eher Dichter als Leute der Bewegung. Mitteleuropa, das ist eigentlich nicht mehr als ein Traum. In dieser Gegend leben mehrere Völker, die schon bessere Tage gesehen haben und sich durchaus daran erinnern. Die Dichter hierzulande beriefen sich des öfteren auf die Glorie der Vergangenheit, deren Rückkehr aus dem nächtlichen Dunkel auf sich warten läßt. Sie selbst konnten sich mit der Empörung des Individuums nicht abfinden, ihnen fiel die Bewältigung nationaler Aufgaben zu – eine Akademie müßte gegründet, ein Wörterbuch zusammengestellt werden.

Hier in der Mitte Europas haben wir uns niedergelassen, kleine Völker, dichtgedrängt, und dies sollten wir allmählich zur Kenntnis nehmen, und es müßte auch in unserem Selbstbewußtsein zum Ausdruck kommen, in unserer Kultur ebenso, wie in unseren Beziehungen und selbst in unseren Institutionen. Die Mitteleuropäische Konföderation durch unsere kulturellen und persönlichen Beziehungen vorwegnehmen – ein kühner Versuch! Wir könnten auf der Kunstkarte unseres Erdteils ein Farbtupfer sein. Ein komischer Klub, zu dem es lohnt dazuzugehören.

Es wäre nicht mehr als natürlich, könnten die mitteleuropäischen Völker sich übereinander amüsieren, ohne gleich beleidigt zu sein oder diplomatische Noten auszutauschen, wenn sie konfrontiert werden mit den saloppen Stereotypien, die sich zur Einschätzung des jeweils anderen als nicht immer bösartiges Vorurteil herausgebildet haben. Ein authentisches nationales Profil ohne erkennbare Konturen ist nicht vorstellbar.

42.

Es gibt keine politische mitteleuropäische Formation, doch politische mitteleuropäische Aktionen sind denkbar. Die Auflösung der Militärblöcke in Völker und Individuen, die Verwicklung der Völker und der Individuen in zivile Konfigurationen – Schritte in Richtung einer gemeinsamen Utopie.

Zu einem solchen Projekt brauchen wir Staatsmänner, nicht nur Politiker, wir brauchen eine Vision und nicht nur Pragmatismus. Um als mitteleuropäischer Politiker auch Staatsmann sein zu können, muß man höchst sensibel sein und einen ziemlich schwarzen Humor haben. Man muß die universelle Verschiedenheit um sich herum wahrnehmen, die raffinierte Ästhetik der Abweichungen von Person und Rolle.

Wir kokettieren mit dem Begriff des Schicksals, bei uns ist es üblich, eine Niederlage für schicksalhaft zu halten. Und nicht für einen Fehler, der bei anderem Vorgehen vermieden werden kann. Wir neigen verdächtig zum Pathos, deshalb sind wir ironisch. Da wir uns gern in der Rolle des Tragikers sehen, können wir das Bestehende nicht mit östlicher Ergebung hinnehmen. Wir sind eine ziemlich phantastische und groteske Menge von starken und halsstarrigen Subjekten, die sich ihrer Umgebung nicht beugen.

Mitteleuropäer sein, das ist etwas nicht ganz Normales. Ein solcher Mensch hat sich etwas in den Kopf gesetzt, er läßt nicht locker, obwohl das keineswegs ratsam ist und einen zweifelhaften Erfolg verspricht. Eine immer wieder unter die Räder gekommene und angezweifelte Stehaufmännchen-Autonomie. Auf den Lebenswegen gibt es hier viele Verkehrsunfälle.

Um einen Beitrag zur Entkrampfung der anderen zu leisten, müssen wir vor allem an uns selbst arbeiten. Wir sind befangen in einem kleinstädtischen Nationalismus, der keineswegs dazu imstande ist, die Verkrampfung zu lösen, und dies auch überhaupt nicht will, im Gegenteil, er will sich verkrampfen und findet sich mit der verdeckten und katzenfreundlichen Gehässigkeit ab.

Offen bleibt die Frage, welche mitteleuropäische Stadt die Rolle der an Bedeutung zunehmenden Metropole, also den mitteleuropäischen Aufgabenbereich am geistreichsten für sich entdecken wird. Das Bewußtsein und die Artikulation eines speziellen Nationalcharakters ist am ehesten möglich, wenn der Ausbau eines umfangreichen Kommunikationsnetzes in Angriff genommen wird. Jene Gemeinschaft, die sich um den Lernprozeß drückt und der Herausforderung aus dem Weg geht, wird langweilig und hohl sein.

Im Vergleich zur geopolitischen Realität Osteuropas und Westeuropas existiert Mitteleuropa heute lediglich als eine kulturpolitische Antihypothese. Da es Mitteleuropa de facto nicht gibt, ist der mitteleuropäische Standpunkt ein blocktranszendenter. Mitteleuropäer sein bedeutet keine Staatsbürgerschaft, sondern eine Weltanschauung.

43.

Mitteleuropäer sein bedeutet Ausgewogenheit in der Behandlung der Interessenkonflikte, eine ästhetische Sensibilität für das Komplizierte, die Mehrsprachigkeit der Anschauungsweisen. Seine Todfeinde verstehen, das ist die Strategie des Verstehens.

Es gibt ein mitteleuropäisches Tao. Umgeben von einem geheimnisvollen Verhaltenskodex, von der Fähigkeit, auch ohne viele Worte zu verstehen, umgeben vom gemeinsamen Wörterbuch ironischer Anspielungen. Von ähnlichen Vorstellungen über Liebe und Tod, aber auch über Ehe und Beerdigung. Mitteleuropäer sein heißt, die Vielfalt wechselseitig für einen Wert zu halten. Die Anschauung von Menschen, die rücksichtsvoll die wesenhafte Besonderheit des jeweils anderen akzeptieren.

Nicht nur Toleranz, sondern auch Interesse, nicht nur Rücksicht, sondern auch Solidarität, nicht nur Sportlichkeit, sondern auch Leidenschaft. Wenn wir diese mitteleuropäische Weltanschauung erörtern müßten, könnten wir Dinge sagen, die nicht nur uns interessieren, sondern auch jene beschäftigen würden, die östlich oder westlich von uns leben.

Budapester Tao: Strategie der dialektischen Mitte. Utopie, hinter der historische Erfahrung und persönliche Selbsterkenntnis stehen. Wir sind aufeinander angewiesen, die Serie der Niederlagen beweist, daß wir allein nicht glücklich werden. Jede Nation hat schon einmal den Absprung gewagt, aber der Versuch ist gescheitert.

Die mitteleuropäischen Familien haben alle ihre wechselvolle Geschichte, in der die familiären Katastrophen und die Katastrophen des Landes miteinander verknüpft sind. Die Geschichte hier ist nicht nur Belesenheit, sondern auch Motivation zum Handeln, legitimierende Tradition, meist unbewußte Norm und Parabel unseres heutigen Verhaltens.

Die nationalen Fragen, die Gefühle füreinander sind im Selbstbewußtsein der Menschen Mitteleuropas ungeklärt. Unsere traditionellen Nationalismen waren ziemlich beschränkte husaren- und beamtenartige Nationalismen, deren Musterbürger Offiziere waren. In seinen Militärparaden vermochte sich der Nationalstaat am aufwendigsten zu lieben. Wenn ein Offizier und ein Zivilist gleichzeitig an der Drehtür des Kaffeehauses ankamen, dann hatte der Offizier Vortritt. Ein Offizier durfte einen Zivilisten ungestraft ohrfeigen. Die Wappenfiguren unserer Nationalismen waren die Helden, die professionellen Schlächter. Wenn der Säbel des Offiziers einen großen Wert besitzt, dann hat das menschliche Leben einen geringen Wert.

44.

Letztlich haben wir Mitteleuropäer die ersten beiden Weltkriege angefangen. Der militärische Irrationalismus – geschmückt mit patriotischer Rhetorik – verursachte Tragödien. Das Toben dieses Irrationalismus rottete die große Mehrheit des mitteleuropäischen Judentums aus.

Der militante Nationalismus stellt sich den Einheitsstaat und die Einheitsnation wie den Vorbeimarsch eines Paraderegiments vor. Alle unsere Diktatoren hatten und haben die Paraden schrecklich gern. In jener Einheit war für die Juden kein Platz.

Die Gesellschaften waren hingerissen vom Kult »ein Volk, ein Staat, ein Führer«, und dadurch empfanden sie zugleich die Existenz der seit tausend Jahren hier lebenden Juden als unerträglich. Der ganze mitteleuropäische Raum muß krampfhaft daran denken, daß der nach Gleichartigkeit strebende militante Nationalismus eine Minderheit – sechs Millionen Juden – aus prinzipiellen Überlegungen und mit technischer Perfektion ermordet hat.

Die Deutschen und in ihrer Nachfolge die kleineren Völker, Übersetzer von Ideologien, lokale Gurus und Orakel, wollten homogen sein. Makellos und unbefleckt. Eine Zeitlang glaubten sie an die Möglichkeit einer Rassenreinheit und daran, daß dies etwas Gutes, die Mischung dagegen etwas Schlechtes sei.

Die darauf spezialisierten Deutschen übertrugen im Verbund mit den kollaborierenden nationalen Bürokratien das Ideal der Homogenität in die Sprache der Gaskammern. Die Idee wurde mit Sinn für das Praktische in die Tat umgesetzt. Sie hätten diese Abscheulichkeiten nicht begehen können, wären sie nicht durch den Einfluß verwirrter Schriftsteller vom Glauben an das Göttliche des Nationalstaats beseelt gewesen.

Der Vater und der Sohn waren für sie kaum noch göttlich. Den Rabbi aus Nazareth mit seinen pazifistisch-anarchistisch-mystischen Reden konnten sie nicht gebrauchen. Wer heute so sprechen würde, der bekäme größte Schwierigkeiten mit den Wortführern der lokalen Gemeinschaften. Die Hochzeit von bewaffneter Gewalt und Nationalismus hat die Gewaltfeindlichkeit Jesu zu einer törichten Schwärmerei abqualifiziert, zu einer Idee, die in die Kirche gehört und nicht ins Leben, und schon auf gar keinen Fall in die Kasernen.

Jesus, der Athlet der Autonomie, der Forscher der inneren Wahrheit, hat die rohe Gewalt vergiftet, hat ihr das reine Gewissen genommen. Aus Rache hat die Gewalt jenes Volk umgebracht, aus dem Jesus stammt. Das jüdische Volk hat es hier in Mitteleuropa in der Harmonisierung des eigenen Selbstbewußtseins und des Selbstbewußtseins der anderen ziemlich weit gebracht. Das psychologische Muster des Ritualopfers ist bekannt. Ironie von Auschwitz – ohne Juden versauern die Mitteleuropäer, oder aber sie verjuden. Sie begreifen, daß die Kommunikation die Herausforderung des Menschen ist.

45.

Überall in Ost-Mitteleuropa wird das Aufeinandertreffen der gewaltfeindlichen Autonomie und des neuen Nationalismus sichtbar. Mit dem Zauber der Uniform ist es jedenfalls vorbei, im Unterrichtsfach Gewalt sind wir nicht besonders, wir können es allmählich aus dem Lehrplan streichen. Wir werden nicht schwächer, sondern stärker, wenn wir die philosophisch-emotionale Herausforderung des gewaltfeindlichen Spiritualismus ernstnehmen.

Wenn alles gutgeht, dann wird Mitteleuropa durch die allmähliche geistige Revolution unabhängiger Personen und Freundeskollektive geschaffen werden. Vor allem sollten wir die entscheidende Rolle der Reflexion, der handelnden Subjektivität und der Ideologien erkennen.

Es ist gut, daß wir anfangen, unsere militärische und kriegerische Periode geistig zu überwinden. Es ist gut, daß sich ein am ehesten nationaler Konsens um die Normen der zivilen akademischen Mittelschicht herausbilden kann. Es ist gut, daß sich die Intelligenz der Verbürgerlichung nicht widersetzt. Es ist gut, daß wir durch zivile Beziehungen miteinander verbunden sind und nicht durch die Kommandosprache des Reiches. Es ist gut, daß die öffentliche Meinung die Zivilcourage zu würdigen weiß.

Daß die Existenz der Militärblöcke die spontanen Kontakte zwischen westlichem und östlichem Mitteleuropa brutal beschneidet, ist weniger gut. Innerhalb der Grenzen der östlichen Seite ist ein unbefangener Verkehr von Büchern und Manuskripten nicht möglich. Die Kulturen der östlichen Hälfte Mitteleuropas schotten sich künstlich ab, werden übermäßig kontrolliert und in ihrer natürlichen Orientierung behindert.

Wir hätten aus hiesiger Sicht einiges zur Welt zu sagen, was auch für andere interessant wäre. Wir bleiben provinzielle Snobs, wenn wir der Nachbarschaft aus dem Weg gehen. Als Nation können wir in der Technologie drittrangig sein, in der Politik phantasiearm und moralisch haltlos. Ob wir uns nun gefallen oder nicht, wir gelten nur zusammen etwas.

Wesentlich für Mitteleuropa ist die Tatsache, daß es in der Mitte liegt und die Randgebiete nicht eindeutig abgegrenzt sind, wir wissen nicht, wo es endet. Es erstreckt sich bis zum östlichen Rand des Westens und zum westlichen Rand des Ostens. Dort spukt es als Nostalgie und Utopie umher.

46.

Mein Lieber, es wäre an der Zeit, die Realitäten zur Kenntnis zu nehmen, sagte ein amerikanischer Freund. Es gibt zwei Zivilisationen. Die eine besteht aus uns Amerikanern und aus unseren Verbündeten, die andere aus den Russen und deren Verbündeten.

Der Raum, den wir der Einfachheit halber Westen nennen – Nordamerika, Westeuropa und zahlreiche Länder am Stillen Ozean von Japan bis Australien –, hat die liberale Demokratie akzeptiert, führt im technologischen Wettbewerb und hat den Weltmarkt entfaltet, der im wesentlichen ein kapitalistischer Weltmarkt ist.

Daraus folgt, daß Westeuropa zu uns gehört und nicht zu euch. Sieh dir die westeuropäische Jugend an, welche Filme sie mag, welche Musik sie hört, wofür sie spart und ihr Geld ausgibt. Sie lebt nicht in einer europäischen, sondern in einer transatlantischen Kultur. Es gibt eine transatlantische Kultur, eine europäische Kultur dagegen nicht.

Ihr Osteuropäer, die ihr euch gern als Mitteleuropäer bezeichnet, was die Leute bei uns absolut nicht verstehen, habt klare Formulierungen nicht gern. Ich möchte feststellen: Die Macht ist eine Macht, das Reich ist ein Reich, der Block ist ein Block, und dabei bleibt es auch.

Der große Verkehr hat um euch einen Bogen gemacht, da ihr Bestandteil des anderen Blocks seid. Ihr seid für uns weder wirtschaftlich, noch kulturell, noch touristisch sonderlich interessant. Kontakte zu euch sind umständlich, die Logik eurer Ämter ist nicht die unsere, alles geht schrecklich langsam und ist unberechenbar.

Ihr lebt in konservativen Kulturen, unter der Vormundschaft eurer eifersüchtigen Staaten, der überwiegende Teil verhält sich loyal und tröstet sich mit seinen Dissidenten. Wer dort lebt, gehört eigentlich dorthin, er genießt die Schwierigkeiten, die sicher auch ihre intime Schönheit besitzen. Irgendwie habt ihr euch an den Sozialismus gewöhnt, ihr jammert zwar, trotzdem aber gebt ihr ihn nicht auf. Loyale und Oppositionelle, ihr seid unter euch, ihr sprecht von ein und demselben.

Von euch, von den Intellektuellen, hören wir oft, ihr würdet euch von euren Staaten unterscheiden. In unseren Augen ist diese Selbstunterscheidung allerdings nicht allzu überzeugend. Wer so vollkommen anders sein will, der kann ja von dort eigentlich auch weggehen.

Ihr betrachtet alles in der Dimension »erlaubt – nicht erlaubt«, was etwas anachronistisch ist. Mit solchen Fragen – erlaubt oder nicht erlaubt? – kann man hierzulande kein großes Interesse erwecken. Die Frage, womit man Interesse erwecken kann, ist hier von größerem Interesse. Daß man machen darf, was nicht gegen das Gesetz verstößt, ist doch selbstverständlich.

47.

Vielleicht hat er recht, vielleicht ist nicht nur Mitteleuropa, sondern auch Europa ein überholtes und romantisches Gesprächsthema. Aber warum sollte es überholt und romantisch sein, die Wachtürme an den Staatsgrenzen zwischen uns für provisorische Gebilde zu halten?

Seit meiner Kindheit brachte ich Grenzübertritten fieberkranke Verständnislosigkeit entgegen. Wie konnte es möglich sein, daß die erste Person Plural in zwei benachbarten Dörfern auf beiden Seiten der Grenze etwas total anderes bedeuten sollte?

Warum wäre ich ein Realist, wenn ich die Berliner Mauer für wirklich, also vernünftig hielte? Mit dem tragischen oder sarkastischen Pessimismus im Hinblick auf das Schicksal Mitteleuropas kann ich mich nicht identifizieren, weil ich den Abgrund mitten in Europa nicht als eine Notwendigkeit betrachte. Im Gegenteil, Europas gegenwärtigen Status quo sehe ich als einen künstlichen, vorübergehenden, von Auflockerungs- und Erosionstendenzen belasteten Status quo an. Nicht als eine gesellschaftliche, sondern eine militärische Wirklichkeit. Ich glaube nicht, daß die gesellschaftliche Wirklichkeit durch beharrliches Ringen nicht imstande wäre, sich aus der Umklammerung der militärischen Wirklichkeit zu lösen.

Im östlichen Mitteleuropa geht die bürgerliche Entwicklung weiter voran, die zum größten Teil bäuerlichen Gesellschaften unternahmen ihre ersten Schritte auf dem Weg zur Modernität unter den Bedingungen des Staatssozialismus. Zwischen zwei Katastrophen eine unmerkliche Sammlung der Kräfte. Strukturell ist nicht auszuschließen, daß der Sozialismus auch ohne Blutvergießen vergesellschaftet beziehungsweise demokratisiert werden kann. Auf allen Ebenen, wo Menschen zusammenleben, reift das Verlangen nach Demokratie.

Die Monarchie und der Hof sind gezwungen, der materiellen und geistigen bürgerlichen Entwicklung, die von unten her an Raum gewinnt und auf nicht nachzuvollziehende Weise in der gesamten öffentlichen Meinung um sich greift, nach und nach Zugeständnisse zu machen. Wer wird wen vereinnahmen, der Staatsmensch den Citoyen oder umgekehrt? Das ist die Frage.

Möglicherweise wird die nachrückende Generation die auf ihr lastenden Institutionen eigenverantwortlich übernehmen. Es bedarf keines Maschinengewehrfeuers, damit die Gesellschaft ihre Institutionen in Besitz nimmt. Trotz gegenteiligen Anscheins werden die Völker auf lange Sicht die Gesellschaftssysteme assimilieren.

Mitteleuropa hat seine Souveränität seit tausend Jahren nicht aufgegeben. Warum sollte sie gerade jetzt aufgegeben werden? Mitteleuropäer sein ist heute für die herrschenden Klischeesysteme eine Herausforderung. Wir leben in einer blocktranszendenten Interessengemeinschaft, wir könnten auch sagen Schicksalsgemeinschaft. Es ist einfach ausgeschlossen, sich nicht gegenseitig zur Kenntnis zu nehmen, wenn wir das vom jeweils anderen verschmutzte oder saubergehaltene Wasser trinken. Wie sollten wir voneinander nicht abhängig sein, wenn wir die Möglichkeit haben, uns gegenseitig zu vergiften?

48.

Es mag sein, daß Mitteleuropa eine konservative Idee ist, doch mich interessiert der Roman mehr als die Spitzentechnologie, und ich sehe unsere Umgebung gern romanhaft. Allein schon das ist romanhaft, daß wir uns nicht von jener fixen Idee trennen können, daß Ost und West gemeinsam Europa bilden.

Der Westen kann wegen des Ostens nicht für sich allein sein, der Osten kann wegen des Westens nicht nur für sich allein sein, auch wenn die Leute der Militärblöcke in dem Glauben leben, daß die andere Seite eigentlich nicht existierte und wir uns nicht allzuviel um sie kümmern müßten, sondern daß es genüge, gegen sie aufzurüsten. Am ehesten noch sind Ost und West an den Berührungspunkten gezwungen, sich gegenseitig zur Kenntnis zu nehmen. Wo zu befürchten ist, daß sie gemeinsam von der Erdoberfläche verschwinden könnten, wenn die Supermächte über sie hinwegfegten. Wenn wir nicht das Netzwerk Mitteleuropas schaffen, werden unsere Städte und auch wir noch grauer sein, als wir ohnehin schon sind.

Ohne Utopie wird der Mensch häßlich und dumm. Auch die demokratische Opposition läßt sich als Bestandteil dieser Wirklichkeit begreifen. Die illegale unabhängige Presse wird so lange nötig sein, wie die legale Presse nicht unabhängig sein kann.

Hier leben wir im nationalen Nebeneinander, fremdbestimmt zwar, aber nicht ohnmächtig. Den mitteleuropäischen Gedanken kann man als halsstarrige Träumerei auffassen. Die Besonderheit des Phänomens besteht jedoch darin, daß viele Mitteleuropäer dieses Selbstbewußtsein brauchen, das den Eindruck macht, als gehe sein Horizont über den des nationalstaatlichen Selbstbewußtseins hinaus. Anders bleibt jede unserer Städte eine Endstation, eine Grenzstadt, wenn nicht eine Frontstadt. Ohne Strategie sind wir Statisten und Opfer.

Warum sollte uns gedankliche Gleichgültigkeit von Verantwortung befreien? Der mitteleuropäische Traum ist etwas Natürliches, worauf man nicht verzichten kann. Wenn wir nachdenken, können wir diesen Traum nur schwer vermeiden, wollen wir ihm jedoch ausweichen, ist es besser, wenn wir uns vor dem Denken hüten.

Für die romantischen Patrioten des vergangenen Jahrhunderts war der Nationalstaat der Horizont ihres Traumes. Wie ein Fels stand dieser Traum in den tosenden Fluten. Ein wenig könnten wir getrost auch Matrioten sein. Mitteleuropa, das ist etwas Mütterliches.

49.

Mitteleuropa wird es geben, sofern es für sich selbst ein Problem darstellt. Interesse am mannigfachen Glück und Unglück der Donauvölker. Wer kann wie zwischen Ost und West Balance halten? Mitteleuropäische Literatur, das ist ost-westliche oder west-östliche Literatur. Wir tragen den Ostler in uns, den wir analysieren. Wir tragen den Westler in uns, der uns analysiert. Als Ostler spotten wir über den Westler in uns und natürlich auch umgekehrt.

Die Idee Mitteleuropa ist per definitionem blocktranszendent. Sie hält die Blockgrenze in der Überzeugung, daß sich im Inneren gesellschaftliche Entwicklungsprozesse Mitteleuropas aneinander orientieren, für eine künstliche Wirklichkeit. Die verschiedenen Stilrichtungen der Verbürgerlichung ermöglichen wieder eine mitteleuropäische Integration, nun nicht mehr im Zeichen der dynastischen Autorität, sondern im Zeichen einer bewußten und freiwilligen Vereinigung.

In einem Archiv stellen wir sorgfältig die mitteleuropäischen Metaphern zusammen, wie eine Ausstellung. Ich möchte eine unbefangene vergleichende Studie über das Charakteristikum der mitteleuropäischen Geschichtsschreibung lesen. Für unsere Städte bildete es eine Herausforderung, zur Wiege und Hexenküche eines blocktranszendenten mitteleuropäischen, also europäischen Diskurses zu werden, eine erste Person Plural einzuführen, in der ohne jegliche Demagogie Selbsterkenntnis zum Ausdruck kommt, einer heute noch elitären Sprache ein Zuhause zu geben, der Empörung komplexen Denkens gegen simple Strukturen. Wir waren schon miteinander verfeindet und lebten jeder für sich, das können wir getrost zugeben, wir kennen uns in den Vorteilen und Nachteilen der Trennung aus, und da die letzteren überwiegen, wollen wir eine neue Kunst des Zusammenlebens entwickeln.

In diesem neuen mitteleuropäischen Stil, in dieser Utopie, das können wir sagen, da ihr nur Virtualität, nur eine ideelle Wirklichkeit innewohnt, ohne jegliche Machtrealität, da ja alles lediglich ein Trugbild ist, haben Machtautorität, Standesprivilegien, militärische Hierarchien, Zwänge von äußeren diplomatischen Konstellationen keinen Platz.

Da Mitteleuropa unsere fixe Idee ist, wirkt sie heute noch wie ein literarisches Werk, dessen Originalität von unserer Einbildungskraft abhängt. Wir können unsere Zivilisationsgewohnheiten bestimmen. Bedingung für die Klubmitgliedschaft sind das Interesse am anderen und der gegenseitige Respekt. In Mitteleuropa gibt es keine Herrenvölker und Untertanenvölker. Es gibt keine Eroberer und Eroberte. Es gibt keine Okkupanten und Okkupierten.

Wir sind hier versammelt auf einer lang andauernden gardenparty im Donaubecken. Mit einem Glas in der Hand sollten wir umhergehen, anstoßen, uns kennenlernen, und wir sollten das Trugbild vor Augen haben, jenes Nicht-Existierende, das trotzdem vorhanden ist, die gemeinsame Aura des geteilten Körpers.

Jetzt sollten wir nicht unsere Waffen vereinen, unsere Währung, unser Territorium, unsere Ämter, unsere Märkte, unsere Wappen, jetzt sollten wir vielmehr unsere Dichtung vereinen. Gibt es eine mitteleuropäische Literatur, wenn ja, was für eine? Daß es eine deutschsprachige Literatur Mitteleuropas gibt, von Österreichern, Deutschen, Schlesiern und Juden geschrieben, wissen wir schon. Doch wie können die anderssprachigen Werke des Donaubeckens nebeneinander bestehen? Wir müssen unsere Luziditäten und nicht unsere Stereotypien miteinander vergleichen.

Müssen wir unbedingt interessant sein? Ich glaube, ja. Es ist unsere Aufgabe, ein nicht leicht zu lösendes Rätsel zu sein. Denn von nichts anderem ist hier die Rede als von der Ästhetik der Autonomie. Die prächtigsten Werke der Ästhetik der Autonomie sind die Städte, diese geschichtsträchtige Gegenwart. Je freier eine Stadt, desto interessanter ist sie. Die konstitutionell und institutionell garantierte Freiheit genügt nicht, wir brauchen auch die Zauberer und Ungeheuer der Freiheit.

Wir leben hier mit der Erinnerung und den Perspektiven der Massenmorde, an denen wir zum Teil mitverantwortlich sind. Unsere Irrtümer und Halblösungen, unsere Wahnideen, verbunden mit mangelnder Selbsterkenntnis, trugen zum Ausbruch zweier Weltkriege bei. Die Völker des Donaubeckens haben sich im zwanzigsten Jahrhundert ziemlich dumm verhalten. Die großen Geister zu Beginn des Jahrhunderts wußten noch nicht, welche Schuld die Intelligenz Mitteleuropas auf sich geladen hat.

50.

Für die Denker des siebzehnten und achtzehnten Jahrhunderts gab es noch keinen Zweifel daran, daß ein mitteleuropäisches Reich notwendig ist. Im Interesse des europäischen Gleichgewichts bedurfte es eines zivilisierenden Staatsverbands in der Wiener Einflußsphäre, im gemischt bevölkerten Donautal, um die türkische und die russische Expansion aufzuhalten.

Dieser Staatsverband konnte nur eine monarchisch-dynastische Legitimation haben. Der barocken Kaiserin Maria Theresia wurde von Gottes Gnaden die Herrschaft über das autoritätsgläubige Reich verliehen. Nach der Französischen Revolution aber, nach der Begegnung von Demokratie und Nationalismus, kam die Legitimation nicht mehr vom Hof, sondern aus der Tiefe, vom Volk, vom Vaterland.

Das Vaterland wurde die Gemeinschaft der Sprachnation, der Staat des Sprachnationalismus. In der territorialen Heimat dagegen waren all diejenigen Völker zu Hause, die in einer erlebbaren Einheit lebten, unabhängig von der religiösen, nationalen und sprachlichen Trennung der Bevölkerung in diesen Gebieten. Der Begriff der Sprachheimat wurde zur Büchse der Pandora und zerschlug das Mitteleuropäische Reich.

Wenn die Gleichsprachigen den Staat bilden und nicht die Gleichterritorialen, dann werden sogleich die Staatsgebiete umstritten, da die verschiedenen Sprachgemeinschaften sich ziemlich stark vermischen. Die Habsburg-Monarchie tolerierte die ethnische, sprachliche und konfessionelle Vielfalt. Die Souveränität des Staats leitete sich nicht her von den verschiedenen Gemeinschaften der Völker, sondern von der monarchischen Legitimation und den Heiraten des Hauses Habsburg. Und da die Habsburger von den Völkern nicht abhängig waren, konnte das Herrscherhaus den Farbreichtum der Gemeinschaften dulden und sich relativ großzügig geben. Ist jedoch die Souveränität der nationalen Gemeinschaft die Quelle der Macht, dann erhebt sich sogleich die Frage, wie das Territorium unter den verschiedenen Sprachnationen aufzuteilen sei und auf welcher Grundlage sie auch weiterhin vereinte Nationen der Monarchie bleiben könnten. Warum sollten sie nicht das ganze Reich zerschlagen?

Eigentlich konnte das Reich nur unter Franz Josef existieren, und als er nicht mehr unter den Lebenden weilte, kam auch das Reich zu Tode. Auf der Grundlage der Volkssouveränität ließ sich die Monarchie nicht aufrechterhalten, denn die souveränen Völker waren erfüllt vom französisch geprägten Sprachnationalismus.

Jede Sprachnation wollte ihren Nationalstaat und war vom Wunsch nach einer einsprachigen Bevölkerung beseelt, die Anwesenheit Anderssprachiger beleidigte sie, und deren Erstarken versetzte sie in Angst und Schrecken, also versuchte man, die fremden Elemente zu assimilieren. Die kleinen Sprachgemeinschaften wetteiferten miteinander, wer auf wessen Kosten größer werden würde.

51.

Gegen Ende des Ersten Weltkriegs konnte die Souveränität des Herrscherhauses ein Gegenstand der Verehrung nicht mehr sein, zu viele waren für die Ehre der Dynastie, für die Rache Franz Ferdinands und für die Bestrafung Serbiens gestorben.

Die Monarchie wollte ihre Ehre verteidigen, sie benahm sich wie eine militärische Großmacht. In Wien und in Budapest leben Bürger, aber der Staat benimmt sich wie ein Offizier, der nur ein surrealistisches Heiligtum kennt: das Prestige der Dynastie. Dem Gestus des Duells war die Kalkulation fremd. Wer den anderen zum Duell fordert, weiß, daß er vielleicht sterben muß.

In der Rolle des Initiators, so könnte man sagen, ließ sich der Wiener Hof beim Ausbruch des Ersten Weltkriegs auf ein selbstmörderisches Duell mit einer Übermacht ein. Die Übermacht setzte sich aus vielen Faktoren zusammen, aus äußeren und inneren Faktoren, Tatsache ist, daß die Monarchie dem Druck von außen letztlich widerstanden hätte, wäre der Fortbestand der staatlichen Rahmenbedingungen der ausdrückliche Wille der Völker gewesen. Doch die Idee der sprachlichen Volkssouveränität hatte die Völker Mitteleuropas so stark durchdrungen, daß ein Vielvölkerstaat, der sich nur durch die Majestät des Herrscherhauses legitimiert, nach dem verlorenen Krieg nicht hätte überleben können. Was die Idee der Volkssouveränität 1848/49 nicht zu erreichen vermochte, das schaffte sie 1918.

Wie sich aus der Souveränität der Romanows und Hohenzollern keinerlei Reichsgewalt mehr begründen konnte, so reichte auch die Souveränität der Habsburger nicht aus, die Verantwortung für den vollkommen sinnlosen und schrecklichen Ersten Weltkrieg zu tragen. Die Hohenzollern verschwanden, doch das Deutsche Reich blieb in republikanischer Staatsform erhalten. Die Romanows verschwanden, doch das Russische Reich blieb in Form einer sowjetischen Republik erhalten. Ohne Habsburger jedoch gab es auch kein mitteleuropäisches Imperium mehr. Das deutsche und das russische Imperium konnten sich in eine Republik verwandeln, das mitteleuropäische Imperium zerfiel.

Dieser Zerfall hatte auch einen sozialen Inhalt. Tieferstehende Schichten drängten auf den Platz der kosmopolitischen Reichsaristokratie, die Beamtenintelligenz wollte einen eigenen Nationalstaat mit vielen nationalen Institutionen und Stellen. Die nicht von ganz unten kommenden, aber dennoch höhergekletterten Eliten frohlockten; das Land war zwar klein, doch gehörte wenigstens ihnen. Lokale Flaggen flatterten über den Statuen der lokalen Größen.

Die kleinen Nationalismen überließen sich befreit dem nationalistischen Haß. Gleich wie heftig eine derartige Regression, gleich wie realistisch ein solches Phänomen ist, die Beschränktheit ist auch dann eine Beschränktheit, wenn es die unsere ist.

Schade, daß wir dieses kleine, verkümmerte, aber dennoch existente Wir-Bewußtsein verloren haben, über das die Völker dieses mitteleuropäischen Imperiums verfügten; mit dem sonstigen Wir-Bewußtsein kam es gut aus, ja sogar mit den komplizierten und persönlichen Gebäuden des Kollektivbewußtseins. Unter den Bürgern der Monarchie gab es viele, deren Vorfahren zu verschiedenen Nationen und Konfessionen gehörten, und das Selbstbewußtsein der Familiengeschichte erhob gewissermaßen als Hintergrund und Rahmen Anspruch auf das Reich der Monarchie mit seiner typischen Vielfalt.

52.

Die Ideologie des Sprachnationalismus entsprach in Mitteleuropa nicht der kulturell-wirtschaftlichen Wirklichkeit, nicht der national-ethnischen Realität. Daraus ergaben sich Zwangsrahmen, in denen die historische Identität von uns allen gestört wurde. Ein Teil von uns hatte darin keinen Platz. Etwas gab es, dessen man sich zu schämen hatte, in irgendeiner Beziehung und Qualität waren wir in den engen, neuen kleinen Vaterländern ein Fremdkörper geworden, und um dennoch dazuzugehören, mußte mehr oder weniger gelogen werden.

Als nach dem Erfolg der Idee der Volkssouveränität eruiert werden mußte, woher jenes Volk eigentlich kam, mußte man zur Fiktion der homogenen Abstammung gelangen, und von hier bis zum Kult biologisch-rassistischer Abstammungsdefinitionen und Eigendefinitionen war es nurmehr ein Katzensprung. Denn auch die Sprachgemeinschaft war nicht mehr dicht genug, nicht mehr tief genug und nicht mehr eigenständig genug.

Wenn es fast ein mystischer Wert ist, Ungar, Deutscher, Tscheche, Kroate, Rumäne und so weiter zu sein, dann setzt die Rivalität ein, wer ungarischer, deutscher, tschechischer, kroatischer, rumänischer und so weiter ist. Und je klarer jemand diese Eigenschaft besitzt, desto mehr kann er sich dessen rühmen und desto kompetenter ist er im Sport des Verstoßens, in der Aussonderung der nicht-wahren Ungarn, Deutschen, Tschechen, Kroaten, Rumänen und so weiter, in der Ablehnung der substantiell nicht zu uns Gehörenden.

Mit einem Wort, der Sprachnationalismus dieser Region barg die Möglichkeit eines Faschismus, was niemand vorausahnen konnte. Die große Verwirrung bei der Entscheidung der Frage, wem die Souveränität gehöre, worauf sich die Souveränität gründen solle, trug dazu bei, daß der Geist der liberalen Demokratie in unseren Landstrichen erst verspätet Sympathien gewann und daß alle mitteleuropäischen Nationen an ihren autoritären Delirien litten. Weil die Mehrheit unserer Völker im blutig-zynischen Propagandarausch sowohl des rechten als auch des linken Autoritarismus schwelgte.

53.

Die mininationale Regression überwirft sich, ist beklommen, sieht sich von Feinden umzingelt, verteidigt sich, spinnt sich ein, hat Angst vor Vermischung, will rein bleiben, zieht sich in die Höhle zurück. Wenn sich der Staatsbürger mit der physischen Größe seiner Nation identifiziert, ist dies ein geistiges Unglück. Die regressiven Ideologien verhalten sich gegen die polynationalen Bürger feindselig, und ein Mensch, dessen vier Großeltern jeweils einer anderen Nation angehören, erscheint ihnen als etwas Entartetes. Die Kulturgeschichte bezeugt, daß solche Menschen gelegentlich Prachtexemplare sind.

Die nationalstaatliche Anschauung schützt sich gegen die urbane Anschauung, der Mann gegen das Weibliche, das keine Scheu davor hat, sich zu mischen, befruchten zu lassen und Fremdes anzunehmen. Die Stadt kann sich ausbreiten, weil sie gerne aufnimmt. Die mitteleuropäische Integration ist eher eine Integration der Städte als der Nationen und in diesem Rahmen eine Integration der mehrsprachigen intellektuellen Polisbürger.

Dieses weiblich-städtische Mitteleuropäische, das fähig ist, sich zu mischen, ohne seine spezifische Eigenart aufzugeben, ist die eigentliche Wirklichkeit. Wer in sich den mitteleuropäischen urbanen Bürger erkennt, der will niemanden ausstoßen. Eine Gastgebermentalität will den Ankömmling nicht schlukken, sie respektiert die Besonderheit des anderen.

54.

Möglicherweise sind das neunzehnte und das zwanzigste Jahrhundert in der jahrtausendealten Geschichte, in der die Völker Mitteleuropas den Versuch unternahmen, in verschiedenen staatlichen Rahmen zusammenzuleben, lediglich ein Intermezzo. Möglicherweise wird sich das einundzwanzigste Jahrhundert auf das pluralistische Gemeinschaftsbewußtsein besinnen, das dem diskriminierenden Gemeinschaftsbewußtsein des Sprachnationalismus vorausging, und auf nunmehr demokratischer Grundlage, auf der Grundlage der Volkssouveränität die neue mitteleuropäische Integration fordern.

Mitteleuropäer ist, wer für seine Person den Umstand, daß das östliche Mitteleuropa geopolitisch ein Teil des Ostens geworden ist, geistig nicht für zwingend hält. Wir Ungarn beispielsweise konnten uns nicht befreien und bekamen keine international garantierte Demokratie. Auch die Polen und Tschechen als Kriegsgewinner hatten nicht mehr Glück als die ungarischen Kriegsverlierer. Die Vormundschaftsmacht ist eine andere, doch die Vormundschaft ist geblieben. Von der deutschen Interessensphäre sind wir in die russische Interessensphäre geraten, mündige demokratische Nation sind wir noch nicht, wir haben es noch nicht geschafft, Subjekte der eigenen Geschichte zu werden, um unsere gemeinsamen Institutionen durch freiwilligen Zusammenschluß auszubauen.

Wir mußten die Erfahrung machen, daß wir die Einschränkung unserer nationalen Unabhängigkeit nicht überwinden können, Personen allerdings können unabhängiger sein als die Gesamtheit der Nation.

Die Art und Weise, wie wir angesichts unserer geopolitischen Determination zusammenleben, ist unsere Weisheit und Krankheit. Mitteleuropäer sein bedeutet hier Selbsterkenntnis, historische und kontextuelle Selbsterkenntnis. Wir sind jenes Unternehmen, dem wir uns hingegeben haben. Ein einfallsreicheres intellektuelles Unternehmen als die Konstruktion der mitteleuropäischen Begriffswelt kann ich mir in diesen Landen kaum vorstellen.

Mitteleuropäer ist, wer sein Land in keiner Interessensphäre irgendeiner großen Nation sehen möchte. Mitteleuropäer ist, wer zum freien Zusammenschluß der im Donaubecken in Nachbarschaft lebenden und sich miteinander vermischenden kleinen Nationen gehören will. Der mitteleuropäische Zusammenschluß hat einen Platz unter der Sonne.

Wir hätten es mit einem größeren Kollektiv kleiner Vaterländer, territorialer Autonomien zu tun, worin das Kleine und das Große kein Gegensatz wären, auch die kleine Gemeinschaft wäre eine schöne Gemeinschaft. Wenn unser Verstand in der nationalstaatlichen Mentalität befangen bleibt, wenn wir nicht über die nationalstaatlichen Grenzen hinausblicken, dann bildet das, was wir gegenwärtig haben, nur ein zu verlängerndes Provisorium.

55.

Wien ist das östlichste Tor des Westens, Budapest ist das westlichste Tor des Ostens, ein Blick auf die Landkarte zeigt uns, daß es keine anderen Hauptstädte in Europa gibt, die derart nahe nebeneinander liegen. Ähnlich nahe liegen nur Prag und Wien, vielleicht auch Belgrad und Budapest. Doch in der Nähe befinden sich auch Krakau und Klausenburg, Zagreb und Preßburg, ein ganzer Städte-Sternhaufen, der eine Infrastruktur des mitteleuropäischen Kommunikationsnetzes war und noch sein kann.

Es ist nicht gleichgültig, ob die großen oder größeren Städte und deren tonangebenden Persönlichkeiten eine eigene Strategie besitzen. Es ist nicht gleichgültig, ob Budapest und Wien freundschaftliche Beziehungen miteinander haben wollen. Wenn Budapest nur eine ungarische Stadt sein will und Wien nur eine österreichische, dann wird es beiden gelingen, provinziell zu sein. Unsere Verflechtung in der Vergangenheit beruhte nicht nur auf Zwang, sondern spiegelte die geographische Realität von Wirtschaft und Kultur.

Eine der interessantesten Fragen unseres Raums besteht darin, ob die nationalstaatliche oder die mitteleuropäische Orientierung die Oberhand gewinnt. Wenn wir kleinen donauländischen Völker uns dünkelhaft gegeneinander abschotten, entsteht in Mitteleuropa ein Vakuum, das irgendeine große Nation meint ausfüllen zu müssen, dann werden die weniger glücklichen Vasallen der Großmächte.

Auf uns wartet die langwierige Versöhnungsarbeit der Donauländer. Wenn Russen und Amerikaner heute noch nicht friedlich miteinander umgehen können, so sind wir Ungarn und Österreicher keineswegs zu unfreundlichem Umgang miteinander verpflichtet. Vermutlich wird unsere kleine Extra-Freundschaft auch von den Weltkräften geduldet.

Die Idee eines Mitteleuropa ist nicht dazu da, unsere imperialen Träumereien aufzuwärmen und uns gegenseitig von oben herab zu behandeln. Versuchen wir, beim anderen zu entdecken, was an ihm interessant ist und nicht das, was an ihm langweilig ist. Die wahren Träger des mitteleuropäischen Geistes sind heute nicht unsere Staaten, sondern unsere Städte.

Plausibler als die Integration von Ungarn und Österreich ist die Freundschaft zwischen Wien und Budapest. Man muß zur Kenntnis nehmen, daß die Großstädte und die Großstadtmenschen die wahren Subjekte der Geschichte sind. In unseren Großstädten gibt es nicht nur die Tradition der Loyalität, sondern wir haben auch eine republikanische Überlieferung. Sowohl Wien als auch Pest-Ofen hatten ihren März 1848.

56.

Von Budapest habe ich zu melden, daß sich der Staatsmann wieder allzu sehr über die Stadtfrau ausgebreitet hat. Die Stadtfrau streift jetzt den plumpen Körper wieder etwas von sich ab, den Körper, der, gemessen an seiner Entschlossenheit, nicht allzu viel Genuß bereitet. Die Zentralmacht fängt an, der Großstadt den Hof zu machen.

Auf längere historische Sicht wird die Großstadt in der Lage sein, die geopolitischen Zwangskonstellationen zu assimilieren und zu entkrampfen. Das ist meine optimistische Hypothese. Auch heute schon läßt sich darüber diskutieren, wer gegenwärtig den anderen nachdrücklicher determiniert: der Staatssozialismus Budapest oder Budapest den Staatssozialismus. Budapest war bereits zu Anfang dieses Jahrhunderts eine ziemlich lebensfähige Stadt, sie war jünger als Wien, konnte Gedichte schreiben, philosophieren aber noch nicht, auf dem Vergnügungssektor war sie nicht schwach.

Budapest ist interessanter als die Pußta. Die Stadt hat den Anfall der völkischen Ideologien überstanden und schämt sich nicht mehr, daß sie so ist, wie sie ist. Aus der Provinz kommen kaum noch moralisierende Verweise. Nicht die Kleinstadt, sondern nur der neiderfüllte schulmeisterhafte Provinzialismus ist der Großstadt feindlich gesinnt.

Die Budapester fangen erst jetzt an, die Erotik und die Ästhetik ihrer Großstadt zu lieben, das Budapester-Sein, eine interessante Spielart mitteleuropäischer Lebensphilosophie.

Die beiden großen Attacken des Faschismus und des Kommunismus, die Hirnlosigkeit der Bombardierungen und der Abrißmanie, waren nicht leicht zu ertragen. Ich könnte lange erzählen, was eine großstadtfeindliche Ideologie an einer Großstadt alles verderben kann. Irgendeinen Teil der Großstadt haßte ein jeder, entweder die Innenstadt oder die Vorstadt, die großstädtische Agora aber, das Kaffeehaus, haßten sie allesamt, obwohl sie selbst darin ein- und ausgingen. Im großen und ganzen ist es ihnen auch gelungen, das Kaffeehaus sterben zu lassen.

Auch ein Ehemann, dem es gewaltsam nicht gelingt, über seine Ehefrau die Oberhand zu gewinnen und der eigentlich Angst vor ihr hat, kann an seiner Partnerin vieles grau werden lassen.

Budapest fängt an aufzublühen, viel Gutes bekommt wieder seinen Platz zugewiesen. Als Ungarn haben wir in unserer Geschichte lauter Niederlagen erlitten, als Budapester dagegen weniger. Regierungen und Regimes überlebt die Großstadt, und was bleibt, das ist jene undefinierbare Individualität, die sich nicht geschlagen gibt.

Die aufdringlichen Moden gehen vorüber, die Stadt macht ihre Revolutionen und lindert ihre Konterrevolutionen, sie weiß, daß es besser ist, wenn man unflätig beschimpft wird, als wenn sie einen als Idioten abkanzeln, die Stadt fängt an, die Großstadtfeindlichkeit der meist aus der Provinz gekommenen Intellektuellen zu überwinden, sie fängt an, einen Platz in der

Literatur einzunehmen, sie erholt sich verhältnismäßig gut von ihren Traumata und erkennt, daß sie immer noch schön ist. Die öffentlichen Gebäude können den Herrn wechseln, doch für irgend etwas bleiben sie immer gut.

Wir Intellektuellen fangen an, unsere Großstadt zu lieben, nicht verführt und mit einem schlechten Gewissen, sondern beherzt und dramatisch. Wir lieben ihre Strategie, die wir aus den Steinen und aus der Literatur, aus den Witzen und aus den Abendessen herauslesen, und wir spüren, um wie vieles wirklicher die Großstadt ist als der Staat. Wir lieben das Komplziertere, weil das dem Leben entspricht.

Der mitteleuropäische Urbanismus ist eine Lebensstrategie. Eine individuelle und flexible Strategie. Sie ist immer in Arbeit, und Fortschritte strebt sie dort an, wo sie möglich sind. Sie sucht nach Wegen, auf denen der Widerstand am geringsten ist. Diese Haltung beeinflußt die Machtzentren durch eine in der Tiefe stattfindende Umstrukturierung der kulturellen Werte. Medium dieser Strategie ist eher die Reflexion als die Politik. Dies ist heute noch das Anliegen einer Miniminderheit der wachesten Intellektuellen. Die Auspizien stehen nicht schlecht.

57.

Es gibt Städte, in denen die Menschen ziemlich nett sind, weil die Stadt stärker ist als der Staat. Ekelhaftigkeit gleicht der Pollution. Es gibt schmutzige und ekelhafte Städte. Die Rücksicht auf den Menschen und die Luft, auf die Stadt und die Vegetation ist weder rechts noch links eingestellt.

In Berlin sprachen wir mit Schriftstellerkollegen über die Zensur und veranstalteten zum 50. Jahrestag der nationalsozialistischen Bücherverbrennung in einer Dachgalerie eine Lesung. Die Zensur sperrt die Kultur ins Konzentrationslager.

Wer über die Reinheit von Ideen wacht, ist zu jeglicher Bosheit fähig. Wo der Staat Bücher verbrennt, dort ist die gesamte Kultur mitschuldig. Dort sind auch die nicht-verbrannten Bücher für die Bücherverbrennung verantwortlich. Nicht nur

Goebbels hat verbrannt, sondern auch die Professoren, am liebsten hätten sie ihre Kollegen auf den Scheiterhaufen geschickt.

Lauter idealistische Patrioten, wollten sie die fremden Elemente ausrotten, entfernen und beschränken sowie die Kultur auf ihre überkommene Gestalt zurückschneiden. Hast du das Komplizierte ausgerottet, sind Reinheit und Dumpfheit austauschbar. Verschlossene, starre, argwöhnische Lagergesichter. Die politische Klasse will eine dienende Literatur.

Die kontrollierte Kultur ist ein großer Haufen schäbiger Gemeinplätze, ein Krieg der Staatsreligion gegen den Verstand von Schriftstellern und Lesern. Zwischen Kultur und Staat ist keinerlei Subordination annehmbar. Freiwillige Unterordnung der Intelligenz unter die Politik, den Staat, die Partei, die Bewegung, die Kirche, die Korporation und die Mode gleicht einer freiwilligen Gehirnparalyse.

Der eine Pol der Intelligenz ist die politische Klasse, der andere Pol sind die Dissidenten. Der Polizist steckt allerdings auch in demjenigen, der die Polizei überlistet, denn er ist gezwungen, mit dem Mißtrauen zu leben. Selbst wenn du versuchst, alle Verbotsschilder zu meiden, kommst du nicht weit. Eine Literatur, der es gelingt, nicht einmal zufällig etwas zu sagen, was ihr Schwierigkeiten mit der Zensur einbringt, ist die Loyalitätsbekundung des Untertanen.

Es gibt verschiedene Arten von Selbstzensur. Wir lügen nicht nur aus Egoismus oder Angst. Behindert mich meine eigene Beschränktheit nicht genug? Soll ich mich auch noch mit jenen launenhaften lokalen Hindernissen belasten, die mit meinem Budapester Leben einhergehen?

58.

Nach hinten blickend sehe ich durch das Nordfenster den East-River und die Häuser der Lower East Side. Weiter westlich das allabendlich beleuchtete Empire State Building, täglich in andersfarbigem Licht.

Die Vogelperspektive ist die überzeugendste Sicht auf die

Stadt. Dächer und Türme, ein Monument, entstanden aus unregelmäßigen Abschlüssen vertikaler Prismen. Ein organischer Lehrgang zur Stadtästhetik. Die Wolkenkratzer mögen sich. Auch der Schmutz, die Verwahrlosung und die Periode der improvisierten und überholten Eisenkonstruktionen gehören zum Zauber dieser Stadt. Auch die Gefahr. Für Schwache und Kranke kein guter Ort.

New Yorker Lektion – akzeptiere dich selbst. Der Erfolg ist dein Erfolg. Die Niederlage ist deine Niederlage. Korruption und Destruktion sind hier beisammen. Das ist das Gute an dieser Stadt. Unaufgeklärte Verbrechen sind mir lieber als die Übertreibung der Aufklärung.

Vor Sonnenaufgang am Fenster: Im blauen Hintergrund stehen im gerade noch hellrosa und nun schon im purpurroten Licht brennende Türme. Abends rötlich-gelber Lampenschein, ziegelrote Häuserwände, New York ist eigentlich eine fleischfarbene Stadt.

Auf Einladung des New Yorker Institute for the Humanities sind wir hierhergekommen. Acht Monate lang bekommen wir ein Stipendium, wir können ein normales Leben in der Stadt führen, wir sind keine Touristen.

Viele Anrufe, viele Gespräche, viele Höflichkeitsbesuche, ich muß viel lächeln. Ein anderes Land, wieder eine andere Sprache. Über die Mauer klettern. Warum? Eine Übung, um mich loszulösen?

Ich könnte in den Budapester Wäldern spazierengehen, am Plattensee, und müßte mich nicht um Wohnungsprobleme kümmern. Alles wäre im vorhinein entschieden, ich würde mich der Zensur unterwerfen, aus der Politik zurückziehen, und ich würde die noch vor mir liegenden Jahre ganz der Literatur widmen. Ich würde ertragen, was die anderen auch ertragen, würde vorsichtiger leben und New York in der Stille des Seeufers wieder als ein Märchen sehen.

Dieser rückwärtsgewandte Traum geht mit zahlreichen Urteilen und einer gefälligen Melancholie einher. Zur Entschädigung sehe ich um ihre Modernität gebrachte Bilder in einem disziplinierenden Rahmen, eine freiwillige Komprimierung, ein dichtes Sein und Schreiben.

59.

Im New Yorker Hotelzimmer leide ich an Gesichtszuckungen, auf meiner Stirn stehen Schweißperlen, der rechte Arm schmerzt, wenn ich ihn hebe. Ich bin schwach. Meinem Körper tut diese Stadt nicht gut. Die Buchstaben der Zeitung verschwimmen vor den Augen. Ich senke den Kopf, ich muß mich hinlegen. Ich sehe ungarische Landschaften, dann die Straßen von Soho. Allmählich löst sich der Krampf. Irgendeine Kraft in mir hat sich auf etwas Unerfindliches versteift, so daß ich mich vor allem hier sträube.

Suchen wir wechselnde Zielscheiben für unseren Menschenhaß? Mit scheelen Blicken siedelst du von einer Stadt in die andere über? Das Klima ist unangenehm, das Essen schlecht, die Kleidung geschmacklos, eine Anhäufung von Barbarei. Die romanhafteste Bühne der Vergesellschaftung, das rohe, hinfällige und phantastischste Bild des Kapitalismus.

Aber wenn du es schaffst, diese Stadt so zu lieben, wie sie ist, warum kannst du Budapest nicht so lieben, wie es ist?

Daheim in Ungarn lebe ich in der intimen Mythologie freiwilliger Hörigkeit, Staatsleibeigener aus eigenem Antrieb, ich könnte diese Mythologie auch nationalen sozialistischen Realismus nennen. Es ist gewiß meiner Schwäche zuzuschreiben, daß ich nicht in der Lage war, ein Leben in epischer Gelassenheit zu führen, vom Patriotismus überwältigt.

Wie sah die Geschichte dieser vierzig Jahre aus, von meiner ersten Befreiung bis zur zweiten? Die dritte wird bereits der Sarg sein. Dort muß ich keine Antworten mehr geben. Der Jüdische Friedhof von Berettyóujfalu ist bereits gestorben. Dort kann ich mich nicht beerdigen lassen. Nicht nur die Menschen, sondern auch die Friedhöfe können sterben. Der Granit hält noch, eine Ziege grast zwischen den Steinen.

Wenn man mich fragt, wie es mir geht, werde ich immer sagen, danke, es geht mir sehr gut. Sehr gut? Ja, sehr gut. Warum? Weil ich ruhig bin.

Warum lobst du ewig diese Ruhe? Warum spielst du hier den alten chinesischen Saubermann, der im Wörterbuch herumstöbert und den Staub von der Bedeutung der Wörter entfernt? Zeitweise ist es gut, sich den intensiven Beziehungen zu entziehen. Ich habe Hände und Füße, aber keine Staatsgrenzen. Du sehnst dich nach Licht und Trubel. Es liegt in der Natur des Lichtes, daß sich Licht zu Licht gesellt.

New York ist eine Herausforderung, eine Koketterie, ein Wettbewerb, eine Kraftprobe. Zeige, was du kannst. Die Weltstadt wird von unsereinem dadurch gemacht, daß wir sie zum Weinen oder zum Lachen bringen, etwas Besseres können wir nicht tun.

60.

Auf dem Washington-Platz versammeln sich nachmittags bei schönem Wetter viele Menschen. Unter der gelben Bank huscht ein wohlgenährtes graues Eichhörnchen hindurch, es sieht aus wie eine Ratte. Unter dem Triumphbogen ein illuminierter Weihnachtsbaum. Eine achtköpfige Gruppe verlagert ihr Schwergewicht mit unendlicher Langsamkeit von einem Bein auf das andere. Ein Schwarzer, das Gesicht dem Triumphbogen zugewendet, hält eine Rede, Zuhörer gibt es keine.

Die Sicht bis zur nächsten Straßenecke, bis zum nächsten Satz genügt. Auf dem nassen Pflaster der Vierten Straße Lichtdorne von Autoscheinwerfern, auch an der gegenüberliegenden Häuserwand blinkt ein Reklameweihnachtsbaum. Die Wirklichkeit läßt sich nicht beschreiben. Die Wirklichkeit ist unbeschreiblich.

Eine Nachbarin klingelt und fragt, ob wir noch ein Bett brauchen, Küchengeschirr und einen Armlehnstuhl. Sie zieht an die Westküste, sie schenkt uns die Sachen. Dank meiner Schwester und einem jüdischen Wohnungsmakler aus Litauen fanden wir auf dem höchst schwierigen New Yorker Wohnungsmarkt mit mehr Glück als Verstand eine Wohnung. Im Handumdrehen war sie eingerichtet, es kostete mich nicht viel Mühe, ich war wütend, daß das Telefon erst am vierten Tag angeschlossen wurde.

Auf der Lower East Side fühle ich mich freier als daheim in Ungarn, wo ich in das Spannungsfeld von Anziehung und Abstoßung eingebunden bin. In meinem Dorf vergegenwärtigte ich mir allmorgendlich die Erhebungen der Umgebung. Jeden Morgen beobachtete ich den Wetterhahn auf dem Turm der reformierten Kirche und die Bundestafel auf dem Synagogendach.

Seit meiner Kindheit ist dies die erste Wohnung, wo an der Tür die Mesusa angebracht ist, die in einen weißen Zylinder eingeschlossene Pergamentrolle, auf der die Zehn Gebote stehen. Der Zylinder ist ebenso rot angestrichen wie die Korridortür, an der große Messingbeschläge prangen.

Ich möchte mich selbst davon überzeugen, daß ich vor der langanhaltenden Stille, vor dem zweitausend Seiten umfassenden Roman keine Angst haben muß. Mach dich frei von der unstrukturierten Strömung deines Lebenslaufes. Hab Vertrauen zu dem ersten Text, zu deinem augenblicklichen Selbst, zu jenem Menschen, der sich hier präsentiert. Wenn dich die ganze Welt zur Eile antreibt, höre auf deine innere Stimme, die dir zuflüstert: langsamer, noch langsamer. Im Zeitalter der Textverarbeitungssysteme huldige ich der Kalligraphie.

61.

Der Stern des Westens sammelt Geheimnisse, um sie verraten zu können, er verkündet und verkauft sich. Gibt es eine größere Rechtfertigung, als daß du begehrt bist. Viele wollen dich kaufen, ansehen und mit nach Hause nehmen. Das ist das Heil. Viele wollen teilhaben an dir, dich anfassen, auseinandernehmen, essen.

Was hast du gegen den Olymp der Stare, gegen den sie überströmenden Polytheismus einzuwenden? Demokratische Religion. Auf ideeller Stufe gibt es keine Stare mehr. Man hat sie samt letztem Rätsel gekauft. Das ist die Erfüllung.

Warum solltest du nicht mit dem Strom schwimmen, warum verkrampfst du dich? Warum überläßt du dich nicht dem Strom? Je mehr der multisexuelle Schmetterling seine Gestalt verwandelt, desto kontinuierlicher ist er. Wen stört es, daß er früher anders war als jetzt. Das zeugt nur von seinen Energien, daß er imstande ist, sich zu verändern, also sich auch erneuern kann. Wir Treuen sind eigentlich Oblomows, zurückgebliebene provinzielle Klötze.

Jemand sagt mir, ein Unternehmen sei richtig, wenn es eine Chance auf Erfolg habe. Natürlich kann man auch verkaufen, daß wir uns dessen bewußt seien, daß wir verlieren und die Partie dennoch brav zu Ende spielen würden. In Husarenmanier mit dem Schwert gegen das Maschinengewehr. Wir sind verkäuflich, aber den Preis für uns werden nicht wir bekommen.

Unser Gesicht beherrscht die Kunst noch nicht, wie eine Leuchtreklame zu strahlen. Wir sind altmodisch und schamhaft; ich weiß, daß es nicht nur die Sprache des Geldes gibt.

Die kulturelle Landkarte Europas hat mit den Staatsgrenzen nicht viel zu tun. Strukturalismus und Surrealismus, Marxismus und Psychoanalyse, Impressionismus und Kubismus sind Phänomene, die mit der nationalen Gemeinschaft absolut nichts zu tun haben. Sie haben mit zwei Dutzend Menschen zu tun. Sie sind die Angelegenheiten ein und derselben, in verschiedenen Städten zerstreuten Gemeinschaft. Das Europa der Physiker und Sprachwissenschaftler ist nicht das Europa der Staaten, nicht das Europa der Vaterländer.

Wir sind nationale und städtische Individuen, durch Unzulänglichkeiten und Tugenden komplizierte Wesen, die ihre Identität nicht im Staat finden.

62.

Eine prophetische Geste – von Jerusalem aus gegen Babylon Gift und Galle speien, von der Kleinstadt aus gegen die Großstadt. In Babylon dient auch, wer sich verkauft. Auch die priesterliche Dirne labt und erfrischt den Reisenden gegen Geld.

Ich komme vom Dorf, ich komme aus der Kleinstadt, ich komme aus der Großstadt. Wohl fühle ich mich dort, wo ich gerade bin, es wäre nicht schlecht, wenn die jetzige Wohnung meine ständige Adresse wäre. Von hier aus könnte ich ausschwärmen, und ich würde immer zurückkommen, denn hier gefällt es mir am besten.

Daheim in Ungarn umgaben mich Niedergeschlagenheit, Gleichgültigkeit und Regression, zu großem Schwung und großem Gelächter gab es keinen Anlaß. Hier ist jeder Gestus an seinem Platz. Hier in New York bekam ich schon im ersten Monat Bankkonto, Wohnung und Telefon, auch eine Stelle könnte ich haben, und meine Bücher sind in den besseren Buchläden präsent. Warum sollte ich nicht an meinem Schreibtisch sitzen bleiben, von wo aus ich ohne Angst vor Abhörmanövern telefonieren kann?

Warum sollte ich kein Recht haben, jederzeit zu verreisen, solange ich das Geld dafür aufbringen kann? Schäme ich mich nicht, wenn ich den Paßbehörden meinen Einladungsbrief vorlege? In Budapest brauche ich eine Genehmigung, wenn ich das Land verlassen will, in New York nicht.

Vor mehr als vierzig Jahren haben mich die Russen von den Deutschen befreit, ohne die Hilfe der Russen hätten mich die Deutschen mit ihren ungarischen Helfern ermordet. Ich bin den Russen dankbar. Ich stelle fest, daß es mir während ihres vierzigjährigen Hierseins nicht gelungen ist, ein freier Bürger zu werden. Seit mehr als vier Jahrzehnten versuche ich, mich in Budapest frei zu fühlen; ich möchte normal leben. Eine schwierige Angelegenheit, könnte man sagen.

63.

Ich habe an Ungarn nichts auszusetzen, die kleine Firma ist mir vertraut. Aus eigener Kraft kann sich das Land nicht befreien. Ich bin kein Maulwurf, um mich hineinzuwühlen in die Heimaterde, und ich wälze mich auch nicht im Schlamm und in der Suhle. In Ungarn kann ich ein Staatsmensch sein, ein Dissident, nicht aber ein freier Bürger.

Wie das?! Du bist noch auf freiem Fuß? Du hier? Also nicht in New York? Wie lange bleibst du? Lange? Einen Monat? Länger? Aber warum?

In Budapest interessiert meine Kollegen weniger die Frage, was ich schreibe, als ob es erscheint, was letztlich am wenigsten amüsant an der Sache ist. Mein Buch ist dort als Symptom einer Strategie interessant. Budapest-Wissenschaft ist Strateologie. Viel ist davon die Rede, wie jemand im politisch-bürokratischen Labyrinth nach oben drängt. Meine Existenz in Budapest ist fremdbestimmt, was ich tun darf und was nicht, hängt vom Wohlwollen oder von der Boshaftigkeit der Parteizentrale ab.

Allein dadurch, daß ich in Budapest lebe, trage ich dazu bei, daß ich auch als alter Mann wie ein Pennäler behandelt werde und mein Schicksal von der Benotung eines Super-Lehrkörpers abhängt und ich bis zu meinem Tode ein kleiner Schüler bleiben werde, obwohl ich schon lange nicht mehr zur Schule gehe.

Zum Altwerden habe ich Zeit, wenn ich wieder in Ungarn bin, und um mir das Versagen der nächsten Generation anzusehen, mich über die bescheidenen Leistungen der an Sauerstoffmangel leidenden Gehirnzellen und das paranoide Versteckspiel zu beklagen sowie die Nase zu rümpfen über die Kleinkariertheit der neuen Verbürgerlichung. All das hat keine Eile.

Bei uns in Ungarn gehört es sich, unglücklich und von allem leicht angewidert zu sein, das tragische Verhältnis zum Sein halten wir für menschlich. Der Amerikaner ist nicht tragisch, er meint, alle Dinge machen zu können, und wenn es doch nicht gehen sollte, muß er sie eben anders in Angriff nehmen. Wo die Amerikaner von einem Fehler (failure) sprechen, denken wir an Schicksal (faite) oder an Struktur.

64.

Ich fühle mich wohl in dieser Stadt, die sich bewußt ist, daß sie in der Weltgeschichte angekommen ist. Sie praktiziert den

Pluralismus, weiß das Andersartige zu würdigen und hält das Einmalige für interessant. Unsere europäischen Identitätskrisen nimmt sie sich nicht so schrecklich zu Herzen. Hier ist es wirklich nicht so interessant, ob du West- oder Osteuropäer bist, warum Ost-Mitteleuropa etwas anderes ist als Osteuropa, inwieweit du Ungar und inwieweit du Jude bist. Freu dich, daß du da bist und daß so viel in dir steckt. Das ist dein Vermögen.

Amerika macht sich selbst, jeder will die nächste Stufe erklimmen, ein Wettlauf um das Glück, jeder nimmt teil am großen Marathon. Die Quantität ist ihnen wichtig, sie sind berechnend und rational, der Preis interessiert sie ebenso wie die Sache selbst. Kollektiver Stolz und geistliche Beklommenheit, sie sind großspurig und kleingläubig, aktive Menschen, sie glauben daran, daß man alle Dinge auch gut erledigen kann, sie besitzen wenig historische und viel moralische Aspekte.

In dieser zügellosen Stadt haben sich die Menschen selbst geschaffen; sie sind das geworden, was ihnen möglich war zu werden, sie haben getan, was sie konnten. Die Stadt hier kann die Regierung als eine Art Provisorium in ihr Denken einbeziehen, als eine alle vier Jahre wechselnde Mode. Hier in New York herrscht eher Urbanität als Politik. Ich kann sagen, was ich denke, man hört mir zu, an Ideen ist man interessiert.

65.

Staatsmensch, Stadtmensch – ein interessantes Begriffspaar. Der Staatsmensch gibt sich selbst nicht viel, er hat keine Zeit, er dient: entweder dem Staat oder dessen Reformierung oder der Kritik an ihm. Ein echter Stadtmensch kann der Staatsmensch nicht sein. Der Stadtmensch denkt nicht viel an den Staat; Regierungen vergehen wie schlechtes Wetter, es kommen andere, die Stadt bleibt. Das spüre ich in New York.

Kleinstadt, mittelgroße Stadt, nationale Großstadt, Weltstadt. Die eigentliche Großstadt unserer Zeit ist die Weltstadt, von hier aus kann man die Kleinstadt verstehen. An ihr können wir die Philosophie der Stadt, den Urbanismus als Weltanschauung ablesen. Den Urbanismus der Stadtplaner, des Taxifahrers und des Flaneurs. Die sensibelste Nutzung der Stadt ist der Spaziergang, die wahren Anhänger, Deuter, Komplizen und Liebhaber der Stadt sind die Flaniermeister.

Die Weltstadt ist für die gesamte Welt interessant und interessiert sich für diese. Hier kommen die meisten Briefe an, die meisten Telefonanrufe und die meisten Nachrichten. Die Weltstadt ist der intensivste Punkt im weltweiten Netz der Nachrichtenagenturen. Im Prinzip müßte man hier am klügsten sein. Die Menschen kommen nicht wegen der Vergangenheit nach New York, nicht um der Kunsterlebnisse willen, sondern wegen der Konzentration der Lebensphänomene. Die begabten Menschen konzentrieren sich dort, wo etwas geschieht. Weltstadt wird eine Großstadt dann, wenn sie frei ist. Noch lastet der ungarische Staat auf Budapest, aber der Druck läßt nach. Aus dem Zweikampf zwischen Staat und Großstadt geht auf längere Sicht immer die Großstadt als Sieger hervor.

In die Weltstadt kommt jeder gern, der anderswo an Freiheitsmangel leidet. New York ist durch seine Verlockungen siegreich. Die Sonderlinge verschlägt es hierher. Hier leben die meisten politischen Flüchtlinge, wirtschaftlichen Abenteurer, Snobs und Stars, Modemacher und Originale, Gurus und Mafiosi. Am stärksten ist immer die aufnahmebereite Stadt, diejenige Stadt, wohin die anderen gern pilgern, wo ausländische Künstler und Wissenschaftler sich länger niederlassen wollen. Weltstadt ist dort, wo du die meisten intelligenten Gesprächspartner findest. Das lokale Publikum kann schwelgen, jeder, der interessant ist, wird dort auftauchen. Die Großstadt kann sich geduldiges Warten erlauben, die geladenen Gäste werden kommen.

66.

Auf der einen Seite steht der Urbanismus, auf der anderen die Philosophie des Provinzialismus – die Stadtfeindlichkeit, das Lob des Landlebens. Je bestimmender der Staat ist, desto blühender der Provinzialismus. Sein Stil ist eckig, steif, äußerlich und fassadenhaft. Die Großstadt, die Weltstadt ist herausfordernd und in der Minderheit, logisch, daß sie sauertöpfische Feinde hat. Provinzielle Propheten und Tugendwächter, die das eigenartige Monstrum und die entartete Mutation durch Moralgeißelung und Neidausbrüche reglementieren wollen, muß es geben. Urbanismus oder Etatismus.

Nicht durch das Bevölkerungswachstum wird die nationale Großstadt zur Weltstadt, sondern durch ihre vornehme Plazierung in der Rangordnung der Verlockungen. Die verlockendste Zierde der Stadt ist die Freiheit, wozu sich Freundlichkeit und Kreativität gesellen. Eigentlich eine Kleinigkeit, der Staat muß nur besiegt werden, die Herrschaft muß beherrscht und kontrolliert werden, man muß nur eine Demokratie schaffen und auch anschließend noch über eine gehörige Menge transzendenter Verrücktheit verfügen.

Kultur ist polyzentrisch, sie hat mehrere Hauptstädte, das internationale Kommunikationsnetz ist ihre Materialisierung. Ich meine keineswegs, daß das kulturelle Weltzentrum notwendigerweise mit dem wirtschaftlichen Weltzentrum übereinstimmen muß. Die meisten Gedanken gibt es da, wo die Menschen vorrangig am Denken interessiert sind. Planetare Ideen treten zu verschiedenen Zeiten in jeweils anderen Völkern auf, meist in solchen Gemeinschaften, die an der internationalen Öffnung ein massives Interesse haben.

Der Urbanist ist ein Kosmopolit, er sähe es gern, wenn die nationalstaatliche Isolation nicht allzu sehr auf der Großstadt lastete. Dann sammeln sich in ihr Lebensfreude und Selbstachtung, die interessante Menschen von weither anziehen. Der Urbanist, der Conditor urbis, würde Budapest gern als Weltstadt sehen. Ihm würde es gefallen, wenn die Sonderlinge von da und dort in Budapest eintrudelten (ohne sich zu drängen!), signalisierend, daß dies die Rendezvousstätte der Eingeweihten sei, in besseren Kreisen als Geheimtip gehandelt, ein privater Treffpunkt, der seinen eigenen Stil und seine eigene Lebensphilosophie hat.

67.

Die Ars poetica des Flaniermeisters ist ein Budapester Produkt. Diese Stadt läßt sich nicht einordnen, verstehen und vergessen, wer kommen, sehen und siegen will, findet sich nicht leicht zurecht. Dein Geld, lieber Gast, genügt nicht, du mußt interessant und liebenswert sein. Dann macht es auch nichts, wenn du kein Geld hast; du bist unser Gast.

Die Großstadt und noch mehr die Weltstadt ist kein moralisches, sondern vielmehr ein ästhetisches Phänomen. Deshalb meine ich, daß Budapest gewisse Chancen hat. Die Stadt ist nicht sehr moralisch, aber ziemlich schön. Ihre Wirkung besteht weniger in der Anständigkeit als vielmehr in der Versuchung, in der Vitalität, in der dreisten Intelligenz, in der unerlaubten Sündhaftigkeit.

Die Großstadt ist ein Boxring, ein Jahrmarkt der Eitelkeiten, eine Maskerade künstlicher Wunder. Wer kann, geht hin. Für die Bienen ein Marmeladenteller. Wir Intellektuellen mit unserer Neugier sind die am regsten umherfliegenden Bienen. Zu Picassos und Kandinskijs Zeiten kamen die neugierigsten Maler in Paris zusammen. Einer Gemeinschaft tut es gut, wenn sie wenigstens im nachhinein auf etwas stolz sein kann, was bei ihr gut war.

Charakteristischste Schicht der Weltstadt ist die internationale Intelligenz. Zahlenmäßig ist sie relativ unerheblich, doch ohne sie gibt es keine Metropolis. Internationale Intelligenz bedeutet, daß deren Angehörige die Welt kennen, sie kennen sich untereinander, auch die Welt kennt sie, sie sind es, die in ihrem Fach als erste auf der Welt etwas entdecken, etwas machen.

68.

Planetarisierung, metropolitane Urbanisierung und Personalisierung – drei parallele, sich gegenseitig ergänzende und unterstützende Entwicklungsprozesse. Begriffe und Tendenzen verwandter Bedeutung. Urbanismus versus Etatismus. Personalisierung versus Etatismus.

Intellektuelle brauchen schöne Kaffeehäuser, wo man nächtelang beisammensitzen kann, wo auch die Geheimpolizisten liberal sind, wo man praktisch alles sagen darf. Budapest ist Anfang des Jahrhunderts dadurch zur Großstadt geworden, daß es tausend Kaffeehäuser hatte. Dort im Kaffeehaus sitzen schmollende Romantiker und Konservative, Antikapitalisten und Antiurbane, Antisemiten und Antiliberale, und sie machen sich's ebenso bequem wie die Botschafter des unverdorbenen Landes.

Ich will Gaststätten, in denen sich auch morgens um drei interessant wirkende Frauen und Männer unterhalten, weil sie selbst zu dieser Zeit ihren überspannten, abstrakten und vollkommen nutzlosen Themen eine schicksalhafte Bedeutung beimessen.

Warum geht der Kleinstädter in die Großstadt? Weil er sich zu Hause langweilt. Weil die Großstadt ein einziger großer Rummelplatz ist. Das Begriffspaar interessant–langweilig ist ebenso vielsagend wie gut und schlecht, wahr und falsch, schön und häßlich. Ja, die Weltstadt ist gut, wahr und schön. Ja, die Weltstadt ist schlecht, falsch und häßlich. Nein, langweilig ist die Weltstadt nicht.

Nur der Ängstliche geht nicht in die Großstadt. Er ähnelt dem Dorfjungen, der während des Tanzvergnügens am Wochenende zu Hause hockt. Vielleicht schreibt er Gedichte, verspotte nicht den Ängstlichen. Zu guter Letzt wird er den Ball verspotten, weil er nicht wagte, jenes gewisse Mädchen zum Tanz aufzufordern. Ja, der Weltstädter ist selbstsicher, er weiß, daß die Dinge funktionieren, er setzt sich ins Auto und findet sich an wildfremden Orten phantastisch zurecht.

Der ängstliche Kleinbürger scheut sich vor allem Fremden, und für den Einheimischen ist es tatsächlich nicht leicht, die Neuankömmlinge zu schlucken. Die vielen Gastarbeiter und Gastintellektuellen zu akzeptieren. Es ist nicht leicht, freundlich zu ihnen zu sein, aber es lohnt. Denn nicht nur wir sind für sie amüsant, sondern auch sie für uns. Wäre ich ein geborener Rechter, würde ich mich über die Fremden freuen, ich wüßte, wen ich zu verabscheuen hätte. Direkt vor meiner Nase würden die Zielscheiben meines Hasses promenieren.

69.

Man schimpft auf die Stadt, in der man sich aufhält, das ist natürlich. In New York schimpfe ich am lautesten auf New York. Denn der Ort, an dem wir uns aufhalten, ist nicht ohne Fehler. Dafür aber ziemlich lustig. Habe ich kein Geld, um irgendwo einzukehren, dann kann ich auch genügend erleben, wenn ich mich bloß auf der Straße herumtreibe.

Die Straße ist ein Kino, der öffentliche Platz ein Theater. Jeder spielt sich selbst, ebenso wie der Schauspieler die Rolle, die ihm ein aufmerksamer Regisseur zugeteilt hat. Die Männer wirken ein bißchen schwul, die Frauen sind eine einzige Maskerade. Die Weltstadt ist eher weiblichen als männlichen Geschlechts, aber wie auch immer, sie ist ziemlich unzüchtig. Heute huldigt sie diesem, morgen jenem. Schöne Huren schikken dem ausgepreßt scheidenden Gast leutselige Blicke hinterher. Die Großstadt ist die dreiste Gegenwart.

Visionär humorvoll und sensibel kann man die Großstadt nur von innen, sozusagen aus ihrem Mutterleib heraus verunglimpfen. Die Großstadt applaudiert auch denen, die sie schmähen, sie hält niemanden mit Gewalt zurück, ihre Opfer bleiben sowieso da. Die menschlichen Ruinen wollen sich am liebsten hier ruinieren, die Verrotteten wollen am liebsten hier wonnevoll verrotten, die Intakten möchten sich hier auf die Probe stellen.

Sie alle lehnen sich gegen die Großstadt auf, die Romantiker, die sich von der Gegenwart in die Zukunft oder in die Vergangenheit sehnen, die Fieberhaften, die Nicht-Sehenden, die Streber, die Konservativen und die Kommunisten, die Religiösen und die Patrioten, die Populisten und die Naturschützer, die Fundamentalisten und die Moralisten, und trotzdem sind sie besessen von der Erotik der Großstadt, gegen die sie zu Felde ziehen. All diese anständigen Menschen würde Ninive vom Erdboden verschwinden lassen.

Nur wir, die Anarchisten der Liebe, die Weltkonspiration der eingeschworenen Unverschämtheit, rühmen die Großstadt vom Dach des Wolkenkratzers. Schon gut, mein kleiner Anti-Urbanist, wir stoßen in der Bar an, verkriech dich in deiner Eremitenklause und komm dann zurück in die Bar, um dich der Welt im Eremitenkostüm sonnengebräunt zu zeigen. Zweifellos ist in den Savannen mehr Platz als hier auf dem Rücken der Halbinsel Manhattan. Vielleicht sind wir alle verrückt, die wir uns hier zusammengerottet haben. Schon gut, die Verrückten mögen das Getümmel.

Die Grille ist ein Anhänger der Großstadt, die Ameise ein Feind. Was sollten wir anderes mögen als ständige Feste, Paraden und Karneval? Ja, wir wollen das Getümmel, den Markt, die Bälle, den Zirkus, die Prozessionen und die Demonstrationen. Wir wollen die Hochzeiten und die Revolutionen, wir mögen auch die Beerdigungen. Viele waren Revolutionäre nur deshalb, weil das interessant war, das ist klar. Wir wollen die Langeweile vermeiden, das ist unsere vorrangige Motivation. Nichts ist dem Menschen lieber als sein Vergnügen.

Hauptsächliche Triebfeder der Urbanisierung ist die affenartige Neugier der Menschen auf den jeweils anderen. In einer guten Stadt, in einer wahren Stadt kostet es übermäßige Anstrengung, zu Hause zu bleiben, da es so viele Verlockungen gibt, die Wohnung zu verlassen.

Eine Stadt ist um so urbaner, je mehr Zeit die Menschen auf den öffentlichen Plätzen verbringen. Eine Stadt, in der die Menschen zu Hause hocken, ist nicht allzu frei. Ein freier Mensch ist ein Exhibitionist. Der Gefangene versteckt sich.

Die wahren Städte besitzen eine üppig wuchernde Mythologie, die ihren Bewohnern ständigen und ewigen Gesprächsstoff liefert. Viele ziehen nur deshalb in die Stadt, um ein Teil dieser Mythologie zu werden. Ein unvergleichliches und vertracktes Märchengeflecht, die wahre Geschichte, überlagert von der Legende. Glücklich eine Stadt, die ein solches Mythologiengeweih ziert.

70.

Ich habe die Erfahrung gemacht, daß mein Verstand in den Weltstädten am aufgewecktesten ist. Dort bekomme ich die meisten geistigen Impulse, ich werde herausgefordert, mein Lebensrhythmus wird beschleunigt. In der Großstadt bist du am klügsten, aber die Großstadt bedeutet nicht nur Verstand, sondern auch Herz. Sie ist nicht gleichgültig, sondern wählerisch, sie kann nicht jeden gebrauchen.

In der Weltstadt bist du am freiesten. Hier hast du die größte Chance, deine Gedanken in die Tat umzusetzen. Selbst wenn man arm ist, kann es hier interessant sein, anderswo ist es selbst dann langweilig, wenn man reich ist. Die Bürger der Weltstadt verfügen über die größte Eigenliebe, und an Minderwertigkeitskomplexen leiden sie am wenigsten. Die Weltstadt ist sich selbst genug, sie meint, dem lokalen Geschehen komme Weltbedeutung zu.

Wir wissen, daß dieser Ort nicht ohne Risiko ist. Die Weltstadt kann uns zerstampfen, rasend machen und unsere Winzigkeit ins Bewußtsein rufen. Verlassen wir die Weltstadt, sehnen wir uns dorthin zurück.

Die Weltstadt ist eine Herausforderung des Ego, daß sie sich abwechselnd einmal als die ganze Welt und ein andermal als winziges, zunichte werdendes Nichts vorkommen muß.

Ein Flugzeug bringt dich mit deinen Ängsten hierher; nach zehn Tagen Aufenthalt spürst du, wie der Druck von dir weicht. Habe den Mut, dich als das anzunehmen, was du bist: ein Versuch. Es macht nichts, wenn du selbst dich dabei in einen Geist verwandelst.

Die Großstadt ist ein sich selbst bauendes Subjekt, mehr Göttin als Gott, sie gebiert die menschlichen Gemeinschaften als Kreaturen. Ich bin begeistert von der Weltstadt, sie ist ein menschlicher Zusammenschluß und die Vereinigung des Menschen als Schöpfung. Die Großstadt ist die eigentliche Kreatur, das trifft um so mehr zu, je weltstädtischer sie ist. Weltstadt – künstliche Anti-Wirklichkeit, Konzentration, Illumination.

Hier ist nicht nur der Mensch Spielball blinder Kräfte, sondern auch der Mensch selbst ist Spieler.

Neue Historische Bibliothek
in der edition suhrkamp

»Hans-Ulrich Wehlers fast aus dem Nichts entstandene ›Neue Historische Bibliothek‹ ist (...) nicht nur ein forschungsinternes, sondern auch ein kulturelles Ereignis.« Frankfurter Allgemeine Zeitung

Abelshauser, Werner: Wirtschaftsgeschichte der Bundesrepublik Deutschland 1945-1980. es 1241
Alter, Peter: Nationalismus. es 1250
Berghahn, Volker: Unternehmer und Politik in der Bundesrepublik. es 1265
Blasius, Dirk: Geschichte der politischen Kriminalität in Deutschland 1800-1980. Eine Studie zu Justiz und Staatsverbrechen. es 1242
Botzenhart, Manfred: Reform, Restauration, Krise. Deutschland 1789-1847. es 1252
Carsten, Francis L.: Geschichte der preußischen Junker. es 1273
Dippel, Horst: Die Amerikanische Revolution 1763-1787. es 1263
Frevert, Ute: Frauen-Geschichte. Zwischen bürgerlicher Verbesserung und Neuer Weiblichkeit. es 1284
Geiss, Immanuel: Geschichte des Rassismus. es 1530
Geyer, Michael: Deutsche Rüstungspolitik 1860-1980. es 1246
Grimm, Dieter: Deutsche Verfassungsgeschichte 1776-1866. es 1272
Hentschel, Volker: Geschichte der deutschen Sozialpolitik 1880-1980. Soziale Sicherung und kollektives Arbeitsrecht. es 1247
Hildermeier, Manfred: Die russische Revolution. es 1534
Holl, Karl: Pazifismus in Deutschland. es 1533
Jaeger, Hans: Geschichte der Wirtschaftsordnung in Deutschland. es 1529
Jarausch, Konrad H.: Deutsche Studenten 1800-1970. es 1258
Jasper, Gotthard: Die gescheiterte Zähmung. Wege zur Machtergreifung Hitlers 1930-1934. es 1270
Kluge, Ulrich: Die deutsche Revolution 1918/1919. Staat, Politik und Gesellschaft zwischen Weltkrieg und Kapp-Putsch. es 1262
Kluxen, Kurt: Geschichte und Problematik des Parlamentarismus. es 1243
Kraul, Margret: Das deutsche Gymnasium 1780-1980. es 1251
Langewiesche, Dieter: Deutscher Liberalismus. es 1286
Lehnert, Detlef: Sozialdemokratie zwischen Protestbewegung und Regierungspartei 1848-1983. es 1248
Lenger, Friedrich: Sozialgeschichte der deutschen Handwerker. es 1532
Lönne, Karl-Egon: Politischer Katholizismus im 19. und 20. Jahrhundert. es 1264

7/1/12.87

Neue Historische Bibliothek in der edition suhrkamp

Marschalck, Peter: Bevölkerungsgeschichte Deutschlands im 19. und 20. Jahrhundert. es 1244

Mitterauer, Michael: Sozialgeschichte der Jugend. es 1278

Möller, Horst: Vernunft und Kritik. Deutsche Aufklärung im 17. und 18. Jahrhundert. es 1269

Mooser, Josef: Arbeiterleben in Deutschland 1900-1970. Klassenlagen, Kultur und Politik. es 1259

Peukert, Detlev J. K.: Die Weimarer Republik. es 1282

Reulecke, Jürgen: Geschichte der Urbanisierung in Deutschland. es 1249

Schönhoven, Klaus: Die deutschen Gewerkschaften. es 1287

Schröder, Hans-Christoph: Die Revolutionen Englands im 17. Jahrhundert. es 1279

Schulze, Winfried: Deutsche Geschichte im 16. Jahrhundert. es 1268

Sieder, Reinhard: Sozialgeschichte der Familie. es 1276

Siemann, Wolfram: Die deutsche Revolution von 1848/49. es 1266

Staritz, Dietrich: Geschichte der DDR 1949-1985. es 1260

Thränhardt, Dietrich: Geschichte der Bundesrepublik Deutschland. es 1267

Ullmann, Hans-Peter: Interessenverbände in Deutschland. es 1283

Wehler, Hans-Ulrich: Grundzüge der amerikanischen Außenpolitik 1750-1900. Von den englischen Küstenkolonien zur amerikanischen Weltmacht. es 1254

Wippermann, Wolfgang: Europäischer Faschismus im Vergleich 1922-1982. es 1245

Wirz, Albert: Sklaverei und kapitalistisches Weltsystem. es 1256

Wunder, Bernd: Geschichte der Bürokratie in Deutschland. es 1281

Ziebura, Gilbert: Weltwirtschaft und Weltpolitik 1922/24-1931. Zwischen Rekonstruktion und Zusammenbruch. es 1261

7/2/12.87

»Krieg und Frieden«

Ausgewählte Literatur
im Suhrkamp Taschenbuch Verlag

»Nicht der Krieg ist der Ernstfall, sondern der Frieden.«
Gustav W. Heinemann

Adorno, Theodor W.: Erziehung zur Mündigkeit. Vorträge und Gespräche mit H. Becker 1959-1969. st 11
– Kritik: Kleine Schriften zur Gesellschaft. es 469
– Studien zum autoritären Charakter. st 107
Alter, Peter: Nationalismus. Neue Historische Bibliothek. es 1250
Allgemeine Erklärung der Menschenrechte. Verkündet von der Generalversammlung der Vereinten Nationen. Mit dreißig Radierungen von Christoph Meckel. it 682
Benjamin, Walter: Zur Kritik der Gewalt und andere Aufsätze. Nachwort H. Marcuse. es 103
Blasius, Dirk: Die Geschichte der politischen Kriminalität in Deutschland (1800-1980). Neue Historische Bibliothek. es 1242
Bloch, Ernst: Widerstand und Friede. Aufsätze zur Politik. es 257
Brecht, Bertolt: Schriften zu Politik und Gesellschaft. st 199
Broch, Hermann: Massenwahntheorie. st 502
Der bürgerliche Rechtsstaat. Hg. M. Tohidipur. 2 Bde. es 901
Clemenz, Manfred: Gesellschaftliche Ursprünge des Faschismus. es 550
Erikson, Erik H.: Gandhis Wahrheit. Über die Ursprünge der militanten Gewaltlosigkeit. Übersetzt von J. Behrends. stw 265
Freiheitliche demokratische Grundordnung. Hg. E. Denninger. 2 Bde. stw 150
Friedensanalysen. Für Theorie und Praxis. Vierteljahresschrift für Erziehung, Politik und Wissenschaft.
Redaktion: Reiner Steinweg
– Bd. 1: Feindbilder. es 784
– Bd. 2: Rüstung. es 834
– Bd. 3: Unterentwicklung. es 847
– Bd. 4: Friedensbewegung. es 871
– Bd. 5: Aggression. es 891
– Bd. 6: Gewalt, Sozialisation, Aggression. es 925
– Bd. 7: Jungsozialisten und Jungdemokraten zur Friedens- und Sicherheitspolitik. es 955
– Bd. 8: Kriege und Bürgerkriege der Gegenwart. es 958
– Bd. 9: Entspannungspolitik. es 755
– Bd. 10: Bildungsarbeit. es 784
– Bd. 11: Kampf um die Weltmeere. es 855

74/1/8.84

»Krieg und Frieden«

Ausgewählte Literatur
im Suhrkamp Taschenbuch Verlag

Friedensanalysen. Bd. 12: Der gerechte Krieg: Christentum, Islam, Marxismus. es 1017
– Bd. 13: Das kontrollierte Chaos: Die Krise der Abrüstung. es 1031
– Bd. 14: Unsere Bundeswehr? Zum 25jährigen Bestehen einer umstrittenen Institution. es 1056
– Bd. 15: Hilfe + Handel = Frieden? Die Bundesrepublik in der Dritten Welt. es 1097
– Bd. 16: Die neue Friedensbewegung. Analysen aus der Friedensforschung. es 1143
– Bd. 17: Faszination der Gewalt. Politische Strategie und Alltagserfahrung. es 1141
– Bd. 18: Die Neue Internationale Informationsordnung. es 1166
– Bd. 19: Vom Krieg der Erwachsenen gegen die Kinder. Möglichkeiten und Grenzen der Friedenserziehung. es 1190
– Bd. 20: Rüstung und soziale Sicherheit. es 1196
Kritische Friedenserziehung. Hg. Christoph Wulf. es 661
Kritische Friedensforschung. Hg. Dieter Senghaas. es 478
Friedensutopien des ausgehenden 18. Jahrhunderts. Kant, Fichte, Schlegel, Görres. Hg. Z. Batscha und R. Saage. stw 267
Geyer, Michael: Deutsche Rüstungspolitik 1890-1980. Neue Historische Bibliothek. es 1246
Habermas, Jürgen: Technik und Wissenschaft als Ideologie. es 287
– (Hg.): Stichworte zur »Geistigen Situation der Zeit«. es 1000. 2 Bde.
Held, Karl / Theo Ebel: Krieg und Frieden. es 1149
Hennig, Eike: Bürgerliche Gesellschaft und Faschismus in Deutschland. es 875
– Der normale Extremismus. Politische Kultur und Neonazismus in der Bundesrepublik Deutschland. es 1162
Kluge, Alexander: Schlachtbeschreibung. es 1193
Kriegsursachen. Redaktion: Reiner Steinweg. es 1238
Marcuse, Herbert: Versuch über die Befreiung. es 329
– Konterrevolution und Revolte. es 591
– Kultur und Gesellschaft I. es 101
– Kultur und Gesellschaft II. es 135
Antworten auf Herbert Marcuse. Herausgegeben von Jürgen Habermas. es 263

74/2/8.84

»Krieg und Frieden«

Ausgewählte Literatur
im Suhrkamp Taschenbuch Verlag

Mitscherlich, Alexander: Toleranz. Überprüfung eines Begriffs. st 213
– Die Unwirtlichkeit unserer Städte. Anstiftungen zum Unfrieden. es 123
– Massenpsychologie ohne Ressentiment. Sozialpsychologische Betrachtungen. st 76
– (Hg.): Bis hierher und nicht weiter. Ist die menschliche Aggression unbefriedbar? st 239

Müller-Link, Horst, Preußisch-deutscher Militarismus 1700-1945. Neue Historische Bibliothek. es 1252

Nowotny, Helga: Kernenergie: Gefahr oder Notwendigkeit. stw 290

Politik der inneren Sicherheit. Hg. E. Blankenburg. es 1016

Politik ohne Gewalt? Beispiele von Gandhi bis Camara. Geleitwort G. W. Heinemann. st 330

Saage, Richard: Der starke Staat? es 1133

Senghaas, Dieter: Imperialismus und strukturelle Gewalt. Analysen über abhängige Reproduktion. es 563
– Rüstung und Militarismus. es 498

Taktische Kernwaffen. Die fragmentierte Abschreckung. Herausgegeben von Philippe Blanchard, Reinhard Koselleck und Ludwig Streit. es 1195

Ziviler Ungehorsam im Rechtsstaat. Herausgegeben von Peter Glotz. es 1214

Wippermann, Wolfgang: Europäischer Faschismus im Vergleich 1922-1982. Neue Historische Bibliothek. es 1245

74/3/8.84